연정교육문화연구소 연구총서 30

永嘉世蹟

永慕堂 金質 · 隱松堂 金景哲 · 賢武齋 金益哲 事蹟

영모당 김질 · 은송당 김경철 · 현무재 김익철 사적

자료 수집 **晦泉 金在鍾**

편집 · 발행 普亭 金正會

영가세적 (한글 번역판)

감수 연정 김경식

번역 박 정 양

조 은

축간사(祝刊辭)

高峯선생 16대종손 奇聖根

우리나라 명문가의 가통이 현대사회에서 주목받게 된 이유는 한 가문을 지키기 위하여 자신의 노력과 희생을 다한 숭고한 효(孝) 정신이 살아 있기 때문입니다.

효(孝)는 조선조에서 유교의 가족윤리중 최대의 덕목(德目)이었습니다. 항상 부모의 명(命)에 따르고, 부모가 자식에게 힘든 일을 시켜도 결코 원망 하지 않는 부모의 절대성과 자식의 일방적인 헌신의 의무가 잘 나타나 있습니다.

《효경(孝經)》에는 군주에 대한 충(忠)도 임금에 대한 효(孝)라고 하였으니,《효경(孝經)》에 의한 효는 부자관계만이 아니라 군신관계 즉, 신분적 관료적 질서를 요구하는 사회적 덕목이었으며, 나라를 지탱하는 근간이었습니다.

명현(名賢) 석덕(碩德)이 많이 배출된 고장 고창(高敞)에 영모당(永慕堂)선생이 계셨으니, 이는 안동김씨(安東金氏)의 자랑이기도 하며 우리 모두의 축복입니다.

영모당 선생의 인품과 그 시대의 생할상 그리고 유림(儒林)들의 고을 향교운영의 묘를 살필 수 있는《영가세적(永嘉世蹟)》을 모두가 읽을 수 있게 한글화하여 책으로 발간한다 하니 반가운 일입니다.

영모당 선생은 효행이 지극하여 우리나라는 물론 중국에 까지 그 이름이 알려진 학자이기도 하며, 선생은 제사를 모실 때

제물이 없을 정도로 집안이 가난하였지만, 모든 정성을 다 하니 원근(遠近) 고을 사람들이 그 지극한 효성에 모두가 감동하여 칭송이 자자하였으며, 명종(明宗)임금은 그 효행을 듣고 특별히 정녀(旌閭)를 내려 표창하였습니다. 정려는 삼강오륜을 바탕으로 풍속교화를 위하어 행하었으며, 신분 고하를 막론하고 충(忠)·효(孝)·열(烈)의 행적이 있는 백성에게 포상하였으며, 그 대상자는 문려(門閭)를 세워 정표(旌表)하였으니, 사족(士族)의 경우 가문의 명예였습니다.

영모당 선생의 효행과 그 인물됨을 알고 하서 김인후(河西 金麟厚)선생은 그의 집을'영모(永慕)'라 하였으며, 미암 유희춘(眉庵柳希春) 선생은 서생의 행실을 경모하였으며, 송천 양응정(松川 梁應鼎)과도 교유하였으며, 고봉 기대승(高峯 奇大升) 선생과도 교분이 있었으니, 나로서는 더욱 감회가 새롭습니다.

산업화사회를 거치면서 기술·과학이 사회를 변화, 발전시키는 핵심으로 인식되는 사회에서 우리가 인간다운 풍요로운 삶을 향유하기 위하여, 충(忠)과 효(孝)의 정신이 살아 있어야 하고 계승되어야, 아름다운 사회가 이루어진다고 생각해 봅니다.

영모당 선생의 16세손 연정 김경식 박사가 오랜 숙원사업이고 소망이던 국역《영가세적》을 간행하는 큰 성과를 이루었으니, 김박사의 노고를 칭송하지 않을 수 없으며 깊은 감사를 드립니다.

서기 2023년 1월 일

高峯선생 16대 종손 奇聖根 삼가 쓰다.

축간사(祝刊辭)

永慕堂 15세손 한서(閑墅) 덕수(德洙)
안동김씨 익원공파 성진(聖珍) · 진기(振基) 종중 회장

선대(先代)인 영모당(永慕堂) 선생의 영가세적(永嘉世蹟)을 한글판으로 발간하게 됨을 진심으로 축하합니다.

선생의 모든 삶은 효(孝)를 바탕으로 이루어져 있으며, 이를 몸소 실천하여 효의 모범을 보이셨으니, 조선 명종(明宗)의 명에 따라 정려문(旌閭門)이 세워졌고, 명나라 황제인 가정제(嘉靖帝)도 선생의 효행을 상주받고, 정려(旌閭) 현판을 사액(賜額)하기도 하였습니다.

영가세적은 이러한 선생과 그의 증손 은송당(隱松堂), 현무재(賢武齋) 형제의 사적 및 선생을 모시고 있는 도암서원(道巖書院)과 관련한 여러 문서 등을 담은 자료인바, 이를 저의 조고 회천(晦泉) 선생께서 모으시고, 선고(先考)이신 보정(普亭) 김정회(金正會) 선생이 1946년 봄에 고창 도산 만수당(晩睡堂)에서 출판하였습니다. 그러나 이는 한문으로 출판된 것이어서, 현대에 사는 후손들이 이를 읽기에는 사실상 어려워 한글판이 절실하였는데, 이를 안타깝게 여긴 저의 장조카인 연정(淵亭) 김경식(金璟植) 박사가 많은 어려운 여건 속에서도, 심혈을 기

울여 한글판을 내게 되니 너무나도 감사한 일이고, 원전인 한문판이 출판된 지 70여 년 만에 나오는 터라 늦은 감은 없지 않으나 실로 감개가 무량할 따름입니다.

효는 세상이 아무리 변하여도 바뀔 수 없는 모든 행실의 근본이며, 현대를 사는 우리에게 더욱 더 간직하고 행해져야 하는 도리입니다. 보정 선생이 원전의 발문(跋文)에서 밝혔듯이, 우리 후예들은 선생의 자계문(自戒文) 여섯 조목을 숙독하여 그 극(極)에 달하도록 노력하여야 할 것입니다. 옛 선비가 "余欲外今而內古(나는 밖으로는 요즘것을 취하나, 안으로는 옛것을 취하고자 한다)"라고 말한 것처럼 현대 사회에서 물질적, 외적인 것이야 어쩔 수 없이 시류에 따라간다 하더라도, 효를 비롯한 인간으로서의 기본적이고 내면적인 도리는 옛것이라 하여도, 항상 마음에 새기며 실천하는 자세를 가져야 할 것이며, 이는 우리의 삶을 오히려 풍성하게 해주리라는 믿음이 있습니다.

그동안 여러 어려운 여건 속에서도, 원본에 보다 충실한 번역으로 한문판이라 가까이 하지 못했던 종원은 물론, 여타 많은 사람들이 볼 수 있게끔, 한글판을 마련한 데 대한 노고에 안동김씨 익원공파 성진·진기 종중을 대신하여 다시 한 번 감사를 드립니다. 무릇 책이란 그냥 간직하는 것으로 끝나는 것이 아니라, 그 안에 있는 지혜를 얻을 수 있어야 진정한 책으로 거듭날 수 있습니다. 그러한 의미에서 이번 한글판 발간이 갖는 의의를 결코 무시할 수 없을 것입니다.

끝으로 이번 한글판 영가세적이 종원 및 세인들에게 삶의 지표를 마련하는 데 많은 도움이 되기를 간절히 기원합니다.

2023년 1월 일

안동김씨 익원공파 성진(聖珍)·진기(振基) 종중 회장
永慕堂 15世孫 한서(閑墅) 덕수(德洙) 삼가 씀

발간사(發刊辭)

영모당 16세손 교육학 박사 **연정(淵亭) 경식(璟植)**

이제 한글판《영가세적(永嘉世積)》을 발간하게 되었습니다. 《영가세적》은 안동김씨인 영모당 (휘 質)선생과 그의 증손 은송당(隱松堂)·현무재(賢武齋) 형제분의 사적 및 은송당 형제분을 그의 증조고인 영모당 선생을 모신 도암사(道巖祠)에 배향(配享)하는 문제를 둘러 싸고, 배향논리를 펴는 전라도 각 고을 유림(儒林)의 의견의 제출과 도암서원(道巖書院;전북 고창군 공음면 소재)의 증건축 사항에 관한 각 향교의 건의와 예조판서 및 정부의 하교한 문서 등을 담은 자료로, 특히나 은송당과 현무재 형제의 증조고 사우(祠宇)에 배향하는 그 과정의 여러 고을 향교와 유림의 의견제시는, 요즈음 행정과는 달리 퍽 민주적이고 심사숙고하는 과정을 볼 수 있는 아주 귀중한 자료입니다. 도암사·서원(道巖祠·書院)의 중건축에서는 특히 필자의 5대조고 만수(晩睡, 휘 榮喆) 선생 의견의 제시하에, 증조고이신 회천(晦泉)선생이 주도적으로 관장하였으니, 필자로서는 퍽 감회가 깊습니다.

이《영가세적(永嘉世積)》은 원래 산재(散在)한 자료를 회천선생께서 수집하여 발행하시려다가 병환으로 뜻을 이루지 못하고 돌아가시자, 조고이신 보정(普亭 휘 正會)선생께서 서기 1946년 봄에 만수당(晩睡堂;전북 고창읍 도산리 소재)에서 자비로 출판하였습니다. 이에 한글판을 내는 것은 아마도 필자의 몫이란 것을 보정선생은 숙제로 남기신 것 같기만 합니다.《영가세적(永嘉世積)》 원본이 한글판으로 출판되기는 실로 77년 만입니다.

현《도암서원지》 지는 서기 2011년 동 서원에서 발행하였는 바, 이는 아마《영가세적》을 거의 참조한 것 같습니다. 편집에서, 더욱이나 영모당 6대조인 익원공(翼元公)을 모신 부조묘(不祧廟)에 관한 자료 (20페이지)를 첨가한 것은 사리에도 맞지 않고, 그 편집의 조잡성에 퍽 안타갑습니다.《영가세적》만이라도 올바르게 원안그대로 한글판으로 내 놓는 것이 후손된 도리라 생각합니다.

이제《영가세적》의 한글판을 내 놓으니, 후손들은 영모당의 효성과 청렴성 그리고 은송당과 현무제의 효성과 형제간의 우애 및 국가에 대한 충성의 모습을 살펴 더욱 흠모하고, 우리 역시 훌륭하신 선조들의 행실을 기리기리 기억해야 하고 전해야 함은 물론, 더욱 조상에 대한 효성과 집안 화목을 기해야 할 것입니다. 혹 남 보기에 조상을 잘 모시고 형제는 물론 집안 화목하는 척하면서 불화를 조성하는 종원이 있다면 거짓은 자신을 숨길 수는 없는 노릇이니, 극히 반성하고 반성하여 조상에 대한 참다운 효성과 집안의 화목을 기 해야 할 것입니다.

《주역(周易)》에 이르기를 "선(善;착함)을 쌓는 집안에는 반드시 남은 경사가 있고, 불선(不善;착하지 않음)을 쌓는 집안에는 반드시 남은 재앙이 있다(積善之家 必有餘之慶, 積不善之家 必有餘殃)"고 했습니다. 조상을 잘 받드는 종원은 반드시 그의 가정에 경사가 있을 것이며, 자신이 조상을 정성스레히 받들지 못하고 집안간에 불화를 조장하는 후손이 있다면, 반드시 반성하여 위의 글을 명심해야할 것입니다. 조상을 잘 모시지 못함도 집안 간에 불목을 조장함도 다 착하지 않는 처사에 속합니다.

재삼 부탁이오니 훌륭하신 선대들의 행실을 우러러보고, 그에 욕되지 않게 우리 후손들은 더욱 분발해야 할 것입니다.

본 한글판을 발간함에 있어 고마워해야할 분들이 있습니다. 본 한글판의 발간에 있어 축의금을 보내주신 종중(宗中), 발간축사를 보내주신 기고봉 선생 제16대 종손 기성근 씨와 종원 덕수·발문을 보내주신 종원 길건, 수인 님 그리고 원고를 꼼꼼히 교정을 보아주신 전주대학교 도서관 황상욱 선생과 출판을 담당해 주신 김화인 박사에게도 고마운 말씀을 전합니다.

서기 2023년 1월 일

영모당 16세손 교육학 박사 연정 김경식 삼가 쓰다.

도암사

효자정려각

선무원종공신녹권봉안각

강당(영모당)

내삼문(효충문)

외삼문(효충문)

홍전문

하마비

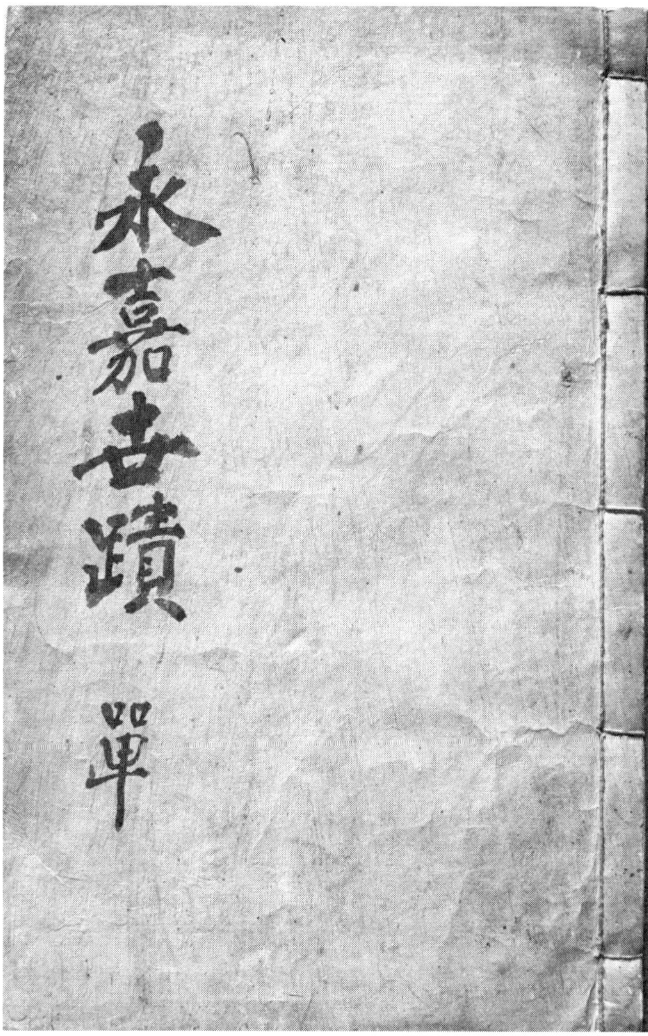

영가세적 서적

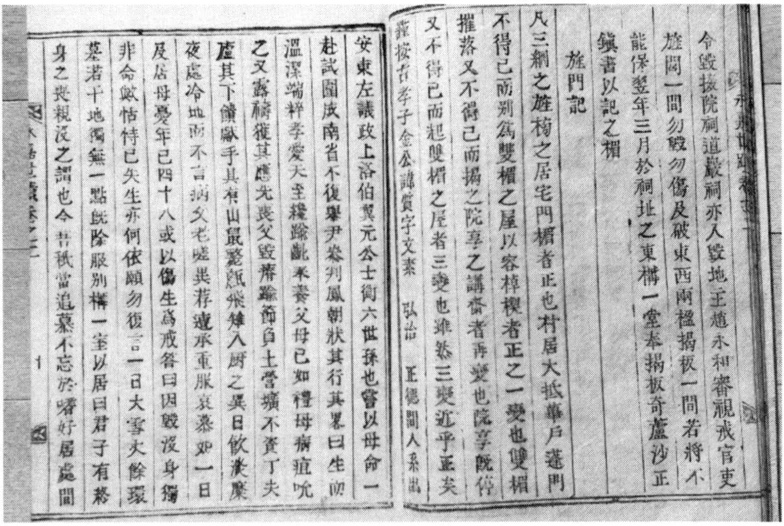

영가세적 본문

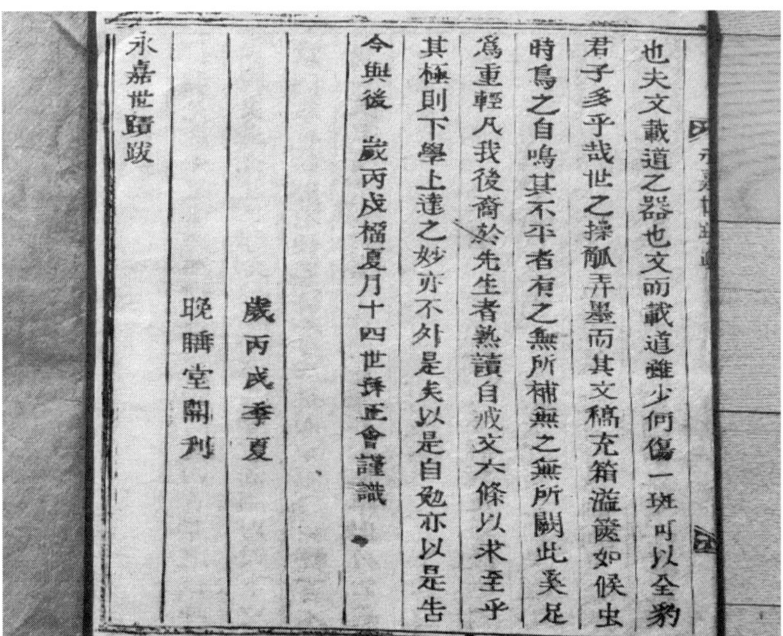

영가세적 끝면

목차 – 永嘉世蹟

1. 영가세적[1] 서언(永嘉世蹟序)

부자간의 인(仁)과 임금과 신하간의 의(義)는 천명(天命)에 뿌리를 두었고, 사람이 지켜야 할 떳떳한 도리인 민이(民彛)[2]에 근원을 두었기 때문에, 천지지간에서 벗어나려고 하여도 벗어날 수가 없는 것이다. 만약 하루만 폐지된다고 하여도 하늘과 땅의 위치가 변이하게 되어, 나라는 나라로 될 수가 없고, 인간은 인간으로 될 수가 없을 것이다. 이로 말미암아 성인들은 삼가면서 세상에 가르침을 세워 충효와 덕행을 으뜸으로 삼았으니, 세상의 도(道)를 근심 걱정하는 것이 극에 이르렀다고 말할 수 있다.

영모당(永慕堂) 김 선생은 휘(諱)가 질(質)이며, 영가세가(永嘉世家) 출신이다.《소학(小學)》과 《가례(家禮)》를 탐독하였고, 일찌기 국상(國庠, 성균관)에 들어가서 김하서(金河西)[3], 기고봉(奇高峯) 그리고 유미암(柳眉巖) 제 선생들과 교류했는데, 지행(至行)과 의덕(懿德)으로 천하에서 받들었고, 타고난 효성을

---

1) '영가(永嘉)' 는 경북 안동(安東)의 옛 이름이다. 안동김씨 시조 숙승(叔承) 공은 신라김씨(新羅金氏)로부터 분관하여 새로운 관향(貫鄕)을 갖기를 원하였고, 그러기 위하여서는 한 고을에 향적을 가져야 하는데, 손자 이청(利請) 공이 안동부사(安東府使)를 지내고 퇴임한 후, 거주의 터를 잡은 곳이 안동부 상락(上洛)이다. '영가(永嘉)' 는 선조들의 봉작 작호(爵號)에 상락(上洛) 영가(永嘉)가 많음은 여기에서 유래한다.

2) 사람이 지켜야 할 떳떳한 본바탕 또는 도리, 부자(父子)에는 자효(慈孝)등 같은 윤리.

3) 조선 중기 문신 · 유학자. 해동18현의 한 사람. 본관은 울산. 10세 때 김안국(金安國)에게서 〈소학〉을 배웠다. 서기1531년(중종 26) 성균사마시(成均司馬試)에 합격하여 성균관(成均館)에 입학했다. 호남의 성리학(性理學) 기틀을 마련하였음.

지니고 있었다.

일찍 불행하게도 고(考)[4], 비(妣)[5] 그리고 승중(承重)[6]을 잃은 불행을 겪고 12년 동안 여묘(廬墓)[7]에서 생활하였다. 강릉(康陵)[8] 병오에 그의 효행에 명정(命旌)을 내렸다. 목릉(穆陵)[9] 을사(乙巳)에 명(明)나라 조정에서 우리나라 행의(行誼)를 수소문하여 채집하는 민공 성휘가 본도를 안찰하면서, 선생을 으뜸으로 천거하여 그의 효행을 상주하였음으로, 드디어 그의 효행이 천하에 널리 퍼지게 되었다. 얼마 지나지 않아 도내(道內)의 유생들이 이구동성으로 도암사(道巖祠)를 건축하여야 한다고 청원서를 제기하여, 마침내 그의 제사를 지내게 되었다. 나라에서 표창하여 상을 내리고 사림에서 받들어 모시게 되었으니 이보다 더한 영광은 없을 것이다.

그러나 그가 남긴 글월들은 세월이 오래 흘러 멸종의 위기에 이른 기씨[10]와 같은 처지에 이르러, 다만 《자계육잠(自戒六箴)》과 시(詩) 두 수만 남아있으니, 너무나도 적막하게 되었다. 그렇지만 이것들에 다가서면 그가 효성을 다하는 성의가 글월

---

4) 돌아가신 아버지를 일컬음.
5) 돌아가신 어머니를 일컬음.
6) 장손이 아바지와 할아버지를 대신하여 조상의 제사를 받듦.
7) 여묘(廬墓) : 상제가 묘(墓)근처에서 여막(廬幕)을 짓고, 살며 묘를 지키는 일.
8) 강릉(康陵): 조선 제13대 왕 명종과 명종비 인순왕후 심씨의 능을 가리키는데 여기서는 명종의 즉위시기를 가리킨다.
9) 목릉(穆陵) : 조선 선조와 의인왕후 박씨, 인목왕후 김씨의 무덤을 가리키는데 여기서는 선조의 즉위연간을 가리킨다.
10) 기씨(杞氏): 성이 사(姒)로 하우의 후손이다. 상탕이 하걸왕을 쫓아버리어 그 후손들이 거의 멸종되다시피 되었는데 주무왕이 상주왕을 싸워 이기고 하우의 후손들을 찾아다니다가 동루공(東樓公)을 얻게 되어 그를 기(杞)라는 고장에 봉하였다. 그후 자손들이 나라 이름을 성씨로 삼았다.

밖으로 흘러넘치고 있으며, 백 세대를 전해내려 가면서, 그것들을 읽으면 그래도 의연히 사람들의 흥을 불러일으킬 수 있는 것이었다. 대개 천구의 크기에 상당한 엄청나게 큰 벽옥은 지극히 중요한 보배인데, 세상에서 보기 드문 것이므로 귀하게 된 것이고, 세발 솥의 진미가 어찌 어육의 일련(一臠)밖에 있을 수 있단 말인가!

후손 재종(在鍾)이《행록(行錄)》등 제 문자들을 수습하고 뒷부분에 선생의 증손들인 은송당공 경철, 현무재공 익철의 사적과 행장(行狀)을 부록하여 한 권으로 합치고 세적(世蹟)으로 삼고자 하였다. 은송당공은 효로 인해 급복(給復)[11]을 받았고 현무재는 충성으로 인해 녹훈(錄勳)[12]되었으니, 그 지미[13]와 승무[14]는 역시 모두 도암사에 배향할 수 있으니, 그 가정의 학문은 연원이 있고 극치에 이르렀으며 그 영지에 뿌리가 있고 예천에 원천이 있다는 것을 알아볼 수 있다.

사윤(嗣胤) 정회(正會)군이 그것들을 더욱 증보하여, 식자공들에게 맡기고는, 나에세 한 마디를 적어달라고 부탁하였다. 그것을 보니 그야말로 시부시자(是父是子)로 그 효성의 마음은 가히 본보기로 될 수 있는 것이다.

아! 천하에서 살아온 지가 오래 되다 보니, 세상에서 강상이

---

11) 급복(給復) : 복호(復戶)를 주는 것을 말한다. 곧 조선 시대 나라에 공이 있는 사람이나 각 능의 수호군(守護軍), 열녀(烈女), 효자(孝子) 등에게 부역이나 조세, 대동미(大同米) 따위의 부담을 면제하는 특권을 주던 것을 말한다.

12) 녹훈(錄勳) : 공훈이 있음을 기록해 둠.

13) 지미(趾美) : 《시경 · 주남 · 인지(詩經 · 周南 · 麟趾)》장에 나오는 말로 임금의 집안에 훌륭한 자손들이 많음을 뜻함.

14) 승무(繩武) : 出自 《시경 · 대아 · 하무(詩經 · 大雅 · 下武)》 장에 나오는 말로 무왕의 길을 따른다는 뜻이다.

무너지고 예의를 원수같이 여기며, 성현의 책을 찌꺼기라고 욕설을 퍼부으며 철폐하려고 날뛰고 있으니, 스스로도 통곡을 하고 장탄식하지 않을 수가 없게 되었다. 이러한 시기에 천만 다행으로 효자 현손이 부조의 유적을 애중히 여기면서 천하에 효도와 충성을 추천하여 무궁하게 전해내려 가도록 하려고 안간힘을 다하고 있으니, 이 어찌 세상의 교화에 보탬으로 되지 않으며 하늘이 양의 기운을 회복하게 하는 양복(陽復)을 돌려세우려는 조짐으로 되는 것이 아닌가!

나는 그들에게서 감동을 받고 글의 서두에 위와 같이 삼가 적어둔다.

유조엄무(병술) 계하(6월)

고흥 유영선 경서(삼가 서언을 짓는다)

父子之仁, 君臣之義, 根於天命, 本於民彝, 而無所逃於天地之間也。一日廢焉, 天壤易位, 國不可以為國, 人不可以為人。故聖人謹之, 立教於世, 以忠孝德行為首, 其憂患世道, 可謂至矣。永慕堂金先生, 諱質, 永嘉世家。愛讀《小學》,《家禮》, 早登國庠, 從金河西, 奇高峯, 柳眉巖諸先生遊, 至行懿德為世推重, 有出天之孝。荐遭考妣及承重憂, 十二年廬墓。康陵丙午, 命旌其孝。穆陵乙巳, 自明朝有采聞我國行誼, 閔公聖徽按本道, 首舉先生以奏其孝, 遂達于天下矣。未幾, 道內章甫齊聲建祠道巖, 俎豆之。朝家之褒賞, 士林之崇奉, 無以加矣。

但其遺文, 世久病於杞氏, 惟有《自戒六箴》, 詩二首, 甚寂寥也。然卽此而可見其忠孝之意溢於辭表，百載之下讀之猶能使人興起。盖天球弘璧不常有之至寶，不以其為多而貴也。全鼎之味，豈在一臠之外哉!後孫在鍾氏，攟拾《行錄》諸文字，尾附先生曾孫隱松堂公景哲，賢武齋公益哲事行，合一弓，爲世蹟。隱松之孝而給復，賢武之忠而錄勳，趾美繩武，亦皆躋配道巖，可知其家學淵源而儘乎，其靈芝醴泉有源有根也。嗣胤正會君，叓加增補，付諸手民，而徵余一言。相之是父是子，孝思可則也。

噫! 天下之生久矣，綱常見廢，禮義爲讐，罵聖賢書等土苴而欲撤廢之，自不禁痛哭而長太息也。際此而幸有孝子賢孫，愛重父祖之遺蹟，擧揚忠孝於天下，欲壽之無窮，豈不為世教之補，而天反陽復之兆也? 余為之感歎，謹書其卷端如右。

柔兆閹茂季夏

高興柳永善敬序

2. 영가세적 권지 1(永嘉世蹟卷之一)

가. 영모록(永慕錄)

1. 자계 육잠(自戒六箴; 스스로 경계하는 여섯 가지)

사람이 천지지간에 살아가면서 만물보다 신령스러운 것은 지각이 있기 때문이다. 이른바 지각이란 고상하고 원대하거나, 알기 어렵고 실천하기 어려운 것이 아니다. 부자지간에 있어서는 자비와 효성이며, 형제지간에 있어서는 우애와 공손이며, 부부지간에 있어서는 화락이며, 군신지간에 있어서는 존경과 의협이며, 붕우지간에 있어서는 참마음과 신의이며, 장유지간에 있어서는 겸손과 공경함이다. 사람으로서 이 도리를 알지 못하면 곧 새나 짐승일 뿐이니, 어찌 만물보다 신령스럽다고 말할 수가 있겠는가? 여섯 가지 일에서 자책하는 잠(箴)[15]을 만들어, 조석으로 관성(觀省)하고 후생(後生)으로 하여금 규율(規律), 경계(警戒)하도록 하고자 하는 것이다.

"어버이를 섬겨야 한다. 부자는 천성적으로 가까운 존재이기에 《시경》에서는 낳아 키운 수고를 칭송하였고, 《서경》에서는 오로지 효성을 말하였다. 자식이 되어서 어떻게 멀쩡한 사지(四肢)를 놀리면서, 어버이를 봉양하지 않을 수가 있겠는가? 이것이 내가 경계하는 첫 번째이다.

15) 훈계하는 뜻을 담은 글의 형식.

"형님을 섬겨야 한다." 형제는 하나의 핏줄로 이어진 사람이기 때문에, 공자(孔子)께서는 일찍 화기애애해야 한다[16]고 말하며 공손을 드러나게 하였다. 동생이 된 사람이 어떻게 자신의 사심을 위해서 형제의 마음을 크게 상케 할 수가 있는가? 이것이 내가 경계하는 두 번째이다.

"임금을 섬겨야 한다." 임금은 나를 먹여 주시는 분이시다. 정사로 이끌어 주고 덕행으로 행동하게 하기에, 아래 사람이 낳고 키우고 자라게 되는 것은 임금의 은혜가 아닌 것이 없다. 이로 말미암아 강구(康衢) 노인은 "불지불식이지만 임금의 법칙만 따른다."라고 말하였다. 이것이 내가 경계하는 세 번째이다.

"스승을 섬겨야 한다." 스승은 나를 가르치는 분이시다. 배운 것을 전수(傳授)하고 명확하게 이끌어 주면 제자가 개발하고 성취를 이루게 되는데, 어느 것이나 스승이 가르치지 않은 것이 없다. 이로 말미암아 《예기·단궁(禮記·檀弓)》에서는"세상을 뜨면 상복을 입고 삼년상을 지낸다."라고 말하였다. 이것이 내가 경계하는 네 번째이다.

"상관을 섬겨야 한다." 장횡거(張橫渠)[17]는 배우는 자들의 병폐를 경계하여 이르기를 "상관에 대해서는 상관에게 자신을 낮출 줄 모른다."라고 말했다. 대개 상관이라고 하면 위엄을 갖

16) 화기애애하다(怡怡) : 《논어 · 자로(論語 · 子路)》에서 공자는 "친구 사이에 서로 절절하게 충고하고 격려하며, 형제간에 화기애애한다(朋友切切偲偲兄弟怡怡)"라고 말하였다.

17) 장횡거(張橫渠) : 북송 철학가 장재(張載, 서기 1020년~1077년)를 가리킨다. 그는 《근사록(近思錄) · 극기(克己)》에서 이렇게 말하였다. "학자들의 병집은 ……상관에 대해서는 상관에게 자신을 낮출 줄 모르고 재상이 되어서는 천하의 어진 선비들에게 자신을 낮추지 못한다.(……有官長則不能下官長, 爲宰相則不能下天下之賢)"

추기 마련이다. 두려워하면 섬기지 않을 수가 없다. 이로 말미암아 공자께서는 "이 나라에 살면서 그 대부를 비방하지 말아야 한다."라고 말하였다. 이것이 내가 경계하는 다섯 번째이다.

친구를 섬겨야 한다. 주문공(朱文公)[18]이 말한 바가 있다. "친구는 서로 받들어주는 좋은 점이 있지, 서로 견주는 도리는 없다." 대개 친구라면 인덕이 있으면 서로 도와주는 것이므로 섬기지 않을 수가 없다. 이로 말미암아 공자께서는 "안중평은 사람들과 잘 사귀었다. 오래 될수록 공경했다."[19]라고 말하였다. 이것이 내가 경계하는 여섯 번째이다.

人生於天地之間，所以靈於萬物者，以有知覺。而所謂知覺, 亦非高遠難知難行者也。在父子則慈孝也，在兄弟則友恭也, 夫婦而和樂也, 君臣而敬義也, 朋友而忠信也, 長幼而遜悌也。人而不知此道理，則亦禽耳獸耳，惡得謂之靈於萬物也。作六事自責箴, 以為朝夕觀省, 且使生於後者規戒焉。

曰事親。父子天性之親也, 是故詩稱劬勞, 書云惟孝。為人子者其可惰四肢而不顧父母之養乎？此吾所戒者一也。

曰事兄。兄弟連體之人也。是故曾稱怡, 怡周著其恭。為人弟者其可使一巳而大傷兄弟之心乎？此吾所戒者二也。

曰事君。君者食我者也。政之所導德以之行, 則爲民下者生育長成, 莫非君恩也。是故康衢老人, 曰："不識不知, 順帝之

18) 주문공(朱文公) : 송나라 주희(朱熹)의 시호이다.

19) 이 말은 공자의 《논어 · 공야장(論語 · 公冶長)》 에서 나온 말이다. 안평중(晏平仲)의 이름은 영(嬰)이고 시호는 평(平)이며 제나라의 대부로 제경공의 재상으로 있었다.

則。" 此吾所戒者三也。

曰事師。師者教我者也。學之所傳，道以之明，則為弟子開發成就者，莫非師教也。是故《禮記·檀弓》曰："死則服之，方喪三年。" 此吾所戒者四也。

曰事官長。張橫渠戒學者之病，曰："有官長，則不能下官長。"蓋官長者有威儀可像。畏則不可不事者也。是故孔子曰："居是邦，不非其大夫"此吾所戒者五也。

曰事朋友。朱文公曰："朋友有相善之益，無相較之道。"蓋朋友者，有仁德可補助，則不可不事者也。是故孔子曰："晏平仲善與人交。" 久而敬之。

此吾所戒者六也。

나. 시(詩)

1. 죽원에서 읊노라 2수 (竹院題詠 二首)

하늘이 명명한 나의 평생을
웬 물건이 감히 범할 수 있느냐
풍월은 나와 함께 지기로 되었고
강산도 마음속에 허락하였네
구속 없고 한가롭고 여유작작해
공연히 애를 쓰며 무얼 찾으랴
반 이랑 동산의 수풀 속에서
우유하게 오가며 외로이 시를 읊네

떠들썩한 진세 떠난 아담한 죽원
사립문에 수레 소리 들리지 않네
시서는 나를 위해 동반자 되고
세상과 등을 지고 사는 내 신세여
하는 일 하나 없이 세월 바랠 제
꿈속으로 기쁨 슬픔 찾아드누나
백발성성한 훤당을 고이 모시니
때때옷 차림으로 춤추고 싶네

一生天所命, 何物敢吾侵。
風月深已知, 江山亦許心。
閑閑聊自適, 役役更焉尋。
半畝園林下, 優遊日獨吟。

竹院喧塵隔, 柴門車馬稀。
詩書為我伴, 身世與時違
歲月閒中去, 悲歡夢裏歸。
萱堂供白髮, 惟欲舞斑衣。

2. 벼슬을 버리고 옥당으로 떠나가는 유미암 희춘을 봉송하며
(奉送柳眉巖希春罷官赴玉堂)

청운의 높은 걸음 자색궁궐에 계실 몸이
장시골 근심 덜고 홀어머니 위해 내려왔네
요역 부세 경감하니 민심이 후할지고
어진이 좋아하면 풍속 절로 순박하리.
봉황이 어이하여 지극(枳棘)[20]에 깃들겠나
학서[21]로 재촉하니 경륜 펴러 떠나가네
백성들아 원망말라 우리 원님 떠나가면
삼한 땅 어디에나 봄날을 맞아주리

---

20) 지극(枳棘): 탱자나무와 가시나무.
21) 학서(鶴書): 임금이 은사(隱士)를 부르는 조서(詔書). 학두서(鶴頭書). 옛 예서(隸書) 글자체에 학두서체가 있는데, 임금이 은사를 부르는 글은 이 서체를 썼음.

高步青雲紫閣身, 分憂沙島爲偏親。
輕徭薄賦民歸厚, 疾惡親賢俗自淳。
鳳鳥豈宜棲枳棘, 鶴書還促赴經綸。
羣氓莫怨吾侯去, 能使三韓共一春。

3. 부록 : 유미암의 화답시(柳眉巖和韻)

록죽과 청송으로 이 한몸 얽어매고
백년토록 숨어살며 어버이 그리워하니
깊은 정성 푸른 하늘 감동시켰나
백옥에서 순박한 솔성 온전히 하네
초려에서 글을 보며 상송하니
경륜[22]하며 암혈[23]에서 늙어갈 줄 뉘 알았나
명종조 조신 유희춘 돌아오며 피로 느낄 때
우리 도 남방은 나무에 봄빛 완연하네.

綠竹青松絆子身, 幽居百載每思親。
蒼天尚感深誠在, 白屋能全率性淳。
每看草廬勞講誦, 誰知巖穴老經綸。
明朝官柳歸鞭倦, 吾道南方一樹春。

22) 포부를 가지고 일을 조직적으로 계획함.
23) 속세를 떠나 깊은 산중에 은거함.

4. 부록 : 김하서 인후가 영모당을 두고 지은 시 (金河西麟厚題永慕堂韻)

당을 짓고'영모라 이름지으니
조석으로 그 모습 그리고 있네
서리 이슬 내릴 땐 슬픔이 찾아들고
바람이 불어오면 부모 생각 눈물겹네
숲속의 새들은 해질녘에 슬피 울고
개울가 수달은 찬 물결에 제지내네[24)]
우러러 보며 깊은 회포 한량없으니
부모 은혜 천지와도 같았다네.

構堂名永墓，朝夕想形容。
愴惻臨霜露，漣洏感樹風。
林烏啼落日，溪獺祭寒潨。
瞻望懷靡及，親恩天地同。

24) 달제(獺祭): 수달이 고기를 잡아다가 벌여 놓는다는 말. 《예기 · 월령(禮記 · 月令)에 "봄바람에 얼음이 풀리기 시작하면 동면하던 동물들이 깨어나게 된다. 고기를 즐기는 수달은 고기를 잡아 언덕에 별여 놓은데 고대의 사람들은 그 형상이 마치도 제사음식을 차려놓은듯하다고 여겨 獺祭魚 혹은 獺祭라고 불렀다.

3. 영가세적 권지 2(永嘉世蹟卷之二)

가. 부록 : 영모당선생 사적(永慕堂先生事蹟)

1. 행록(行錄)

선생은 홍치 9년 병진 연산 2년 정월 15일에 무장 개가리, 지금의 공음면 갑촌리 자택에서 태어났다. 성실과 효성은 태어나면서 지니고 있었다. 겨우 이갈이를 할 나이에 부모를 봉양하였는데, 극도의 정성과 효성을 다하였고 자랄수록 더욱 해이하지 않았다. 모부인이 등창을 앓게 되자, 종기의 피고름을 입으로 빨아내었고, 밤이슬을 무릅쓰고 기도를 올려 병이 낫게 하였다.

28세인 계미년 중묘 18년에 부친의 상을 당하자, 울음을 그치지 않아 몸을 해칠 정도였고, 몸에서는 수질과 요질을 풀지 않았으며, 입에서는 이빨을 드러내지 않았다. 양봉(襄奉)[25]에 이르러 몸소 토석을 지고 광혈을 팠으며, 남의 손을 빌지 않고 영역(塋域)을 이루어놓았다.

무덤 아래에 여막을 짓고 아침저녁으로 제사상을 올렸는데, 몸소 제사상을 차렸었다. 날마다 멀건 죽물을 들고 언제나 찬 바닥에서 잠을 잤으므로, 워낙 허약한 몸으로 견뎌낼 수 없을 줄로 알았는데, 끝까지 멸성에는 이르지 않아 부로들은 모두

25) 양봉(襄奉) : '장례(葬禮)를 지냄' 을 높여 이르는 말.

탄식을 하며 기이하게 여겼다.

일찍 제사를 지내기 위해 묘정에 장을 모아두었는데, 어느 날 밤에 산쥐들이 불결하게 만들었으므로, 선생이 간장항아리를 들고 애통해하면서 "내가 제사를 올리는 성의가 천박하였기 때문에, 쥐들이 불결하게 만드는 변이 생기게 되었구나."라고 뇌까리며, 아침부터 저녁까지 통곡을 멈추지 않았더니, 그날 밤에 쥐가 떼를 지어 모두 몰려오더니, 항아리아래에서 죽어버렸다.

선고께서 꿩고기를 즐기신다고 말씀하셨기에, 선생은 매번 제사를 지낼 때에는 반드시 꿩을 올렸다. 그런데 어느 하루는 저자에서 꿩을 사지 못하여, 제사상에 올리지 못하게 되었으므로, 깊이 자책을 하며 눈물을 그치지 않았더니, 날이 어두워질 무렵에 꿩 한 마리가 정주간으로 날아들었으므로, 마침내 그것을 얻어 제사상에 올릴 수 있었다.

일찍 고(考), 비(妣) 그리고 승중을 잃은 불행을 겪게 되자, 하니같이 전날과 같은 어묘생활을 시속하였다. 선고의 무덤과 조고비의 무덤을 한 곳에 같이 있게 하였다. 향에서는 그의 효성을 흠모하여 그 산의 이름을 제청산(祭廳山)이라고 불러주었다.

부친의 상과 내외 승중의 상을 당한 이후에, 모부인 이씨가 늘 슬픈 기색을 얼굴에 띠게 되었다. 선생은 곁을 떠나지 않고 순종하였으며, 무릇 홀로 계시는 어버이의 속을 풀어주고 즐겁게 해줄 수 있는 일이라면 못하는 일이 없었다. 모부인의 명에 따라 노력하여 과거시험에 참가하였는데, 중묘 정해에는 향시에 참가하였고 무자에는 사마시에 합격하였으나, 그 후에는 다시는 시험장에 들어서지 않았다.

48세가 나던 해인 계미중묘 38년에, 모부인의 상을 당하여 여묘는 일률로 이전 상례에 따랐기에, 지나친 슬픔으로 몸이 바짝 파리해져 지탱하기 더욱 어려워졌다. 이를 본 사람들이 그를 위안하며, 지나친 슬픔으로 목숨을 잃은 옛사람들을 예로 들면서 경계로 삼으라고 권하였지만, 선생은 "인간의 생사는 하늘이 정해놓은 명에 달려있습니다. 몸을 망가뜨려 이 몸이 죽는다고 하더라도, 그것 역시 명이 아니겠습니까? 어버이가 이미 세상을 떠나셨는데, 생을 탐해 홀로 남아서는 무엇을 기다리겠습니까?"라고 대답하였다.

그는 여막에 남아있는 그날부터 절대 집으로 돌아가지 않았으며, 또 하녀와 노복들에게도 오가지 못하도록 단단히 단속하였다. 어느 날 품할 일이 생긴 부인이 하녀를 여막으로 떠나보냈지만, 멀리서 그것을 바라보고 숲속으로 숨어든 선생은 그녀에게 어서 돌아가라고 손을 휘저었다. 부인은 하인이 상신하지 못한 것이 민망스러워 몸소 그를 찾아갔으나, 선생은 곧 눌왕산으로 발을 옮기면서 아예 돌아보지도 않고 떠나갔다. 부인은 무가내하여 눈물을 휘뿌리며 돌아섰다.

여막에 있는 12년 동안, 선생은 아침저녁으로 성묘하며 곡을 올렸으며, 아무리 비바람이 몰아치고 함박눈이 펑펑 쏟아져도, 어느 하루 제사를 빠뜨린 적이 없었다. 갑신년 12월 13일 오후에 하늘에 먹장구름이 몰려오고 칼바람이 불기 시작하더니 산과 들이 캄캄하여 주야조차 분변할 수 없었다. 이윽고 살펴보니 눈이 엄청나게 쌓여 있었다. 선생은 즉석에서 성묘를 떠났는데 무덤 주위에는 눈꽃 한 점 내리지 않았었다. 사람들은 그의 효감으로 하여 생긴 일이라고 말하면서 그 고장을 여막동(廬幕洞)이라고 불러주었다.

여막은 전에 저산(赭山)에 있었다. 상복을 벗게 되자 선생은 몸소 변산(邊山)으로 가서 소나무를 뿌리 채로 캐어내고, 배에 실은 다음 이곳으로 옮겨와 이식하여 놓았다. 세월이 흐르면 푸르고 아름찬 소나무들은 진정 자손들에게 경계를 줄 것이고, 또 공경을 받게 되어 쉽사리 찍어내지 않을 것이다.

사람들을 따스하고 공경스럽게 대하였으며, 남의 허물을 입에 담지 않았다. 문밖에 손님이 찾아들기만 하면 곧 당하로 내려가 섬돌아래에서 맞아주었고, 화기어린 기색으로 접대하였으며, 꼭 공경하고 공손하면서 조금치도 소홀히 하지 않았다. 조심스럽게 말을 하여 옥이나 돌을 갈고 닦는듯한 도리를 다하였었다. 남의 착한 행실을 마치도 자신이 해낸 것처럼 기뻐하였고, 님의 질못을 마치도 사신이 저지른 것처럼 가슴 아파하였으며, 악한 일은 숨기고 착한 일을 선양하는 이치[26]에 신중하여 재앙을 면할 수 있었다. 이로 말미암아 늘말을 하면 반드시 마복파(馬伏波)[27]의 이야기를 들려주었고, 자제들을 경계하

26) 악한 일은 숨기고 착한 일을 선양하는 이치(隱揚之道): 《예기 · 중용(禮記 · 中庸)》에서는 "순은 묻기를 즐기고 가까이에 있는 말들을 살피기를 즐기었으며 악한 일은 숨기고 착한 일을 선양하였다(舜好問而好察邇言,隱惡而揚善。)"라고 말했다.

27) 마복파(馬伏波): 복파장군 마원(馬援, 기원전 14년~49년)의 자는 문연(文淵)이고 부풍군 무릉현(扶風郡茂陵縣, 지금의 섬서성 부풍현)사람으로서 중국 서한 말년부터 동한 초기의 장군이고 동한의 개국 공신이다. 농우군벌 외효를 섬기던 그는 광무제 유수에게 귀순하여 동한 통일을 위해 혁혁한 전공을 세워 벼슬이 복파장군에 이르렀기에 세상에서는 그를 마복파라고 부르며 그의 "老當益

여 "남의 허물을 듣게 되면 마치도 자기 어버이의 이름을 욕되게 한다고 생각하여야 한다."라고 말하였다."

학문에 종사하면서 옛사람들을 자기가 배워야 하는 중심에 두었으며 《소학》《가례》《효경》 등 책에 전문 마음을 붙이고 언제나 손에서 놓지 않았으며 또 "사람들이 어버이를 사랑할 줄 모르는 원인은 바로 이 책을 읽지 않았기 때문이다. 옛사람들이 군자들에게는 종신토록 잃은 것이 하나 있다고 하는데, 그것은 어버이가 세상을 떠난 일을 두고 말하는 것이다. 지금 내가 오직 추모를 하는 것은 우리 어버이께서 평소에 즐기시는 음식과 애호와 거처를 잊지 않았기 때문이다."라고 말하였다.

살고 있는 대숲에 건물을 지어놓고 관대차림으로 정좌하여 육적(六籍)[28]을 자세하게 관찰하고, 학자들과 함께 《예경》《제의(祭儀)를 강론하였는데, 연세가 높아도 피곤을 느끼지 않았다. 양호(兩湖)[29]에서 찾아온 문하생(門下生)들은 대부분 효제를 배우기 위해서였다. 학자들은 그를 영모당선생이라고 칭하였고 김인후가 그의 당의 편액을 영모라고 적어주었다.

유문절 희춘이 선생에 관한 소문을 일찍부터 들어오다가 이 현의 지현으로 오게 되자, 서로 만나 매우 반가워하며《기(記)》를 지어 문미에 걸어주었다. 그는 벼슬에서 떠난 이후 추천하려고 편지를 써서 권유하였지만, 선생이 굳이 사양하였으므로 문절은 그의 뜻을 굽힐 수 없다고 인정하고, 마침내 감히 추천

壯"이나 "馬革裹屍" 같은 기개는 후세사람들의 존경을 받고 있다.

28) 육적(六籍) : 시(詩), 서(書), 예(禮), 역(易), 악(樂), 춘추(春秋)의 육경(六經)을 가리킨다.

29) 양호(兩湖) : 호남(湖南)과 호서(湖西). 곧 전라도와 충청도를 아울러 이르는 말.

하지 못하였다.

뜰은 호젓하고 쓸쓸하여 잡된 손님이 없었다. 일시에 그와 함께 노닌 사람들로는 모두 현명한 선비들 예하면, 기문헌 대승과 양송천 응정 같은 분들이었는데, 번마다 추중하여 "김공을 만나지 못하였더라면 쉰이 되어도 어버이를 그리는 사람이 있다는 것을 어떻게 알 수 있었겠습니까? 공과 같은 분은 당의 이름에 부끄러울 것이 없다고 믿어집니다."라고 말하였다.

초토(草土)[30] 12년 동안 오랜 시간을 냉하고 습한 곳에 있었으므로, 비록 스스로 지탱하기는 하였지만, 우환이 암암리에 작간을 부려, 을묘 명묘 12년 12월에 병이 위독하게 되자, 문하생 신참봉 경희에게 "《서경》에서 '오직 형제들에게 효성과 우애를 베풀어야 가문과 나라를 다스릴 수 있다'고 말하였다. 나는 기왕 임금을 섬길 수도 없고, 또 형제도 없으니 일거수일투족사이에 부모를 잊지 못하였다. 나의 몸을 온전하게 하여 돌아가는 것이 나의 소원이다."라고 말하고는 끝내 이달 15일에 영모당에서 고종(考終)[31]하였다.

용사지변이 일어나자 연해 제읍들에서 재앙을 당하지 않은 곳이 없었고, 마을들은 몽땅 전화에 잿더미로 변하고 말았다. 왜노(倭奴)들은 영모당의 게판[32]을 보더니만, 서로 경계하면서 감히 범하지 못하였으므로 훼멸되지 않았다.

명묘 병오에 효성이 조정에 알려지자, 조정에서는 특별히 정

30) 초토(草土) : 거적자리와 흙 베개라는 뜻으로, 상중에 있음을 이르는 말이다.
31) 고종(考終) : 오복의 하나. 제명(一命)대로 살다가 편안(便安)히 죽는 것을 이른다.
32) 게판(揭板) : 건물의 현판(懸板)을 걸거나, 법령(法令) 등을 적은 판(板)을 걸어 널리 알리는 일.

려(旌閭)를 명하였고, 후에 천조(天朝)[33]에서 우리나라 행의를 수소문하여 채집하였는데, 민공 성휘가 본도를 안찰하면서 선생의 사적을 알리었고, 본조(本朝)에서 선생을 으뜸으로 상주하였음으로, 또 천조에서 정려한다는 명이 내렸고, 조정에서 예의관을 파견하여 치전(致奠)[34]하였다. 선생의 효행이 천하에 널리 퍼지자, 다사들은 서로 칭송하면서 "영모당선생의 순수하고 독실한 학문과 타고난 효성은 사원에서의 흠향이 아직도 결여하고 있는데, 이것은 사림의 수치이다."라고 말하였고, 여러 번 조정에 청원서를 올렸다. 만력 계축에 영모당 옛터에 사당을 건축하고 제사를 올리며 숭봉하였다.

行錄

先生以弘治九年丙辰燕山二年正月十五日生于茂長凱歌里第今孔音面甲村里。誠孝出天，纔踰齔，奉養父母極其誠敬，長益靡懈。母夫人嘗病疽，爲吮之，又露禱尋疾止。二十八癸未中廟十八年丁外憂，號泣不絕，哀毁踰禮，身不脫絰，口不見齒。及襄奉，躬負土石，自穿壙穴，不假丁夫而成塋域。築室於墓下，朝夕饋獻，親自供辦。日飲糜粥，恒處冷地，稟資萎弱若不能自保，終不至滅性，父老咸嗟異之。

嘗為供祭，而合醬于墓庭，一夜山鼠汚穢其中。先生執甑慟之，曰："吾奉祭之誠淺薄，致此鼠穢之變。"自朝至暮，涕

33) 천조(天朝): 명나라 조정.

34) 치전(致奠) : 사람이 죽은 때에 친척(親戚)이나 스승 또는 벗이 제물(祭物)과 제문(祭文)을 가지고 조상(弔喪)하는 일.

泣不止。夜羣鼠皆來斃甌下。先考嘗嗜雉，先生祭時必供雉。一日則不得於市，將至於闕用。深自咎責涕泣不已。至暮，有一雉飛人厨中，遂得以供之。荐遭內外承重致喪，廬墓一如前日。考墓與祖考妣墓同兆。鄉里慕其孝，名其山曰祭廳山。

自外憂及内外承重後，母夫人李氏常懷戚戚之意。先生左右承順，凡所以慰悅偏親者，靡不用極。以母夫人命，黽勉赴舉。中廟丁亥秋得忝鄉試，戊子中司馬，後叓不就圍焉。

四十八癸未中廟三十八年居母夫人憂，廬墓一依前喪，毁瘠，益不可支。見者寬譬以古人傷生之戒，先生答之曰："人之死生，自有定命，因毁沒身，獨非命耶？父母已世，耽生而獨存，將欲何竢？"

一自廬墓，絕不往還家中，而婢僕亦絕，不使之來往。一日夫人有稟事，送婢使于幕次，先生望見而避入林間，麾而使去之。夫人憫其不得稟白，親自往。先生即向于訥王山，愈不顧而去。夫人揮泣而返。居廬前後凡十二年，晨夕哭省，未嘗不以風雨大雪而或廢之。甲辰十二月十三日午後，天陰風起，山野晦冥，不分晝夜。俄而見之，積雪甚厚。先生即往省墓，則墓傍不下一點雪。人謂孝感所致，名其地曰廬幕洞。廬墓，舊爲赭山。服除後，先生親往邊山，采松根載船而來培植之。歲月荏苒，蒼翠拱把，苟為子孫者戒之敬之，毋或輕伐。

接人溫恭，不言人過。而門有客，輒下堂階而迎之，和顏色而待之，必敬必恭，小無忘忽。謹慎言語，以盡切磋之道。人之有善，若已有之。人之有過，若已有之。以慎隱揚之道，則可避其殃。是故恒言必稱馬伏波，戒其子弟曰：“聞人之過，如聞父母之名。”從事於學問也，以古人爲己之學為主，專心於小學、家禮、孝經等書，常手不釋，曰：“人不知愛親，是不讀此書者也。古人言君子有終身之喪，親沒之謂也。今吾秖當追慕，不忘於吾親平日嗜好居處之間矣。”

所居竹林構一室，冠帶危坐，究觀六籍，與學者講論禮經、祭儀，老而不倦。兩湖及門者，多趁孝悌焉。學者稱永慕堂先生，金文正麟厚額其堂曰永慕。柳文節希春素艷聞先生，及知是縣也，相得甚懽如，為《記》揭于楣。去官後，嘗欲申薦，貽書勸之，先生力辭。文節知其不能屈，竟亦不敢焉。

庭除蕭然，門無雜賓，一時從遊者皆賢士，如奇文憲大升、梁松川應鼎，每推重曰：“不見金公，孰知五十而慕者乎。若公，信無愧於堂名矣。”

草土十二年，久處冷濕，雖能自扶而疢疾暗祟。至乙卯明廟十年十二月疾革，謂門人申叅奉慶羲曰：“書云，惟孝友于兄弟，以御于家邦。余既不能事君，又無兄弟，惟一出言一舉足，不忘父母。全其體而歸者，是吾願也。”竟以是月十五日，考終于永慕堂。

龍蛇之變，沿海諸邑無不被禍，閭井盡為灰礫。倭奴見永慕堂揭板，相戒無敢犯，以故得不毁。

明廟丙午孝聞，特命旌閭，後自天朝有采聞我國行義[誼],閔公聖徽按本道，舉先生以聞，本朝首先生奏之，又有天朝旌閭之命。自朝家遣禮官致奠。先生之孝，達于天下，多士相與頌之，曰："以永慕堂先生純篤之學、出天之孝，院享尚闕，是吾士林之羞也。"累上言于朝卒。萬曆癸丑，建祠于永慕堂舊址，俎豆而崇奉。

2. 행장(行狀)

공은 휘는 질(質)이며, 자(字)[35]는 문소(文素)이며, 가계는 신라 경순왕으로부터 발원된다. 뒤로 상락공(上洛公)으로 봉을 받은 휘 방경(方慶)은 시호가 충렬(忠烈)로 마전(麻田) 숭의전(崇義殿)에 배향하였으니, 자손들은 드디어 안동인(安東人)으로 되었다.

공의 6대조인 휘 사형(士衡)은 우리 조선조(朝鮮朝)에 들어서면서 개국(開國)의 원훈(元勳)으로, 좌의정이 되었고, 상락백(上洛伯)에 봉해졌으며, 시호는 익원(翼元)이었다. 고조는 휘가 종한(宗漢)으로 생원(生員)이었다. 증조는 휘가 유(瑜)였는데 귀덕(貴德)으로 개명하였다. 조부는 휘가 을만(乙萬)이며, 통례원(通禮院) 통찬(通贊)을 지냈다.

고(考)[36]는 휘가 복중(福重)으로 통례원 통찬이었으며, 광주이씨(光州李氏)에게 장가를 들었는데, 그 분은 주부(主簿) 원

35) 사람의 본 이름 외에 부르는 이름. 흔히 장가든 뒤에 본 이름 대신으로 부름.
36) 죽은 뒤에 부(父)를 이르는 말.

경(元經)의 따님으로, 홍치 9년(서기 1496년, 丙辰) 정월 15일에 무장(茂長) 개가리(凱歌里)에서 공을 낳았다.

공은 태어나서부터 온화하고 결백하고 단정하고 순수하였으며, 효성과 우애는 천성적으로 지니고 있었다. 겨우 이갈이를 할 나이에 부모를 봉양하였는데, 이미 예(禮)에 따를 줄 알았으며 자랄수록 더욱 해이하지 않았다. 학업에 전념하였지만 과거에 응시하는 기준으로는 하지 않았다. 어머니가 등창을 앓게 되자, 종기의 피고름을 빨아내었고 또 밤이슬을 무릅쓰고 기도를 올려 응험(應驗)[37]을 얻게 되었었다.

계미년(서기 1523년)에 아버지의 상을 당하자, 너무나 슬퍼한 나머지 몸이 너무나도 야위었고, 소불지신(笑不至矧)[38]하였으며, 몸소 흙을 지고 광중(壙中)[39]을 파면서 일꾼들을 부리지 않았다. 묘(墓) 아래에 여막(廬幕)[40]을 지어놓고 아침저녁으로 곡을 하며 성묘하였는데, 술과 제물들은 노복들을 시키지 않고 반드시 손수 장만하였다.

일찍이 제사에 쓰려던 간장(醬) 항아리를 잘 간수하지 못하여 산 쥐들이 밤에 불결하게 만들었으므로, 공은 그릇을 들고 애통해하면서 "정성이 사물을 감화(感化)시키지 못하였으니, 이것은 나의 죄이다."라고 하면서 종일 흐느꼈더니, 그날 밤 쥐가 떼를 지어 모두 몰려오더니, 항아리 아래에서 죽었다.

언제나 선고께서 생전에 즐겨 드셨다고 하면서, 매번 제사 때

37) 드러난 징조가 맞음 또는 그 징조.
38) 소불지신(笑不至矧) : 잇몸이 드러나도록 크게 웃지 않음.
39) 시체를 묻는 무덤의 구덩이의 속.
40) 묘 가까이에 지어놓고 상제가 거처하는 초막.

마다 반드시 꿩을 챙겼었는데, 어느 날은 저자에서 꿩을 사지 못하여, 결여(缺如)[41]하게 되었으므로, 공은 또 눈물을 흘리며 자책하였더니, 날이 어두워질 무렵에 꿩 한 마리가 절로 부엌 날아들었으므로, 마침내 그것을 얻어 제사상에 올릴 수 있었다.

낮이면 반드시 멀건 미음을 마시고, 밤이면 반드시 찬 바닥에서 잠을 잤지만, 얼굴에는 굶주린 기색이 돌지 않았고, 몸에는 병도 생기지 않았으므로, 부로(父老)[42]들은 혀를 차며 기이하게 생각하였다.

연이어 승중상(承重喪)[43] 겪게 되자, 슬퍼하고 그리면서 십여 년을 하루와 같이 예(禮)[44]를 다하였다. 어머니의 상을 당할 때는 공의 나이 48세였는데, 겨릅대[45]처럼 말라 더는 지탱하기가 어려웠다. 보는 이마다 목숨을 잃을 수 있다고 경계하였지만, 공은 이에 대답하기를 "몸을 망가뜨려 이 몸이 죽는다 하더라도, 그것 역시 운명이 아니겠습니까? 믿고 있던 어버이를 잃었으니 살아서 누구를 시숭하겠습니까? 제발 더는 말씀하지지 않했으면 합니다."라고 하였다.

집은 산소의 여막(廬幕)과 들녘 하나를 사이 두고 있었지만, 한 번도 집으로 돌아가려고 하지 않았고, 부인과 하녀들도 오가지 못하도록 단속하였기에 감히 가까이 하지를 못하였다. 유

41) 마땅히 있어야할 것이 빠져서 없거나 모자람.
42) 동네에서 나이가 많은 남자 어른을 높이 이르는 말.
43) 아버지를 여윈 맏아들이 당한 당한 조부모의 초상.
44) 상례(喪禮)에 따른 제반 예법.
45) 껍질을 벗긴 삼대.

인(孺人)[46] 김씨가 말씀드릴 것이 있어서 여종(女奴)를 보냈는데, 공은 나무가 우거진 깊은 숲속으로 숨어들면서 손을 저었으므로 더는 앞으로 나가지 못했다. 이에 그의 부인 김씨가 또 친히 그곳으로 찾아갔지만, 공은 아예 돌아보지도 않고 그 자리를 떠나, 산골짜기로 들어가니, 부인은 만나지 못하리라고 짐작하여 흐느끼면서 돌아섰다.

공은 거상(居喪)[47] 때와 마찬가지로 하루에 두 번씩 성묘하였다. 어느 날 밤이었다. 공교롭게도 몇 길이나 되는 큰 눈이 내렸지만, 묏자리 주위에는 단 한 점의 눈꽃도 떨어지지 않았다. 향에서는 그의 효성에 감복하였다. 그래서 그 곳을 무덤 옆에 제사(祭祀)를 지내기 위하여 마련한 곳이라는 뜻으로 '제청산(祭廳山)'이라고 불러주었다고 한다.

공(公)은 살고 있는 대숲에 집 한 채를 지어놓고, 관대(冠帶)[48]차림으로 정좌하여 육적(六籍)[49]을 자세하게 연구하였는데, 특히 《소학》《가례》《효경》 등 책을 즐기어 언제나 손에서 놓지 않으면서, "사람으로 생겨서 어버이를 사랑할 줄 모르는 자는 바로 이 책을 읽지 않은 자이다. 옛사람들이 군자(君子)[50]들에게는 종신토록 잃은 것이 하나 있다고 하였는데, 그것은 어버이가 세상을 떠난 일을 두고 말하는 것이다. 지금 내

46) 생전에 벼슬하지 못한 사람의 아내의 신주나 명정(銘旌)에 쓰던 존칭.
47) 상(喪) 중에 있음.
48) 옛날 벼슬아치의 공복(公服)(지금은 전통혼례 때 신랑이 예복으로 입음)
49) 《시경(詩經)》《서경(書經)》《예기(禮記)》《악기(樂記)》《춘추(春秋)》《역경(易經)》 등을 일컬음.
50) '군자' 라는 뜻에는 여러 가지가 있다. 여기서는 학식과 덕행이 높은 사람을 일컫고 있다. 예전에는 벼슬이 높은 사람을 가리키기도 하고, 부인이 자기의 남편을 일컫던 말이다.

가 오직 추모를 하는 것은 우리 어버이께서 평소에 즐기시는 음식과 애호와 거처를 잊지 않기 때문이다."라고 말하였다. 연세가 높았어도 의연히 문하생(門下生)들과 배우는 자들을 이끌고《예경》 및 《제의(祭儀)》를 강론하였는데, 양호(兩湖)[51]에서 찾아온 문하생들은 스승의 지도 밑에 도움과 교화(敎化)를 받았고, 효제를 배우라는 권고를 많이 받았다. 하서 인후(河西 金麟厚)[52]는 그의 당(堂)에 '영모(永慕)'라는 편액(扁額)[53]을 달아주었다. 미암 유희춘(眉巖 柳希春)[54]은 원래부터 선생을 사모하고 있었는데, 무장현의 현감으로 오게 되자, 서로 만나 반가워하며, 그를 위해《기(記)》를 지어 문미에 걸어주었다. 한 때 그와 가깝게 교류한 사람들로는 모두 현명한 선비들이었는데, 예하면 고봉 기대승(高峯 奇大升)[55]과 송천 양응

51) 호남(湖南)과 호서(湖西) 즉 전라도와 충청도를 일컫고 있다.

52) 하서 김인후(河西 金麟厚;서기 1510~1560년) 중종 7년 5월 7일 전남 장성군 대맥동 마을에서 태어났음. 울신김씨. 조선조의 대표적인 학자이자 교육자의 한 사람. 특히 그는 기묘~을묘사화이후 고봉(高峯)이나 율곡(栗谷)에 이르는 기간동안 조선 성리학의 방향을 확립해 준 사람이다. 그는 중종26년(서기 1531년)에 사마시(司馬試)에 급제하고 31세의 나이로 별시문과(別試文科)에 합격하여 이후 춘추관기사관(春秋館記事官), 홍문관 박사(弘文館 博士) 겸 세자시강원 설서)世子侍講院 說書), 홍문관 부수찬(副修撰) 등을 역임하였다. 저서에 《하서집(河西集)》이 있다. 필암서원(筆巖書院)에 배향되었다.

53) 종이, 비단, 널판지에 그림을 그리거나 글시를 써서 문 위에 걸어 놓는 액자, 편제,

54) 미암 유희춘(眉巖 柳希春; 서기 1513년, 중종 8년~서기 1577년, 선조 10년) 조선 중기 학자, 시호(諡號)는 문절(文節), 본관은 선산(善山) 유씨, 서기 1558년(중종 3년)에 문과에 급제, 무장(茂長) 현감, 정언(正言)으로 을사사화 때 화(禍)를 입고, 구향가 제주, 종성에서 19년을 지내고 선조초에 풀려나와 부제학(副提學)을 냈음.

55) 高峯 奇大升;서기 1527년, 중종22년~1572년, 선조5년), 시호는 문헌(文憲), 행주기씨, 전남 장성 너부실 출생, 서기 1558년(명종 13년) 문과에 급제한후 선조때 벼슬이 대사간(大司諫)에 이를렀으나, 뜻이 맞찌 않아 그만 두고 병을 얻어 구향하다가 전북 고부(古阜) 며누리 집에서 객사하였다. 그는 어려서부터 독

정(松川 梁應鼎)[56]과 같은 분들이었는데, 역시 모두 그를 추양(推讓)[57]하고 승복(承服)[58]하였고, 늘 사람들에게 드러내 보이면서 "김공을 만나지 못하였더라면, 쉰이 되어도 어버이를 그리는 사람이 있다는 것을 어떻게 알 수 있었겠습니까? 공과 같은 분은 당명(堂名;永慕)의 이름에 부끄러울 바가 없다고 믿어집니다."라고 말하였다. 학자들은 드디어 공을 '영모당선생(永慕堂先生)'이라고 칭하게 되었다.

공은 어머니의 명에 따라, 한번 과거(科擧)에 참가하였고, 무자년(戊子年;서기1528년)에는 사마시(司馬試)에 합격되었지만, 그 후로는 다시는 과거에 참가하지 않았다. 미암 유희춘(眉巖 柳希春)이 늘 그를 천거하려고 하였으나, 공이 자기의 뜻을 굽히지 않았으므로 역시 감히 그렇게 하지 못하였다.

을묘년(서기1555년) 12월에 병이 위독하게 되자, 문하생 참봉(參奉) 신명의(申命義)명희에게 "《서경(書經)》이르기를 '오직 효(孝)를 하고 형제들과 우애(友愛)하여야, 가문과 나라를 다스릴 수 있다'고 말하였다. 나는 기왕 임금을 섬길 수도 없고 또 형제도 없으니, 다만 말 한 마디를 건넬 때에도 어버이를 잊지 못하였고. 한 번 발걸음을 내디딜 때에도 어버이를 잊

학으로 능히 고금(古今)에 통했고, 퇴계(退溪)와 성리학을 8년동안 사단칠정(四端七情)을 주제로 한 문답한 것으로 유명하다. 저서에 고봉집(高峯集)이 있다. 고봉서원(高峯書院)에 배향되다.

56) 조선조 명종 때 문인, 제주양씨, 중종 때 생원(生員)에 급제하고, 서기 1552년(명종 7년) 문과에 이어 중시(重試)에 합격, 그후 여러 벼슬을 거쳐 대사성(大司成)에 이르렀다. 시문(詩文)에 능하여 이름이 높았고, 그의 제자 백광훈(白光勳)은 선조때 8문장의 일인으로 유명했다.

57) 남을 추천하고 자기 자신을 사양함.

58) 납득하여 따름.

지 못하였다. 나의 몸을 온전하게 하여 돌아가는 것이 나의 소원이다."라고 말하고는 끝내, 그달 15일에 영모당에서 고종(考終)[59] 하였는데, 향년(享年) 예순이었고, 선대의 묘역에 장사(葬事)[60] 하였다.

공이 저술한 '영모록(永慕錄)'과 '육사자책설(六事自責說)'은 모두가 어버이를 섬기고 자신을 신칙(申飭)[61]하는 말씀들이다.

선조조(宣祖朝) 임진년(壬辰年;서기 1592년)에 왜병들이 연해(沿海)를 침략하여 마을들은 몽땅 잿더미로 변하고 말았다. 그런데 왜노(倭奴)[62]들은 유독 영모당(永慕堂)의 게판(揭板)[63]을 보더니만, 서로 경계하면서 감히 범하지 못하였는데, 그 덕분으로 훼멸되지 않았다.

이에 앞서 호남의 사림(士林)[64]들이 공의 행적을 조정에 올렸다. 가정(明의 世宗;嘉靖 24년 乙巳年 ; 서기 1545년)에 오두(烏頭)[65]를 장려하라는 명을 내렸고, 후에 중국에서는 우리나라 행의(行誼)[66]를 수소문하여 수집하라는 명을 내렸는데, 민

59) '고종명(考終命)' 의 준말. 제명대로 살다가 편안히 죽음(오복중의 하나).
60) 죽은 사람을 땅에 묻거나 화장(火葬)하는 일.
61) 단단히 타일러서 조심함.
62) 예전에 중국 사람이나 고려 사람들이 일본 사람을 낮잡아 부르던 말. 왜이(倭夷).
63) 게판(揭板) : 건물의 현판(懸板)을 걸거나, 법령(法令) 등을 적은 판(板)을 걸어 널리 알리는 일.
64) 유림(儒林) 즉 유학(儒學)을 전공하는 사람들.
65) 있을 수 없는 일로 희귀한 훌륭한 일 또는 정려(旌閭) 즉 충신, 효자, 열녀 등을 그 동네에 정문(旌門)을 세워 표창하던 일.
66) 행실이 올바름.

성휘(閔聖徽)[67]가 본도를 안찰(按察)[68]하면서, 선생의 사적을 으뜸으로 추천하여 상주(上奏)하였더니, 공의 효행이 천하에 널리 알려지게 되었다. 향리의 사람들은 대를 내려오면서 공을 칭송하였고, 서로 말하기를, "공을 향리에서 제사지내지 않으면 누구를 제사지내겠습니까?"라고 하였다. 이리하여 계축년(癸丑年; 서기 1613년, 萬曆 41년)에 영모당 옛터에 사당(祠堂)을 건축하고, 지금까지 숭봉하고 있다.

공의 유인(孺人)은 광주(光州) 김씨(金氏)이며, 그 부친은 참봉 유현(裕賢)이다. 부인은 지조가 굳고 마음이 한결같으며, 화기애애하고 유순하여 공과는 천상배필이었다. 공의 아들로는 생원인 사욱(士勗), 그리고 사면(士勉)이 있다. 손자는 상(常)인데 참의(參議)이다. 교수(敎授) 경철(景哲), 봉사(奉事) 홍철(弘哲), 주부(主簿) 익철(益哲), 사인 극철(克哲)은 증손이다. 이하는 많지만 다 기록하지 않는다. 경철 역시 효행으로 관직에 제수되어 가호(家戶)를 회복하였고, 익철은 선묘조(宣祖朝)에서 충훈(忠勳)으로 호종공신(扈從功臣)으로 녹훈(錄勳)[69]되었다.

공의 외예(外裔)[70]들 역시 배움에 독실하고 품행을 연마하여, 아름다움을 떨어지지 않게 하였다. 공의 덕성(德性)은 근원이 있고 충정이 있어, 후세들이 길이 눈으로 보고 가슴으로 느낄

---

67) 민성휘 ; 서기 1582년,선조 15년~서기 1648년, 인조 26년). 호는 졸당(拙堂), 서기 1609년(광해군 1년) 문과 급제, 서기 1625년 호남안찰사로 치적이 많았음, 금산 목사, 서기 1634년 병조판서 역임.

68) 자세히 조사하여 살핌.

69) 훈공을 장부나 문서에 기록함.

70) 외손들.

수 있는 것이다. 세상의 가르침이 쇠약해지고 임금의 교화가 깎이고 폐지되어, 아래에 있는 선비들이 비록 왕설(王薛)[71]과 나란히 견줄 수 있는 행실을 갖추고 있다고 해도, 만약 자손들이 현달 존귀하여 문장으로 찬양해주지 않는다고 하면, 절대로 귀하게 되지 못할 것이다. 나는 공이 세상을 뜬지 백년이 넘게 되었지만, 비문이 아직도 결여된 것을 슬프게 여기고, 가전(家傳)을 대략으로 채납(採納)[72]하여 그의 행장(行狀)을 지었는데, 하서(河西)와 미암(眉巖) 그리고 고봉(高峯) 등 당세의 제 군자(君子)들의 입언(立言)[73]은 고증을 통한 것으로 믿을만한 것으로 된다.

신해 영묘 7년 월일

전 참판 파평 윤봉조[74] 근상

71) 왕설(王薛) : 미상.

72) 의견을 받아들임.

73) 후세에 모범이 될만한 말을 함, 의견을 세상에 발표함.

74) 포암 윤봉조 ; 서기 1680년, 숙종 25년~서기 1761년, 영조 37년 생존, 파평윤씨, 서기 1705년(숙종 31년) 문과 급제, 급제후 헝문관 응교를 거쳐 영조 초기에 승지에 이름.

行狀

公諱質，字文素，系出新羅敬順王。而後有封上洛公、諱方慶，諡忠烈，配享麻田崇義殿，子孫遂為安東人。公六代祖，諱士衡，入我朝爲開國元勳、左議政、封上洛伯、諡翼元。高祖諱宗漢，生員。曾祖諱琙改，貴德。祖諱乙萬，通禮院通贊。

考諱福重，通禮院通贊。聘光州李氏，主簿元經女，弘治九年丙辰正月十五日生公于茂長凱歌里。生而溫潔端粹，孝愛出天。纔踰齔，奉養父母已如禮。稍長，愈不懈。專心學業，不為舉子尺幅。母病疽，為吮之。又露禱獲其應。癸未丁父憂，毁瘠逾節，笑未嘗至矧[75)]。躬負土營壙，不資丁夫。廬其下，晨夕哭省，酒漿饋獻，必手具，不命僕隸。嘗爲供祭，躅治醬甒，山鼠夜污穢其中。公執器慟曰："誠不能感物，是余罪也。"泣涕竟日。是夜羣鼠皆來斃甒下。常以親在時所嗜，每祭必有雉。一日，市不得，將闕用。公又垂涕自責，及暮，有飛雉自投厨中，得以供焉。日必飲淡糜，夜必處冷地，而色無飢，身且無疢。父老嗟異之。荐遭承重內外服，哀慕執禮十數年如一日。及居母憂，年已四十八，柴削，益不可支。見者或戒以傷生，公答曰："因毁沒身，獨非命歟吾已失怙，侍生亦何俟願勿復言。" 家居距墓廬只隔一坪，一不肯還往。婦人婢使絕，毋敢近。妻金孺人欲白事送女奴，公避入深樾，麾不得前。孺人又自往，

75) 笑不至矧(소불지신) : 잇몸이 드러나도록 크게 웃지 않으며.

公愈不顧而去，自屏山谷。孺人度不可見，流涕而返。日再省墓，如前喪。一夜適大雪幾丈餘，獨環墓略干地，無一點下者。鄉里服其孝感，因號其地為祭廳山云。

公就所居竹林構一室，冠帶危坐，究觀六籍，尤好小學、家禮、孝經等書，讀不釋手，曰："人不知愛親，是不讀此書者也。古人言君子有終身之喪，親沒之謂也。今吾秪當追慕，不忘於嗜好居處間矣。"至老猶引門生學子，講禮經及祭儀，兩湖及門者，薰炙誘掖，多勸趍孝悌。金河西麟厚，額其堂曰永慕。柳眉巖希春素慕公，及監茂長縣，相得懽如，又為記，並揭于楣。一時賢士，從其遊者，如奇高峯大升、梁松川應鼎，亦皆推服，每舉似人曰："今不見金公，孰知五十而慕者乎，公無愧於堂名矣。"學者遂稱公為永慕堂先生。

公以母命一就圍中，戊子中司馬，後不肯再赴。眉巖每欲尉薦，知公意不屈，亦不敢焉。乙卯十二月疾革，謂門人申叅奉命羲曰："書云，惟孝友于兄弟，以御于家邦。余既不能事君，又無兄弟，惟一出言不忩父母，一舉足不忩父母，全其體而歸者，吾事也。"遂以其[月]十五日考終于永慕堂，年六十，從葬先兆。所著永慕錄"六事自責說"，皆事親飭己之言也。

宣廟壬辰，倭兵大剳沿海，閭井盡爲灰礫。獨倭奴見永慕堂揭板，戒無敢犯，故得不燬。

先是湖士上公行，嘉靖二十五年丙午，命奬以烏頭，後天朝又命采聞我國行誼, 閔公聖徽按本道, 首擧公以奏。公之孝, 遂達於天下矣。鄕人累世頌公, 相與言曰:"公不祀於鄕, 又誰祀" 乃於萬曆四十一年癸丑, 建祠于永慕堂舊址, 至今崇奉。

金孺人別籍光州, 父叅奉裕賢。貞一和柔, 甚宜於公。男, 士勗 生員士勉。孫 常 叅議。曰教授景哲、以至孝授官 復家 號隱松堂, 奉事弘哲、主簿 益哲, 宣廟朝錄忠勳 扈從功臣 號賢武齋, 士人克哲, 曾孫也。以下多, 不盡錄。公之外裔, 亦多篤學砥行, 不墮令美公之德有源有委, 觀感於後者遠矣。世教衰下, 王化剜弊, 下土賢士, 雖有行比王薛者, 苟非子孫隆顯竿牘揄揚, 亦莫之為貴。

余悲公歿已累百年, 碑版尚闕, 畧采家傳, 狀其行。而輒擧河西, 眉巖, 高峯當世諸君子徵爲立言者, 庶有所考信焉。

辛亥英廟七年月日,

前叅判 坡平 尹鳳朝謹狀

3. 묘표(墓表)

공(公)의 휘(諱)는 질(質)이며, 자(字)는 문소(文素)이다. 김씨는 안동(安東) 거족(巨族)인데, 신라 경순왕으로부터 고려조에 이르면서 충렬공(忠烈公) 방경(方慶)이 있었다. 본조(本朝)에 들어서서 익원공 사형(翼元公 士衡)은 동지밀직 승(同知密直

陸)으로 전(傳)하고, 생원 종한(宗漢)의 대에 이르렀는데, 이가 바로 공(公)의 고조이며, 증조는 귀덕(貴德)인데 좌랑(佐郎)으로 있었다. 조부 통찬(通贊) 을만(乙萬)은 남평현(南平縣)에서 살다가 무장현(茂長縣) 개가리(凱歌里)로 이사하였다. 고(考) 복중(福重) 역시 통찬(通贊)이었다. 비(妣)는 주부(主簿)인 광주(光州 이원경(李元經)의 딸인바, 홍치(弘治 9년 丙辰年) 정월 15일에 공을 낳았다.

공은 태어나서 온화하고 수려하고 단정하고 순결하였으며, 효성과 공경은 태어나면서 지니고 있었다. 겨우 이 갈이를 할 나이에 예(禮)에 따라 부모를 봉양하였는데, 자랄수록 더욱 해이하지 않았다. 학업에 전념하였고 사우(士友)들과 우애하였지만 공령(功令)[76]을 하찮게 여기었다. 어머니가 등창을 앓게 되자 종기의 피고름을 빨아내었고, 또 밤이슬을 무릅쓰고 기도를 올려 보응(報應)을 얻게 되었다.

가정(嘉靖) 계미(癸未)년에 부친의 상을 당하자, 너무나 슬퍼 몸이 바짝 파리하여 분수를 넘었고, 몸소 흙을 저다가 장(葬)하였으며, 묘(墓) 아래에 여막(廬幕)을 짓고, 아침저녁으로 곡을 하며 제사음식은 손수 지어 올렸다. 일찍 산 쥐들이 제사에 쓸 장을 불결하게 만들었으므로, 공이 항아리를 들고 흐느끼었더니, 그날 밤에 쥐가 몰려와 죽어버렸고, 언제나 부친 생전에 즐겨 드시던 음식을 잊지 않고, 제사를 올릴 때에는 반드시 꿩을 올렸는데, 한 번은 그것을 이어대지 못하여 또 흐느끼면서 스

76) 공령(功令) : 고려와 조선 시대에, 문과(文科) 과거에서 시험을 보던 여러 가지 문체.

스로 자책하였더니, 난데없이 꿩이 스스로 부엌으로 날아들었다. 낮이면 묽은 죽을 들었지만, 얼굴에는 굶주린 기색이 돌지 않았고, 밤이면 찬 바닥에서 잠을 잤지만, 몸에는 병이 생기지 않았으므로 사람들은 기이하게 여겼다.

승중상(承重喪)을 당하여 내외의 불행을 겪게 되자, 슬퍼하고 그리면서 십여 년을 하루와 같이 예(禮)를 지켜왔다. 얼마 지나지 않아 어머니의 명에 따라, 한 번 과거시험을 보았는데, 무자년(戊子年) 시험에 진사 3등으로 합격하였지만, 다시는 과거(科擧)에는 참가하지 않았다. 어머니의 상을 당할 때 공의 연세는 48세였고, 겨릅대처럼 말랐으므로, 이를 본 어떤 이는 목숨을 잃을 수 있다고 경계하자, 공은 "이로 하여 이 몸이 잘못된다고 하면, 그것 역시 운명이 아니겠습니까?"라고 대답하였다.

집은 여막과 들녘 하나를 사이 두고 있었지만, 한 번도 집으로 돌아가지 않았다. 유인 김씨가 여쭐 일이 생겨 하녀를 대신 보냈더니, 나무가 우거진 깊은 숲속으로 숨어들었으므로, 이번에는 부인이 친히 그곳으로 찾아 갔지만, 공은 몸을 숨기고 아예 돌아보지도 않았다. 그는 묘에서 곡을 하였는데, 날이 가면 갈수록 처음과 마찬가지로 슬픔을 다하였다. 하루는 밤에 몇 길이나 되는 큰 눈이 내렸지만, 묘 자리 주위에는 단 한 점의 눈꽃도 떨어지지 않았다. 향에서는 그의 효성에 감복하고, 그곳을 묘 옆에 제사(祭祀)를 지내기 위하여 마련한 곳이라는 뜻으로 '제청산(祭廳山)'이라고 불러주었다고 한다.

집으로 돌아오게 되자, 대숲에 집 한 채를 지어놓고, 관대차림으로 정좌하여, 육적(六籍)을 자세하게 연구하였는데, 특히

《효경》《소학》《가례》 등 책을 언제나 손에서 놓지 않으면서, "사람으로 생겨나서 어버이를 사랑할 줄 모르는 자는 바로 이 책을 읽지 않은 자이다."라고 말하였다. 연세가 높았어도 의연히 문하생(門下生)들과 배우는 자들을 이끌고, 《예경》 및 《제의(祭儀)》를 강론하였는데, 양호(兩湖)에 효제(孝悌)가 흥기하게 된 것은 그의 힘을 많이 입은 것이다. 하서 김인후는 그의 당에 '영모(永慕)'라는 편액(扁額)을 달아주었다. 문절 유희춘은 원래부터 선생을 사모하고 있었는데, 무장현 현감으로 오게 되자, 매우 반가워하며 그를 위해 《기(記)》를 지어주었다. 송천 양응정과 문헌 기대승과 같은 분들도 역시 모두 그를 중히 여기고 추중하면서 "김공을 만나지 못하였더라면, 쉰이 되어도 어버이를 그리는 사람이 있다는 것을 어떻게 알 수 있었겠습니까? 공과 같은 분은 당(堂;永慕)의 이름에 부끄러울 것이 없다고 믿어집니다."라고 말하였다. 유공이 또 그를 천거하려고 하였으나, 공이 그것을 달갑게 여기지 않는다는 것을 알고 있었으므로, 끝내 감히 그렇게 하지 못하였나. 병오년에 명나라 조정에서는 공의 효행을 듣고, 특별히 표창하여 정려(旌閭)를 하사하였다.

을묘 12월에 병이 위독하게 되자, 문하생 참봉 신명희에게 "나는 기왕 임금을 섬기지도 못했고, 또 형제도 없어 다만 일거수일투족 사이에도 감히 어버이를 잊지 못하였다. 나의 몸을 온전하게 하여 돌아가는 것이 나의 소원이다."라고 말하고는 15일에 세상을 떠났다. 선조를 모신 곳에 장(葬)었다. 선고의 묘 바른 쪽의 산등성이 술좌(戌坐)에 합장하였다가 235년이 지난 경술(영조조 6년) 4월에 본 마을(오늘의 갑촌리) 바른 쪽 산등성 신좌(辛坐)에 이장하였다. 공이 저술한 '영모록' '육사자책설'('永慕錄' '六事自責說')은 가장(家藏)하는데, 모두가 어버이를 섬기고 자신을 닦는 말들이다.

유인(孺人) 김씨는 그 본관이 광산(光山)이며 참봉 유현의 따님이다. 아들은 셋으로 사욱(士勖)은 생원이며, 사강(士剛)과 사면(士勉)은 모두 자식이 없었다. 사욱은 아들이 하나로, 상(常)인데 공조참의를 추증하였다. 상은 아들이 넷이다. 경철(景哲)은 교수로 효(孝)와 의(義)로 소문이 났고 호는 은송당(隱松堂)이다. 홍철(弘哲)은 무인(武人)으로 주부(主簿)였고, 익철(益哲)은 선무원종공신(宣武原從功臣)이며 무인으로 주부이며, 극철(克哲)은 벼슬하지 않았다. 나머지는 다 기록하지 않는다. 만력(萬曆) 정유(丁酉)에 왜놈의 병화가 매우 혹심하였지만, 유독 영모당의 게판(揭板)[77]만은 놈들이 경계하면서 범하지 못하였으므로, 재앙을 면하게 되었다.

계축(癸丑; 광해 5년) 향인(鄕人)들이 영모당(永慕堂) 옛터에 사당(祠堂)을 세웠다. 숭정(崇禎) 시기에 명(明)나라 조정에서 명령을 내려 본조(本朝)의 행의(行誼)를 수소문하여 채집하라는 명을 내렸고, 안찰사 민성휘가 공의 사적을 상주하였기에, 공의 효행이 천하에 널리 퍼지게 되었다. 영종(英宗 신해에 대제학 포암 윤봉조가 또 그의 행장을 지었는데, 그가 일찍 본 현으로 강직(降職)[78]되어 왔으므로, 공의 아름다움에 익숙하였기

77) 게판(揭板) : 건물의 현판(懸板)을 걸거나, 법령(法令) 등을 적은 판(板)을 걸어 널리 알리는 일.

78) 직위가 낮아짐.

때문이다.

정조조(正祖朝)의 5년 신축(辛丑)에 사당은 세 번째의 수선을 가하였고, 다사(多士)들이 윤석에게 상량문을 부탁하였다. 또 9년에는 여기에서 교수의 6대손 창백(昌白) 비석을 세우면서 묘표(墓表)를 적어달라고 부탁하였다. 오호라! 근본(本)이 세워지면 도(道)가 생기게 되고, 형체가 커야 소리가 웅장한 법이다. 공이 김인후(金麟厚), 유희춘(柳希春), 양응정(梁應鼎), 기대승(奇大升), 민성휘(閔聖徽)제 현자들의 칭송을 받은 것을 살펴보면 어찌 실질이 없을 리가 있겠는가! 높은 산은 푸르청청하고, 바다는 무연히 명명하니, 천 세대를 내려가면서 내가 기록한 글이 부끄러움이 없다는 것을 알고 있으리라.

세손 익찬 월송 황윤석(黃胤錫)이 지음.

완산 이이곤(李以錕) 기록.

숭정 3년(경술년, 正祖朝 14년(서기 1790년) 6월 일

墓表

公諱質，字文素。金氏，安東大族，自新羅敬順王至高麗有忠烈公方慶。入本朝有翼元公士衡，傳同知密直陞。至生員宗漢，是高祖；曾祖貴德，佐郎。祖通贊乙萬，寓南平縣，移茂長縣凱歌里。考福重，亦通贊。妣主簿光州李元經女。以弘治丙辰正月十五日生，公溫秀端潔，孝敬本天。甫齓，己奉親如禮，長益匪懈。潛心學問，從士友間，不屑功令。妣病疽，口吮、禱應。

嘉靖癸未，考憂，毀甚，躬负土以葬。而廬，晨夕哭，手饋獻。有鼠穢于醬，公執瓿以泣，其夜鼠皆來斃。恒思考嗜，臭必有雉。一日無以繼，又泣而自怨，忽有雉自投。日淡糜，無飢；夜冷處，無疾，衆異之。旣荐居内外承重服，執禮累年如一日。尋以妣命，一就，戊子試中進士三等，不復求擧。及妣卒，已四十八，益柴立。或戒以傷生，則曰："因此以沒，不抑命歟？"

廬距家隔一坪，一不赴。孺人金氏有所稟，代以婢，摽以出諸林外。孺人自詣，愈自屛不顧。其哭墓，日再如初。一夜雪袤丈，獨環墓無點霏。一鄕服其孝感，因號其地爲祭廳山。及歸，築室竹林中，冠帶危坐，究觀六籍，尤拳拳孝經、小學、家禮。曰："人不知孝，是不讀此書者也"至老猶引學子講禮經祭儀，兩湖孝悌之興，多其力也。

河西金子麟厚，額其堂曰永慕。柳文節希春素慕公，及至本縣，懽如也，為之記。如梁松川應鼎、奇文憲大升，亦皆推重，曰："不見金公，孰知五十而慕者。若公信，無愧堂名矣。"柳公又欲申薦，知公不欲，竟不敢。丙午，明廟聞公孝行，特褒旌閭。

乙卯十二月疾且革，語門人叅奉申命羲曰："余旣不及事君，又無兄弟。惟一出言一擧足，不敢忘父母，全而歸之者吾事也。"十五日卒，祔考墓，右岡戌坐。後二百三十五年庚戌英廟六年四月遷葬于本里今甲村里右岡辛坐。所著有"永慕錄六事自責說"，藏于家，皆事親飭躬之言也。、

孺人籍光山，叅奉裕賢女。三子，士昜，生員；士剛、士

勉，俱無後。士昴一子，常，贈工曹叅議。常，四子：景哲，教授，以孝義聞，號隱松堂；弘哲，武主簿；益哲，宣武從勳武主簿；克哲，不仕。餘不盡記。

萬曆丁酉，倭燹酷甚，獨於堂記，戒無犯，得免。癸丑光海五年，鄉人祠于堂址。崇禎中明朝命采本國行誼，按使閔公聖徽以公聞，於是其孝達于天下。英宗辛亥，大提學圃巖尹公鳳朝，又狀其行，以其嘗謫本縣，艷公熟也。上正廟之五年辛丑，祠三修，而多士屬胤錫上樑。又九年于玆教授六代孫昌白立石，托以表墓。嗚呼！本立則道生，形大則聲宏。觀公所得乎金、柳、梁、奇、閔、尹諸賢者，豈無以哉？山青青，海冥冥，有來千代，知我述之無愧也。世孫翊贊越松黃胤錫撰，完山李以錕書，崇禎三庚戌正廟十四年六月日。

4. 정문사실(旌門事實)

정려(旌閭)[79]의 특별한 명은 가정(嘉靖)[80] 병오년(丙午年;서기 1546년)에 있었다. 또 만력(萬曆)[81] 33년 선조(宣祖) 을사년(乙巳年;서기 1605년)에 명(明)나라에서 우리나라의 효행과 충렬을 수소문하여 채집하였는데, 그때 민공 성휘(閔公 聖徽)가 본도의 안찰사로 있으면서 공의 사적을 본조(本朝)에 올리고,

79) 충신, 효자, 열녀 등을 그 동네에 정문(旌門)을 세워 표창하던 일.
80) 明代 世宗의 연호(서기1522년~1566년)
81) 明代 神宗의 연호(서기1572년~1620년)

선생을 으뜸으로 상주(上奏)하였기에, 특별히 명나라 조정에서 정려(旌閭)로 포창하였으며, 본조에서 예관을 보내어 치전(致奠)[82] 하였다.

그 후 여러 번 병화를 겪어, 정려가 거의 무너지게 되어, 게시판을 받들고 도암사 강당에 봉안하였다. 고종(高宗) 무진년(戊辰年; 서기 1868년)에 조정에서 서원(書院)과 사우(祠宇)를 없애라는 명을 내렸을 때, 도암사(道巖祠)도 없애는 명단에 들게 되어, 현감 조영화(趙永和)가 상황을 자세하게 살펴보더니, 관리들을 경계하여 정려를 모신 한 칸 만은 뜯지도 말고 상하게 하지도 말게 하였지만, 동 서 두 기둥을 뜯고 나니, 게시판을 모신 한 칸마저도 장차 보존할 수가 없게 되었다. 이듬해 3월에 사당 동쪽에 당 하나를 짓고 게시판을 봉안하였으며, 노사 기정진(蘆沙 奇正鎭)[83]이 문미(門楣)[84]에 '기(記)'[85]를 적어두었다.

82) 치전(致奠) : 사람이 죽은 때에 친척(親戚)이나 스승 또는 벗이 제물(祭物)과 제문(祭文)을 가지고 조상(弔喪)하는 일.

83) 기정진 ; 서기 1798년(정조 22년) ~서기 1876년(고종 13년),- 조선조 말 6대 성리학자의 한 사람.전북 순창 출신, 벼슬이 호조판서에 이르렀다. 조선조말 서세동점때 최초로 위정척사(衛正斥邪)주장, 저서에 《노사집(蘆沙集)》이 있다.

84) 창문 위에 가로 댄 나무.

85) 기록의 뜻.

旌門事實

旌閭之特命，在嘉靖丙午。彼又萬曆三十三年, 宣廟乙巳, 自天朝有采聞我國孝行忠烈，其時閔公聖徽按本道，以先生聞本朝首先生奏之，特有皇明旌褒，本朝遣禮官致奠。其後累經兵燹，旌閭幾至摧頹，奉揭板于道嚴祠講堂。高宗戊辰，有朝令毁撤院祠，道巖祠亦入毁地。主趙永和審視，戒官吏旌閭一間勿毁勿傷。及破東西兩楹揭板一間，若將不能保。翌年三月於祠址之東構一堂，奉揭板，奇蘆沙正鎭書以記之楣。

5. 정문[86]기(旌門記)

무릇 삼강(三綱)[87]의 정(旌)[88]을 고시하는 글이 가택의 문미(門楣 ; 문도리)에 자리 잡고 있다고 하면, 그것이 바로 된 일이다. 그런데 시골에서는 집들 대부분이 필호봉문(蓽戶蓬門)[89]이므로, 부득이 별도로 쌍미(雙楣;쌍문도리)의 집을 만들어 정려문(棹楔)을 받아 들였는데, 이것이 바로 된 일의 첫 번째로 변한 것이다. 쌍미(雙楣)의 집이 무너지게 되자, 또 부득이하

86) 충신, 효자, 열녀 등을 표창하고자 그 집 앞에 세우던 붉은 문.

87) 유교(儒敎) 도덕에서 기본이 되는 강령. 곧, 임금과 신하, 부몽하 자식, 남편과 아내 사이에 마땅히 지켜야 할 도리로 군위신강(君爲臣綱) · 부위자강(父爲子綱) · 부위부강(夫爲婦綱)을 이름.

88) 깃대 끝에 새의 깃으로 장목을 구민 기.

89) 필호봉문(蓽戶蓬門): 쑥대나 싸리로 문을 만든 가난하고 누추한 집을 가리킨다.

여 사원의 강재(講齋;강당)에 모셔두었으며, 이것이 바른 일의 두 번째의 변화이다. 사원이 사라지자 또 부득이하여 쌍미(雙楣)의 집의 집을 세우게 되었는데, 이것이 세 번째로 되는 변화이다. 그렇지만 세 번 변한 것들은 모두 바른 일에 거의 근사한 일이다.

삼가 헤아리건데, 옛날 효자 김공은 휘는 질(質)이고 자는 문소(文素)로 홍치 정덕연간 인물로, 안동 김씨, 좌의정 상락백 익원공 사형(翼元公 士衡)의 6대손이다. 일찍 어머니의 명으로 하여 단 한 번 과거에 참가하여, 남성(南省)[90]에 합격, 진사(進仕)가 되었으나, 다시는 과거를 보지 않았다. 참판 윤봉조(尹鳳朝)가 그의 행장을 지었고, 그 대략은 아래와 같다.

공은 태어나서부터 온화하고 결백하고 단정하고 순수하였으며, 효성과 우애는 태어나면서 지니고 있었다. 겨우 이갈이를 할 나이에 부모를 봉양하였는데, 이미 예(禮)에 따를 줄 알았으며, 어머니가 등창을 앓게 되자 종기의 피고름을 빨아내었고, 또 밤이슬을 무릅쓰고 하늘에 빌어 보응(報應)[91]을 얻게 되었었다.

먼저 부친의 상(喪)을 당하자, 너무나 슬퍼 몸이 너무나 야위어 분수를 넘었고, 몸소 흙을 지고 광혈(壙穴)[92]에 봉분(封墳)[93]을 만들면서 일꾼들을 부리지 않았다. 무덤 아래에 여막

90) 남성(南省): 남성시(南省試)의 준말로, 고려 시대 국자감시(國子監試)를 이르는 말. 조선조에서는 성균관시(成均館試).

91) 인과에 따라 선악이 대갚음을 받음.

92) 시체를 묻는 구덩이.

93) 흙을 쌓아 올려서 무덤을 만듦. 성분(成墳).

(廬幕)을 짓고, 제물들은 손수 장만하였다. 산 쥐들이 장 항아리 아래에서 죽었고, 꿩이 저절로 부엌으로 날아드는 괴이한 일들이 생겨났다. 낮이면 멀건 미음을 들고, 밤이면 찬 바닥에서 잠을 잤지만도, 병이 나지 않아 부로(父老)들은 탄식하며 기이하게 여겼다. 연이어 승중(承重)을 거듭 당하여, 슬퍼하고 그리면서 십여 년을 하루와 같이 예(禮)를 지켜왔다. 어머니의 상을 당 해서는 공의 연세는 이미 48세였다. 이를 본 사람마다 목숨을 잃을 수 있다고 경계하였지만, 공은 "이로 하여 몸을 망가뜨려 이 몸이 죽는다고 하더라도 그것 역시 명(命)이 아니겠습니까? 믿고 있던 어버이를 잃었으니, 살아서 누구를 시중하겠습니까? 제발 더는 다시 말씀하지 말았으면 합니다."라고 대답하였다. 어느 날 몇 길이나 되는 큰 눈이 내렸지만, 묏자리 주위 얼마간에는 단 한 점의 눈도 쌓이지 않았다.

상복을 벗게 되자 집 한 채를 따로 짓고 거주하면서 "옛사람들이 군자들에게는 종신토록 잃은 것이 하나 있다고 하였는데, 그것은 어버이가 세상을 떠난 일을 두고 말하는 것이다. 지금 내가 오직 추모를 하는 것은, 우리 어버이께서 평소에 즐기시던 음식과 좋아하심과 거처를 잊지 않기 때문이다."라고 말하였다. 김하서(金河西)는 그의 당에 "영모(永慕)"라는 편액(扁額)을 달아주었다.

병환이 위독하게 되자, 문하생 참봉 신명희(申命羲)에게 "나는 기왕 임금을 섬기지도 못했고, 또 형제도 없어 다만 일거수 일투족 사이에도 감히 어버이를 잊지 못하였다. 나의 몸을 온

전하게 하여 돌아가는 것이 나의 소원이다."라고 말하였다.

가정(嘉靖) 병오(丙午)에 정려(旌閭)하라는 명이 내렸고, 명(明)나라에서 또 우리나라 행의(行誼)[94]를 수소문하여 채집하라는 명을 내렸는데, 민공 성휘가 도백(道伯)으로 있으면서, 공을 으뜸으로 추천하여 상주하였더니, 공의 효행이 천하에 널리 퍼지게 되었다. 만력(萬曆) 계축년(癸丑年)에 도암사(道巖祠)를 일으켰으니, 바로 영모당(永慕堂)의 옛터에 세워진 것이다.

이상에서 적은 내용은 전부 행장(行狀)에 있는 말들인데, 다만 일부를 삭제하거나 간략하게 하였을 뿐 조금이라도 보탠 것은 전혀 없다.

유문(遺文)[95]으로는 "자계육조(自戒六條)"가 있고, 시로는 "죽원에서 읊노라(竹院題詠)"와 "유미암을 바래며 2수(送柳眉巖二首)" 등이 있다.

정(旌)을 고시하는 글을 강재(講齋)에 모셔둔 시간이 언제인가는 확실히 알 수 없지만, 쌍미(雙楣)를 중건한 것은 당녕(當寧)[96] 기사(己巳, 고종 6년)라고 한다. 기(記)가 없어서는 되지 않으므로, 김씨가 정진(正鎭)에게 명을 내렸다.

임신(壬申 : 서기 1872년) 초여름 행주 기정진(奇正鎭)이 적음.

94) 행실이 올바름 또는 그 행실.
95) 생전에 남긴 글.
96) 지금의 임금.

旌門記

凡三綱之旌榜之居宅門楣者，正也。村居大抵蓽戶蓬門，不得已而別爲雙楣之屋，以容棹楔(정려문)者，正之一變也。雙楣摧落，又不得己而揭之院享之講齋者，再變也。院享既停，又不得已而起雙楣之屋者，三變也。雖然三變近乎正矣。

謹按：古孝子金公，諱質，字文素，弘治正德間人，系出安東左議政上洛伯翼元公士衡六世孫也。嘗以母命，一赴試圍成南省，不復舉。

尹叅判鳳朝狀其行，其畧曰：生而溫潔端粹，孝愛天至，纔踰齔，奉養父母已如禮。母病疽，吮之；又露禱，獲其應。先喪父，毁瘠踰節，負土營壙，不資丁夫。廬其下，饋獻手具，有山鼠斃甑，飛雉入厨之異。日飲淡糜，夜處冷地，而不言病，父老嗟異。荐遭承重服，哀慕如一日。及居母憂，年已四十八。或以傷生爲戒，答曰："因毁沒身，獨非命歟？怙恃已失，生亦何依，願勿復言。"一日大雪丈餘，環墓若干地，獨無一點。

既除服，別構一室以居，曰："君子有終身之喪，親沒之謂也。今吾秖當追慕，不忘於嗜好居處間矣。"

金河西額其堂曰永慕。疾革，謂門人申叅奉命羲曰："吾不能事君，又無兄弟，惟一舉足一出言，不敢忘父母，全其體而歸者，吾事也。"嘉靖丙午，旌閭命下。天朝又命采聞我國行誼，閔公聖徽為道伯，首舉公以奏。於是公之孝，達於天下。萬曆癸丑，道巖祠起，卽永慕堂遺址也。

右皆行狀中語，而有所刪略，不能有所增也。遺文有“自戒六條”，詩有“竹院題詠”及“送柳眉巖二首”。旌閭榜之揭於講齋，不知的在何年。雙楣重建，當宁己巳高宗六年云，不可無記也。金氏以命正鎭。壬申首夏幸州奇正鎭記。

나. 은송당선생 사적(隱松堂先生 事蹟)

1. 행장(行狀)

선생이 휘는 경철(景哲)이며 자는 윤보(允甫이며 호는 은송(隱松)이다. 김씨는 안동(安東)의 대성(大姓)이다. 휘 방경(方慶)이 고려에서 벼슬을 하면서, 난리를 평정하고 나라를 안정시킨 공신(功臣)으로 상락개국공(上洛開國公)에 봉(封)되어, 시호는 충렬(忠烈)이니, 이가 바로 현조(顯祖)[97]이다. 그가 휘 순(恂)을 낳았는데, 문과(文科)하여 밀직사(密直司)로 있었고 상락공(上洛公)을 봉 받았으며 시호는 문영(文英)이다.

몇 대를 지나, 휘 사형(士衡)에 이르러 우리 태조(太祖)를 보좌하여 좌의정으로 있었고 상락군을 봉 받았으며 시호는 익원(翼元)이고, 태조 묘정에 배향(配享)[98]하였다. 그가 휘 승(陞)을

97) 이름이 높이 드러난 조상.
98) 종묘(宗廟)에 공신(功臣)의 신주를 모심.

낳았는데, 밀직사 좌찬성으로 있었다. 2세를 지나 휘 을만(乙萬)은 통찬(通贊)으로 있었고, 상소를 올려 김안로(金安老)[99]를 통책하였다가, 남으로 남평(南平)[100]에 가 몸을 숨기었고, 얼마 지나지 않아 무송(茂松)[101]으로 내려가 우거(寓居)[102]하였기에, 자손들이 의연히 그곳에 자리 잡게 되었다. 그가 휘 복중(福重)을 낳았고, 역시 통찬(通贊)이니, 이분이 바로 공(公)의 고조(高祖)이다.

증조(曾祖)의 휘는 질(質;영모당)로 그는 진사이었으며, 김하서(金河西) · 기고봉(奇高峯) · 유미암(柳眉巖) 등의 선생들과 함께 종유(從遊)하기도 하였으며, 지극한 행실과 깊은 덕성으로 세상에서 받들어졌으며, 배운 이들은 그를 영모당(永慕堂)이라고 불렀다. 선생은 연이어 부모 내외분 그리고 승중(承重)의 상을 당하게 되자, 여막(廬幕)에서 12년을 지냈다. 조정에 소문이 전하자 정려(旌閭)를 내려 포상하였고, 명나라 황제에

99) 金安老(서기 1481년(성종 12년)~서기 1537년(중종 32년), 중종때의 권신(權臣), 연안김씨, 서기 1505년(중종 1년)문과에 장원으로 급제, 호당(湖堂;독서당)에 들어갔으나, 남곤(南袞)에게 쫓겨난 일이 있다.기묘사화(己卯士禍)후 이조판서(吏曹判書)로 승진, 남곤, 심정(沈貞)의 탄핵으로 서기 1524년(중종 19년)풍덕(豐德)으로 유배되었으나 심정의 축출에 성공하였다.다시 예조판서로 재등용되어 심정, 이항(李沆)을 죽이고 정권을 장악하는 한편 경빈박씨(敬嬪朴氏)와 복성군(福城君) 미(嵋)를 사사(賜死)케 했다. 그후 정권을 장악, 우의정을 거쳐, 좌의정(左議政)에 이르렀고, 누차 옥사를 일으켜 이언적(李彦迪), 정광필(鄭光弼) 등을 귀양보냈다. 그러나문정왕후(文定王后;중종 제2繼妃)를 패하려다 실각, 서기 1537년(중종32년) 허항(許沆), 채무택(蔡無擇)과 함께 잡혀 유배, 이어서 사사(賜死)되니 세상에서 정유삼흉(丁酉三凶)이라 일컬어 진다. 중종의 딸 효혜공주(孝惠公主)의 남편인 연성위(延城尉) 김희(金禧)는 김안로의 아들이다.

100) 현, 전남 나주시의 남평면.

101) 무장현의 예 지명, 지금의 공으면.

102) 자기의 주거(住居)를 낮추어 이르는 말.

게 추천하자 명나라 조정에서 또한 정려(旌閭)를 내려 포상하였으며, 사림(士林)[103]에서는 도암사를 세워주었다.

조부(祖父)의 휘는 사욱(士勖)으로 생원(生員)[104]이며 고(考)의 휘는 상(常)이며, 참의(參議)로 추증(追贈)[105]되었다. 비(妣) 평산(平山) 신(申)씨는 참의 맹현(孟賢) 따님으로 현숙하고 근신하여 부녀자의 본보기였다. 만력 계유(서기 1573년) 3월 15일에 무장 개가리의 가택에서 선생을 낳았다.

선생은 기개(氣槪)와 도량(度量)이 엄숙하고 품위가 있었으며 의용(儀容)[106]이 단정하였다. 어려서부터 경망스럽게 노는 일이 없었으며, 맛있는 음식을 얻기만 하면 반드시 품에 품었다가 부모님들에게 드렸다. 아버지 참의공께서 문자를 가르치면 듣는대로 바로 외우고, 또 그 뜻을 대략 깨달았다. 참의공은 자못 기이하게 생각하고 그를 사랑하였다. 한번은 그가 아버지께 "문자(文字) 가운데서. 어느 글자가 몸에서 가장 절절하게 사용하여야 할 것입니까?"라고 묻자, 아버지께서 "효제충신(孝悌忠信) 네자뿐이다. 아무리 평생 쓴다 하더라도 다 쓰지 못할 것이다."라고 대답하였더니, "자세한 것을 듣고 싶습니다." 라며 여쭙는 것이었다. 이에 참의공은 네 글자의 뜻을 가르쳐 주었다. 스승을 모신 이후에는 문장의 도리가 돌연 빠르게 진보를 가져오게 되었다. 어머니께서 병환이 위중해지자, 밤낮으로 곁을 떠나지 않고, 근심하는 기색을 얼굴에 나타났으며, 선

103) 儒林 즉, 유교(儒教)를 공부하는 사람들 또는 그들의 사회.
104) 조선조 때 과거 소과(小科) 조장(終場)에 합격한 사람.
105) 나라에서 공로가 있는 벼슬아치가 죽은 뒤 그 품계를 높여 줌.
106) 몸을 가지는 태도 또는 차린 모습.

조의 사당(祠堂)[107]에 빌며, 하늘을 우러러 하소연하면서 흐느끼는데, 살아가려는 마음이 전혀 없는 듯 하였다. 손가락을 베어 피를 흘려 마침내 신령의 반응을 얻어냈다. 약관에 박식하게 배우고 기억력이 비상하게 뛰어났었다. 하루는 영모당의 유고(遺稿)를 읽어 내려가다가, 가슴 속으로 진정 탄복하여 말했다. "증조부께서는 효성과 우애를 하늘에서 얻으셨고, 학문과 문장은 순수하고도 정직하여, 당시 제 선생이 추중(推重)[108]하였음은 물론 조정에서 정려(旌閭)를 내려 포상하였으니, 이를 족히 본받을 것이요, 어찌 달리 더 힘 쓸것이 있겠는가"라고 말하고는. 드디어 그의 사친(事親) 봉사(奉祀), 거상의(居喪儀)와 자계(自戒) 존인비기(存人卑己)의 가르침 십 여조를 써서 조석으로 익히고, 암송하며 사모하였다. 전후로 상중(喪中)에 있으면서 6년 동안이나 여막(廬幕)생활을 하였는데, 슬프고 그리는 정은 언제나 하루와 같았다.

탈복(脫服)[109]을 하고 난 후에는 과거(科擧)에 뜻을 두지 않고, 조석으로 영모당(永慕堂)[110]에 거수하면서, 낮에는 반드시 관대 차림을 하고 사당(祠堂)에 참배하였고, 전심 전의로 낙민(洛閩)[111]의 책을 읽었는데, 명성을 날리는 것은 원하지 않았다. 여러 읍에서 많은 배우려는 사람들이 옷섶을 여미고 찾아

107) 조상의 신주(神主)를 모셔 놓은 곳, 가묘(家廟), 사우(祠宇).
108) 높이 받들어 존경함.
109) 상기(喪期)가 지나 상복을 벗음.
110) 永慕堂 金質선생의 精舍.
111) 낙민(洛閩): 정주학(程朱學)을 일컫는 말. 정자(程子 : 정호(程顥)와 정이(程頤)를 말함.)는 낙양(洛陽) 사람이고, 주자(朱子 : 朱熹)는 민중(閩中) 사람이므로, 이와 같이 일컬음.

와, 의혹 있는 문제들을 물어보곤 하였는데, 선생은 사람을 가르침에 피곤을 느끼지 않았다. 방백(方伯)[112]이 조정에 천거하여 복호(復戶)[113]를 하사하였지만, 유관 부문에 바치고 받지 않았다. 경오년 봄에 인조조(仁祖朝)에서 전사(銓司)의 포계(褒啓)[114]에 따라, 특별히 남원교수(南原教授)를 제수(除授)[115]하였지만, 학식이 천박하다는 핑계로 초빙을 사양하였다. 청사 고용후(晴沙 高用厚)[116]가 몸소 찾아와 권유하였으나 역시 나가지 않았다.

이에 앞서 정유왜란(丁酉倭亂)란에 사우(士友)들과 더불어 맹약(盟約)을 하고 영광성(靈光城)을 지켜냈다. 갑자(甲子, 서기 1624년)년에 이괄(李适)의 난이 일어나자, 의병을 크게 모으고 군량을 준비하였는데, 사적은 《수성록(守城錄)》과 《모의록(募義錄)》 실려 있다. 경진년(서기 1640년) 겨울에 몸져눕더니 있는 힘을 다하여, 영모당 사우와 가묘를 찾아가 배알(拜謁)[117]하였고, 사흘이 지난 정축일에는 갑자기 맥을 버리시며 아들과 조카들에게 계수족(啓手足)[118]을 명하고는, 편안한 기

---

112) 방백(方伯) : 지방의 관리나 수령.

113) 복호(復戶): 조선시대 어떤 특정한 대상자에게 요역과 전세 이외의 잡부금을 면제하던 일.

114) 포계(褒啓) : 각 도의 관찰사나 어사가 고을 수령의 선정(善政)을 임금에게 아뢰던 일.

115) 천거에 의하지 않고 임금이 직접 벼슬을 내림.

116) 고용후(서기 1557년(선조 11년~?)) 조선 중기의 문신, 호는 晴沙, 의병장 고경명(高敬命)의 아들, 서기 1606년(서조 39)에 문과에 급제하여 예조좌랑, 병조좌랑을 거쳐, 남원부사(南原府使), 고성군수(高城郡守) 역임, 뒤에 판결사(判決事)가 됨.

117) 높은 어른을 찾아가 뵘.

118) 계수족(啓手足): 사경에 이르렀음을 말함. 《논어》에 "증자는 병이 중하게 되자 제자들을 부르더니 '내 발을 살피거라, 내 손을 살피거라(손상된 곳이 있는가

색으로 조용히 눈을 감았는데, 바로 10월 15일이었고 향년 68세였다. 12월 20일에 선조의 묘가 있는 제청산(祭廳山) 건좌(乾坐) 두덩에 장사(葬事)하였다.

배(配)[119] 청도김씨(淸道金氏)는 그의 아버지는 수인(遂仁), 어머니는 장택 고씨(長澤高氏)이며, 그의 외조부는 참의(參議)였던 광헌이다. 4남2녀를 두었는데, 사남(嗣男)[120]인 첫째는 준(浚)으로 부호군(副護軍)이었으며, 둘째 견(涀)은 일찍 죽었으며, 딸은 정진(丁鎭)도사(都事)에게 시집을 갔다. 전처의 소생으로 연(演)은 군자감정(軍資監正)에 추증(追贈)되었으며, 아들 즙(濈)이 있고, 딸은 강시력(姜時鬲)에게 시집을 갔다. 준(浚)의 아들로는 상전(尙銓), 가선대부(嘉善大夫)인 상종(尙鍾), 상수(尙鐩)가 있고, 딸들은 김하정(金河鼎), 이지협(李之莢)에게 시집을 갔다. 연(演)의 아들로는 상일(尙鎰), 상겸(尙謙)이 있다. 즙(濈)의 아들로는 상구(尙九), 상형(尙衡), 상률(尙律)이 있고, 딸들은 강뢰주, 오세형, 김만재, 곽세웅, 신복륭, 이지엽 등에게 시집을 갔다. 외손들과 증손들은 모두 기록하지 않는다.

선생은 자품(資品)[121]이 순수하고 돈후하며, 기(氣)가 평안하고도 따스하며 행실이 준엄하면서도 모가 있었으며, 효성과 우

를). 《시》에서는 강가에 이른듯이, 살얼음에 오른 듯이조심하라고 말하였다. 이제부터 나는 형벌을 면할 수 있게 되었구나. 제자들아(曾子有疾, 召門弟子曰: "启予足！启予手！詩云: '战战兢兢, 如临深渊, 如履薄冰.' 而今而后, 吾知免夫, 小子°)라는 기재가 있데 후세에서는 계수족(啓手足)으로 사경에 이르렀음을 말한다.

119) 아내, 배필.

120) 상속할 아들로 첫째 아들을 일컫고 있음. 長子相續이기 때문이다.

121) 사람의 타고난 바탕과 성품.

애를 두루 갖추었기 때문에 집안에서는 뒷말이 없었다.

추원(追遠)[122]에 돈독하였고, 제사를 지낼 때에는 반드시 목욕재계를 하였고, 음식을 세척(洗滌)[123]하고 팽임(烹飪)[124]하는 일은 반드시 자신이 손수였으며, 마치 향당(鄕黨)에 옛사람이 어렴풋이 나타난 것처럼 숙연하였다. 몸가짐이 옹용(雍容)[125]하고 곤복(梱愊)[126]하였으며, 예(禮)로써 윗사람을 섬기고, 너그럽게 아랫사람을 대하였으며, 자제들을 가르침에 의방(義方)[127]이 있었고, 벗을 사귀는 데 있어서는 간절하고 자상히 권면(勸勉)[128]하였고, 자기에 대해서는 엄하게 단속하였고 먹줄(繩)을 친듯[129]하였다. 글에 들어서서는 따지고 고증하지 않은 것이 없으며 《소학(小學)》《근사록(近思錄)》《가례(家禮)》 등 책들은 반복하여 숙독(熟讀)[130]하여, 마치 자신의 말을 외우는 것처럼 익숙하였기에, 사서(四書)의 정밀하고 자세함과 오경(五經)[131]의 깊은 뜻을 깊이 연구하고 생각하여 통달하고자 노력하였다. 뜻은 강개하였고 사정흥패(邪正興廢)[132]에 관하여서는 의론을 준발(峻拔)[133]하고 분연히 일어섰다. 사람을 가르치

122) 추원(追遠): 조상(祖上)의 덕을 추모(追慕)하여 그 공양(供養)을 게을리 하지 않음.
123) 깨끗이 씻음.
124) 삶음 또는 삶은 음식.
125) 화락하고 조용하다.
126) 진실하고 정성스러움.
127) 의를 지키고 외모를 단정히 함.
128) 알아듣도록 권하고 격려하여 힘쓰게 함.
129) 무엇이 한결같이 쪽 곧고 바르다.
130) 익숙하도록 읽음, 뜻을 생각하여 자세히 읽음.
131) 다섯가지의 경서(經書) 즉, 《시경(詩經)》《서경(書經)》《주역(周易)》《예기(禮記)》《춘추(春秋)》를 말함.
132) 바르지 못함과 바름, 흥함과 쇠함.
133) 준수하고 빼어남.

되 뜻을 세우는 것을 앞세우며, 덕성을 숭상하는 뜻이 두터웠으며, 덕의(德義)[134]를 숭상하고, 예양(禮讓)[135]을 돈독히 했으며, 종친들을 두루 흡족하게 만들었으며, 은혜와 위엄을 함께 집안 사람들에게 베풀었다. 오호라! 선생은 가정 연원(淵源)[136]의 학문을 배우고, 일찍부터 참의공(參議公)의 '효·제·충·신(孝弟忠信)'이라는 넉자의 교훈을 받아 종신토록 실천했으니, 이것은 영모당(永慕堂)이 먼저 일으키고, 선생이 후에 이어나간 것이 아니겠는가? 선생의 막내 동생인 현무재공(賢武齋公)은 임진란(壬辰亂)을 당하여, 어가(御駕)[137]를 호위하여, 선무원종훈록(宣武原從功臣)[138]에 참여하게 되었으니, 다하지 않았는가! 영지(靈芝)[139]에는 뿌리가 있고, 예천(醴泉)[140]에는 근원이 있는 법이니 아, 기쁘구나!

후학 파평 윤삼거[141] 찬(後學坡平尹三擧撰)

134) 사람으로서 마땅히 지켜야 할 도덕상의 의무.
135) 예의를 지켜 공손한 태도로 사양함.
136) 사물의 근본.
137) 임금님이 타던 수레.
138) 임진란 때, 공을 세운 사람들을 '선무원종공신'으로 책봉하는 증서, 선무공신도감(宣撫功臣都監)에서 편찬, 발행했다. 서기 1604년(선조 37년)의 선무공신 책봉 때 빠진 사람들을 대상으로 서기 1605년 4월 선무공신 9,060명을 녹훈(錄勳;공훈을 장부나 문서에 기록함)하면서 발행한 것이다.
139) 모균류(帽菌類)의 버섯, 산속의 활엽수 뿌리에 남.
140) 단맛이 나는 물이 솟는 샘, 감천(甘泉).
141) 호는 사매당(四梅堂), 조선조 숙종 대의 학자로 전남 함평에 살았다. 8세에 《노사(魯史)》를 읽다가 이는 제왕(帝王)의 글이므로 선비가 배울 바가 아니니, 다른 글을 읽겠다고 말을 하여 선생을 노래게 했다. 처음 윤미촌(尹美村)에게서 배우고, 송우암(宋尤菴)에게 나아가 40년 동안 스승으로 섬겼다. 우암이 귀양갈 때도 제자로서 의리를 지켰다. 행실로 추천을 받고 벼슬을 맡겼으나 나아가지 않았다.

行狀

先生諱景哲，字允甫，號隱松。金氏，安東大姓，有諱方慶仕麗以靖難定國，功封上洛開國公，謚忠烈，即其顯祖。生諱恂文，密直司，封上洛君，謚文英。

累傳至諱士衡，佐我太祖，左議政，封上洛君，謚翼元，配享太祖廟庭。生諱陞文，密直司左贊成。歷二世，有諱乙萬，通贊，疏斥金安老，南遯于南平，旋寓茂松，子孫仍家焉。生諱福重，亦通贊，寔公高祖也。曾祖諱質，進士，從金河西、奇高峯、柳眉巖諸先生遊。至行懿德，為世所推。學者稱永慕堂。先生荐遭考、妣、及內外承重憂，廬墓十二年。聞于朝，旌閭。薦于皇朝，自皇朝又命旌。士林建祠道巖。祖諱士勗，生員。考諱常，贈叅議。妣平山申氏，叅議孟賢女。淑愼有壺範，以萬曆癸酉宣廟六年三月十五日生先生于茂長凱歌里第。

氣宇凝重，儀容端正。自幼不妄遊嬉，得一味，必懷獻諸父母。考叅議公教以文字，則隨聞輒誦，又能畧曉其義。叅議公甚奇，愛之。嘗問於其考曰："於文字中何字最切於身用？"考曰："孝、悌、忠、信，四字是已，雖終身用之，有不能盡者矣。"對曰："願聞其詳。"叅議公因以指教四字義。及就傅，文理驟進。慈夫人嘗病重，晝宵不離側，憂形於色，禱于先祠，號天而泣，如不欲生。刺指出血，以進獲神應。弱冠博學強記，一日覽永慕堂遺稿，存心服膺，曰："曾考孝友出天，學文純正，爲當時諸先生所推，朝家旌褒，是足爲柯則，焉用務博為哉。”遂書其事，親奉祭。居喪儀及自戒，尊人卑已，訓十數條，朝夕習誦，寓羹墻。前後喪，廬墓六年，哀慕如一日。

服闋，無意功令業，朝夕啟居於永慕堂之堂，日必冠帶謁廟，專心於洛閩書，不求聞知。列邑學者，多摳衣問難。先生教誨不倦，方伯薦于朝，賜復戶呈司不受。庚午春，仁廟因銓司褒啓，特除南原教授，以學淺辭聘。晴沙高公用厚至，為之躬勸，亦不出。先是丁酉亂，與士友約守靈光城。甲子适變，大募義旅，備糗糧，事載《守城錄》，及《募義錄》。庚辰冬遘疾，因力疾進謁于永慕堂祠宇及家廟，越三日丁丑，猝歘命子姪啓手足，怡然就盡，乃十月十五日也，享年六十八。十二月二十日從葬于祭廳山先兆乾向之原。

配清道金氏，其考遂仁。繼配長澤高氏，其考叅議光瓛。

四男二女。嗣男浚，副護軍。男涀，早沒。女丁鎭都事前配。出男演，贈軍資監正。男瀓、女姜時商。

浚男，尚銓、尚鍾，壽嘉善。尚鐩。女金河鼎、李之苂。演男，尚鎰、尚鎌。瀓男，尚九、尚衡、尚律。女姜，賨周吳世衡、金萬載、郭世雄、辛復隆、李之燁。外孫與曾，不盡錄。

先生資稟粹厚，氣易而溫，行峻而方，孝友備至，庭無間言，篤於追遠，祭必齋沐，洗滌烹飪必躬親。僾然肅然，如見其齋者於鄉黨，雍容悃愊，禮事上寬御下，教子弟以義方，於交際盡切偲，律己甚嚴，履繩蹈矩。於文無不究覈，而小學、近思錄、家禮等書，循環熟讀，如誦己言，以至四書之精微，五經之蘊奧，研精覃思，以求其通。志氣慷慨，於邪正興廢，論議峻發，奮然而起，教人以立志為先，崇德義惇，禮讓仁意，周洽於宗黨。恩威並行於家衆。嗚呼！先生以家庭淵源之學 早受叅議公孝悌忠信四字訓為終身之用。是非永慕堂作之於前，而先生繼之於後耶？先生季弟賢武齋公，當壬辰之亂，扈駕叅宣武原從勳錄儘乎。其靈芝有根，醴泉有源，猗歟休哉。
後學坡平尹三擧撰

2. 행장 발문(行狀跋)

윗글은 고(故)[142] 남원교수 은송당(隱松堂) 김공(金公)[143] 행장(行狀)[144]으로, 화양 송자(華陽宋子; 宋時烈)[145]의 문인(門人) 사매당 윤공 삼거께서 지으셨다. 윤공은 대현(大賢)을 스승으

142) 이미 세상을 떠난.
143) 여기서 公은 남자 삼인층의 공대말.
144) 여기서 '행장' 은 사람이 죽은 뒤 그 평생에 지낸 일을 기록한 글.
145) 宋時烈(서기 1607년(선조 40년)~서기 1689년(숙종 14년) 조선조 중기의 성리학자. 호는 우암(尤庵), 사계 김장생(沙溪 金長生)의 제자로 서기 1623년(인조 1년) 장원급제. 서기 1668년 우의정(右議政) 취임, 숙종 때인 서기 1689년 왕세자 책봉문제에 연루되어 제주로 귀향 갔다가 다시 그를 심문하자는 자들의 의론이 우세하여, 숙종의 허락하에 서울로 붙들려 올라오는 길에 전북 정읍(井邑)에 이르렀을 때, 사약(賜藥)이 내려지자, 제자 권상하(權尙夏), 김만준(金萬埈)의 손을 붙잡고 뒷일을 부탁한 후 약을 마시고 세상을 떠났다. 그 뒤 5년에 조정에서 관직을 복구학고 시호(諡號)를 내렸다. 귀양중의 어려운 상황하에서도 제자를 가르치고 저술에 전념하였다. 저서에 《宋子大全》이 있다.

로 모셨고, 《한수재집(寒水齋集)》[146]에서도 보이고 있으니, 그의 유언은 백 세대를 내려간다고 해도, 반드시 징험할 수 있는 만큼, 비록 구구하게 행장을 할 것이 없고, 고쳐 서술한다고 하더라도 어떻게 더 보탤 수가 있겠는가?

김공은 선천적으로 바탕이 아름답고 가법(家法)[147]이 정대하여, 증조고(曾祖考) 영모당의 지극히 효도하는 유풍을 제대로 닮았으며, 게다가 참의(參議)를 추증(追贈)한 선고(先考)[148]의 효, 제, 충, 신(孝悌忠信) 넉자의 가르침을 지니고 있어서, 평소의 일거일동이 이미 모두 소문나기에 충분하였다. 이에 청사 고공(晴沙 高公)께서 후한 선물을 갖추어 찾아가, 몸소 벼슬에 나서라고 권고하였는데, 그때 인조대왕께서는 추천을 받아들여 특별히 남원교수를 제수(除授)하셨고, 공이 부당하다고 여기었으므로, 단지 급복(給復)[149]에만 그치고 말았는데, 더우기 훈학(訓學)을 맡기려고 하였지만 공이 겸허하게 명을 받아들이지 않았기 때문이다.

이에 앞서 정유왜란(丁酉倭亂) 때는 사우들과 함께 맹약(盟約)[150]하고 영광군(靈光郡)을 지켜냈다. 갑자년에 이괄(李适)의 난에는 또 사우들과 함께 대대적으로 의병을 모집하였다. 이 일에 우리 5대조고 안촌부군(安村府君)[151] 역시 함께 참여하셨

146) 권상하(權尙夏)의 文集.

147) 한 집안의 법도나 규율.

148) 세상을 떠난 압버지, 선친(先親).

149) 급복(給復): 복호(復戶)를 주는 것을 말함. 곧 조선 시대 나라에 공이 있는 사람이나 각 능의 수호군(守護軍) · 열녀(烈女) · 효자(孝子) 등에게 부역이나 조세 · 대동미(大同米) 따위의 부담을 면제하는 특권을 주던 것.

150) 맹세하여 맺은 굳은 약속.

151) 이는 본 행장을 지은 황윤석의 5대조고인 황이후(黃以厚)를 말하고 있다.

다. 그리고 근간에 떠돌고 있는 《모의록(募義錄)》은 우리 운수 선생(雲叟先生)이 또 병계(屛溪;尹鳳九), 겸산(兼山;具尹明) 제로(諸老)와 아울러, 그 일에 서로 정성을 다하였다고 표창하였으니 유감이 없는 것이다.

오호라! 인(仁)에서는 부자간에서보다 더 큰 것이 없고, 의(義)에서는 군신보다 더 중한 것이 없다. 공(公)께서는 충효(忠孝)라는 큰 것을 이미 세우셨으니, 집안의 사소한 일들은 비록 생략한다고 하여도 가할 것이다. 그렇지만 정당하고 변할 수 없는 도리인, 천경지의(天經地義)[152]나 사람으로서 늘 지켜야 할 떳떳한 도리인 민이(民彝)는, 실상 일상적인 생활과 행동을 떠날 수 없는 데, 그것은 마치도 배가 고프면 밥을 먹고, 날씨가 추우면, 옷을 껴입는 것과 마찬가지여서, 하루라도 이것이 없으면 사람이 사람 구실을 할 수 없게 되고 만다. 공(公)이 세운 바를 능히 본받을 수 있다고 하면, 다른 사람이라고 하여도 역시 본받을 수가 있는 데, 하물며 아래 위로 하나의 기(氣)가 이어지고 있지 않은가!

오늘에 그의 6대손 창백(昌白)이 선조를 그리는 이 일을 꾸미면서, 자기의 아들 양곤(養坤)과 함께 선조로 영모공(永慕公)의 사원(祠院)에서 증거를 찾고, 구(丘;墓) 묘표(墓表)[153]와 묘

152) 하늘이 바른 길을 얻고, 땅이 적절함을 얻은 길이란 뜻으로, '정당하고 변할 수 없는 도리'를 이르는 말.

153) 문체의 이름, 후한(後漢)때 비롯되었다. 죽은 사람의 관직 · 명호(名號)를 묘비의 전면에 새기고, 후면에 사적(事蹟)을 서술하는 글, 후면의 글을 음기(陰記)라 하며, 묘표(墓表)에서는 운문(韻文)을 쓰지 않는다.

갈명을 얻어내어, 공의 행장(行狀)[154]을 증수(增修)[155]하는 일을 이어나가고자 하고 있는 데, 전간(田間)[156]에서 늙고 병든 이 윤석(胤錫)은 아직까지도 삼강오상(三綱五常)[157]의 대사(大事)를 담론(談論)하기를 즐기고 있거늘, 어찌 그 일을 사양할 수가 있겠는가? 그렇지만 날마다 더 심하게 혼모(昏耗)[158]하고 있는데 다가, 또 새로 고쳐 짓는 일이 중(重)하므로, 삼가 주부자(朱夫子; 朱子)가 모년(暮年)[159]에 다른 사람의 행장에 발문을 써준 선례를 본받은 우리 운수선생이 한 예에 따라 행장의 끝부분에, 이와 같이 몇 글자를 적어 공의 후손들이 숙흥야매(夙興夜寐)[160]하면서 자기를 낳아준 조상들에게 욕되게 하지 말기를 바라는 바이다.

경술년(서기 1790년; 정조 14년) 월 일

세손(世孫) 익찬(翊贊) 월송(越松) 황윤석(黃胤錫)[161]이 발문(跋文)을 짓다

154) 사람이 죽은 뒤에 그 평생의 행적을 적은 글.

155) 책이나 글의 내용을 더 보태고 고쳐 펴냄.

156) 밭과 밭 사이. 시골. 촌.

157) 삼강(三綱)과 오상(五常). 삼강(三綱)은 군신(君臣) · 부자(父子) · 부부(夫婦)의 도(道)를 이름. 오상(五常)은 의(仁) · 의(義) · 예(禮) · 지(智) · 신(信). 즉 강상(綱常) 즉 사람이 지켜야할 도리를 말함.

158) 늙어서 정신이 흐리고 기력이 쇠약하다.

159) 노년(老年). 만년(晩年) 즉. 나이가 들어 늙을 때.

160) 아침에 일찍일어나고 밤에는 늦게 잠. '밤낮으로 정무(政務)에 힘 씀' 을 이르는 말.

161) 황윤석(서기 1729; 영조 5년~서기 1971년(정조 15년). 본관은 평해(平海). 호는 이재. 전북 고창군 성내면 조동리 출신. 호남의 3대 실학자(實學者). 저서에 《이재유고》가 있음.

跋行狀

右故南原教授隱松堂金公行狀者，華陽宋子門人四梅堂尹公三擧所作也。尹公既師大賢，亦見寒水齋集中，則其遺言必百世可徵，雖使區區無狀改述，亦何加諸。

盖金公天質之美，家法之正，克肖曾王考永慕堂至孝遺風，重有先考贈叅議公孝、悌、忠、信四字之符。其平日一言一動，己皆足於聽聞，而晴沙高公用厚，至爲之躬勸，出仕時仁祖大王用薦者，特除教授，以公不當，止於給復，尤當託以訓學，而公則謙不欲受命故也。先是壬辰之亂，以丁酉與士友約，守靈光郡。甲子适變，又偕士友大募。是擧也，我五代祖考安村府君，亦所共之。而近行《募義》一錄，我雲叟先生又并屏溪兼山諸老，相與拳拳焉，表章而無憾。

嗚呼！仁莫大於父子，義莫重於君臣。公於忠孝大者既立，則家閭內行之細，雖畧之可也。然天經地義，民彜之重，實不離於日用常行之間，如飢而食，如寒而衣，一日無是，人不人矣。若公所樹，有能取法，雖他人亦必有得，况於上下一氣之相嬗者乎。

今其六代孫昌白為是慕也，既與其子養坤，先後徵永慕公祠院、上櫟丘墓表石之文，而又繼以公狀之增修。胤錫老病田間，猶喜談綱常大事，其何辭焉。顧比日惛甚，又重於改作，謹依朱夫子暮年跋人狀已例我雲叟所遵者，尾以若干語如此，為公後者，尚夙興夜寐，無忝爾所生哉。

庚戌月日，世孫 翊贊 越松 黃胤錫 跋

3. 묘갈명(墓碣銘)

태상(太上)[162]은 덕(德)을 세우는 것이고, 그 다음은 언론(言論)을 세우는 것이다. 덕은 언론이 아니면 두드러질 수가 없고, 언론은 덕에 의거하여야 불후(不朽)[163]하게 된다. 고(故) 은송당(隱松堂) 김공(金公)은 깊은 덕을 실행하였는바, 우암(尤菴; 宋時烈) 문하(門下)[164]의 고제(高弟)[165] 사매당 윤공(四梅堂 尹公) 삼거(三擧)가 행장(行狀)을 짓고, 세손익찬(世孫翊贊) 황공(黃公) 윤석(胤錫)이 발(跋文)[166]을 지었다. 이것은 가히 백 세대토록 징험(徵驗)[167]할 수 있을 것이다.

공의 휘(諱)[168]는 경철(景哲)이며 자(字)[169]는 윤보(允甫)이다. 안동(安東) 대성(大姓)인 김씨(金氏)의 족보는 고려조 충렬공(忠烈公) 방경(方慶)으로부터 시작한다. 역대(歷代)를 지나 좌의정(左議政) 상락군(上洛君) 사형(士衡)에 이르러서는 우리 현조(顯祖)[170]의 태조묘정(太祖廟廷) 배향(配享)[171] 되었다. 4세를 지나 동산(通贊) 을반(乙蕃)은 상소(上疏)를 올려 김안로

162) 가장 뛰어난 것.
163) 오래도록 없어지지 않음.
164) 문하생.
165) '高足弟子' 의 준말로, 학식과 품행이 뛰어난 제자를 일컬음.
166) 문체의 하나, 책의 끝에 부치는 책의 내용과 그에 관계되는 일 등을 간략하게 적는 글, 뒷글.
167) 어떤 징조를 경험함.
168) 돌아가신 높은 어른의 생전의 이름.
169) 사람의 본 이름이외에 부르는 이름(흔히 장가든 뒤에 본이름 대신에 부르는 이름).
170) 이름이 높이 드러난 조상.
171) 종묘에 공신의 신주를 모심, 문묘나 사원에 학덕이 있는 사람의 신주를 모심.

(金安老)를 통책(痛責)[172]하였다가, 남으로 남평(南平)에 내려가 몸을 숨기었다가, 얼마 지나지 않아 무송(茂松;茂長縣)으로 내려가 우거(寓居)[173]하였기에, 자손들이 의연히 그곳에 자리 잡게 되었다. 증조 질(質)은 진사이며, 호가 영모당(永慕堂)으로 김하서(金河西), 유미암(柳 眉庵) 제공(諸公)과 도의(道義)로 서로 사귀었다. 공교롭게도 연이어 부친, 어머니, 그리고 내외 승중(承重)[174]을 잃는 내외의 불행을 겪게 되자, 여막에서 12년을 지냈으므로 정려(旌閭)를 하사(下賜)받았고, 도암사(道巖祠)에서 배향되었다. 조부는 사욱(士勖)으로 생원(生員)이었으며, 고(考)는 상(常)이고 참의(叅議)를 추증하였다. 비(妣) 평산 신씨(平山 申氏)는 참의(叅議) 맹현(孟賢)의 따님이다. 만력(萬曆 계유(癸酉;서기 1573년)와 인조仁祖) 계축(서기 1613년)은 그의 생몰연대이고, 제청산 선영 오좌(午坐)에 장사하였다.

공(公)은 선천적으로 엄숙하고 품위가 있었고, 어려서부터 아이들과 휩쓸려 다니면서 장난치는 일이 없었으며, 맛있는 음식을 얻으면 먼저 자기 입에 넣는 법을 몰랐다. 모(母)부인의 병환이 위중해지자, 손가락을 베어 피를 어머니의 잎에 넣었으며, 한밤중에 북두성을 우러러 빌었다. 박식하고 기억력이 비상하여, 사서오경(四書五經)을 마치도 자기 말을 외우듯이 했다. 사정(邪正)[175]과 선악(善惡)에 있어서는, 지론(持論)[176]을

---

172) 엄하게 꾸짖음.

173) 남의 집이나 타향에서 임시로 몸을 붙여 삶. 자기의 주거(住居)를 낮추어 부르는 말.

174) 아버지를 여윈 맏아들이 당한 조부모의 초상.

175) 그릇됨과 올바름을 아울러 일컫는 말.

176) 지론(持論): 변(變)하지 않고 늘 가지고 있는 의견(意見).

조금도 등한히 하지 않았다. 뜻을 먼저 세워야 한다고 사람들을 가르쳤고, 덕성(德性)을 숭상하고 의리(義理)에 돈독하였으며, 예양(禮讓)[177]을 돈독히 하며, 종친들과 사이좋게 지냈고, 집안사람들을 다스리어 뒷공론이 없었다.

선조들을 받드는 일에 정성을 다하여, 매일 새벽에 일어나 가묘(家廟)에 참배하고, 제사를 지낼 때면 반드시 목욕재계(沐浴齋戒)[178]하였으며, 마치도 제사를 받는 분이 어렴풋이 나타난 것처럼 숙연하였다. 전심으로 자신을 위하였고, 종래로 소문이 나거나 남이 알아주기를 바라지 않았다. 원근에서 찾아와 배우려는 오는 이들이 무리를 지었으며, 방백(方伯)[179]이 조정에 천거하여, 복호(復戶)[180]를 하사하였지만 받아들이지 않았고, 전조(銓曹)의 포계(褒啓)[181]에 따라 특별히 남원교수(南原敎授)를 제수(除授)[182]하였지만, 학식이 천박하다는 핑계로 사양하였다. 청사(晴沙) 고공(高公)이 후한 선물을 들고 그를 위해 몸소 찾아가 권유하였지만, 역시 벼슬에 나서지 않았다. 정유왜란(丁酉倭亂)이 일어나자, 사우(士友)들과 맹약(盟約)을 하여 영광성(靈光城)을 지켜냈다. 갑자년에 이괄의 난이 일어나자, 의병(義兵)을 크게 모으고 군량을 마련하였다.

아우 현무재(玄武齋) 익철(益哲)은 임진왜란 때에, 어가(御

177) 예의를 지켜 공손한 태도로 사양함.

178) 부정을 타지 않도록 목욕하고, 마음을 가다듬는 일.

179) 방백(方伯): 지방의 관리나 수령.

180) 복호(復戶): 조선시대 어떤 특정한 대상자에게 요역과 전세 이외의 잡부금을 면제하던 일.

181) 포계(褒啓): 각 도의 관찰사나 어사가 고을 수령의 선정(善政)을 임금에게 아뢰던 일.

182) 천거에 의하지 않고임금이 직접 벼슬을 내림.

駕)[183]를 호종(扈從)[184]하면서, 수고한 업적으로 인하여 현무(賢武) 원종공훈(原從功勳)에 기록되었고, 아울러 도암사에 배향하도록 추배하였는데, 이 사적들은《읍지(邑誌)》 그리고 《모의록(募義錄)》실려 있다. 아, 그가 돈독하게 실천하였고, 바른 연원을 지니고 있는 것은 속일 수가 없다.

부인(夫人)[185] 김씨(金氏)는 본이 청도(淸道)이며, 고(考)는 참봉(參奉) 광수(光遂)이다. 또한 부인 고씨(高氏)는 본이 장택(長澤)이며, 고(考)는 참의(參議) 광헌(光獻)이다.

장남 준(浚)은 부호군(副護軍)으로 있었고, 차남 견(涀)은 요절하였으며, 첫째 따님은 정진(丁鎭) 도사(都事)에게 시집을 갔다. 삼남인 부인 김씨의 소생인 아들 연(演은 군자감정(軍資監正)을 추증되었으며, 사남은 집(濈)이며, 둘째 따님은 강시상(姜時商)에게 시집을 갔다. 손자들과 증손들은 모두 기록하지 않는다.

명(銘)[186]하노니,

자기를 위하고 남을 위하여
옛날을 배우고 오늘을 배우네.
공(公)은 오로지 참됨에 힘썼고,
효제(孝悌)가 마음에서 우러나왔네.
세상을 멀리한 행의(行誼)[187] 아득한 세월로 원행하는

183) 임금이 타던 수레.
184) 임금이 탄 수레를 호위하여 따르던 일, 또는 그 사람.
185) 남의 아내의 높임 말.
186) 마음에 새기거나 서 놓고 교훈으로 삼고자하는 어구.
187)행실이 올바름 또는 그 행실, 바른 길을 취하여 행함.

어진 선조와 그를 닮은 손자였으니
세상의 모든 군자는
이 묘(墓)에 식(式)[188]하리라.
월성(月城) 최익현 (崔益鉉)[189]찬(撰)[190]

墓喝銘

太上立德，其次立言。德非言，不著；言依德，不朽。若故隱松堂金公，實行邃德，尤門高弟，四梅堂尹公三舉狀之。世孫翊贊黃公胤錫，跋焉。斯可以徵百世矣。

公諱景哲，字允甫。金氏安東大姓，譜自麗朝忠烈公方慶始。歷至左議政上洛君士衡爲入我顯祖配太祖廟庭。四傳至通贊乙萬，疏斥金安老，遯居湖南之南平，旋寓茂松，子孫因家焉。曾祖質，進士，號永慕堂，與金河西、奇高峯、柳眉巖諸公爲道義交。値考、妣及內外承重憂，廬墓十二年，

---

188) 머리 숙여 경의를 표하다

189) 최익현((서기 1833년;순조 33년~서기 1906년;광무10년) 본은 경주(慶州), 호는 면암(勉庵), 경기도 포천 출신, 화서 이항로(華西 李恒老)의 고제(高弟), 조선조 말 고종 때의 배일파(排日派)의 거두, 서기 1855년(철종6년) 문과(文科)에 급제, 서기 1868년(고종5년)에 장령(掌令)이 되고, 서기 1855년 호조판서로서 상소하여 만동묘(萬東廟)를 복귀하고, 대원군(大院君)의 정책을 반대하여 제주도에 구양갔다. 후에 한일통상을 반대하여 정배되었다가 특사(特赦)를 받아 서기 1894년 공조판서로 임명되고, 사퇴하고, 후에 중추원(中樞院)에 배명 받았으나사퇴하고, 서기 1905년(광무 9년) 을사조약(乙巳條約)이 체결되자이를 반대하여 다음에 6월 제자 임병찬(林炳贊)과 전북 태인 무성서원(武城書院)에서 창의(倡義)하여 전라도 순창에서 의병을 일으켜 항전하자 체포되어 대마도(對馬島)에 임병찬 등과 유배되었다. 그 때 단식으로 연명하다가 운명, 서기 1962년 건국훈장 대한민국장을 받음.

190) 문장을 짓다.

旌閭，享道巖祠。祖士昜，生員。考常，贈叅議。妣平山申氏，叅議孟賢女。萬曆癸酉，仁祖癸丑，其生卒，葬在祭廳山先塋午原。

公天賦凝重，幼不與羣兒戲。得一味，不先入口。母夫人病，血指禱辰。博學強記，四書五經，如誦已言。於邪正善惡，持論不苟。教人以立志為先，崇德義，敦禮讓，處宗族，御家衆人，無間。然篤於奉先，每日早起，拜謁家廟，祭必齋沐，如見其所為齋者。專心為已，不求聞知，遠近學者、信從者衆。方伯薦剡，賜復戶，不受。銓曹褒啟，特除南原教授，以學淺辭。晴沙高公用，厚為之幍勸，亦不出。丁酉再燹，與士友約，守靈光城。甲子适變，募義旅，備糇糧。弟賢武齋益哲，壬辰扈駕，與有《勞積錄》。宣武原從勲，並追配道巖事，載《邑誌》及《募義錄》。噫！其踐履之篤，淵源之正，不可誣也。

夫人金氏，籍清道，考叅奉光逡。高氏籍長澤，考叅議光瓛。男浚，副護軍。涀，早沒。女丁鎮都事。金氏出男演，贈軍資監正瀓。女姜時商。孫曾不盡錄。

銘曰：爲已為人，學有古今。公惟務實，孝悌因心。

遐世高蹈，賢祖肖孫。凡百君子，式此玄窀。

月城 崔益鉉 撰

다. 현무재선생 사적(賢武齋先生事蹟)

1. 어사 선무원종공신녹권 (御賜宣武原從功臣錄券)

만력(萬曆)[191] 33년(서기 1606년) 4월 16일, 행도승지(行都承旨) 신(臣) 신흠(申欽)이 경봉(敬奉)[192]하여 전지(傳旨)[193]한다.

나라에 재난이 많고 아직 안정되지 않았을 때, 그대들은 중흥에 선력(宣力)하였다. 공이란 아무리 사소하다고 하여도, 갚지 않을 수 없는 법이다. 이에 나는 원종(原從)[194]들에게 은혜를 미루어 주려고 새로운 법령을 반포하며, 구장(舊章)에 식준(式遵)[195]하고자 한다. 생각하여 보니 남구(南寇)[196]가 육량(陸梁)[197]하여, 서쪽지방(평안도)으로의 파월(播越)[198]이 생겼고, 늑대와 호랑이가 횡행하였기에 종묘사직이 먼지를 덮어쓴 참경을 보게 되었으며, 산을 넘고 강을 건너며 군신들이 이슬 속에서 헤맨 일들을 차마 입에 담을 수가 없게 되었다. 하늘이 요(堯)임금의 천하(이 나라인 조선조)를 일으키려 하여, 부모님(중국 明나라 황제)[199]이 어려운 환경에서 구제하였고, 인민들

191) 명(明) 신종(神宗) 만력제(萬曆帝)의 연호. 서기 1572년 7월 19일 연호를 '만력(萬曆)' 으로 정하고, 그 다음 해인 서기 1573년 2월 2일에 개원.
192) 존경하여 받들다.
193) 상벌(賞罰)에 관한 임금의 명을 그 맡은 관아에 전달하던 일.
194) 임금의 수레를 원래 따르며 호위한 자.
195) 규정을 준수하다.
196) 남구(南寇): 왜적을 말함.
197) 제멋대로 날뜀.
198) 파월(播越)하다: 임금이 도성을 떠나 다른 곳으로 피란하다.
199) 모화사상(慕華思想)에 의하여 당시 조선조에서는 명황제를 부모라고 까지 숭배하여 선조(宣祖)나 그 신하들도 심지어 명나라의 연호까지 쓰면서 명(明)나라

이 진(晉)나라(이 나라)를 추대하려 하여, 그래서 크나 작으나 제 목숨을 잊어버렸다. 다행히 난리를 평정하여, 임금의 수레가 궁궐로 돌아오게 되었으므로, 마침내 공훈을 책봉하고 공로를 세발솥에 새기게 되었다. 생각하여 보니 그네들 경과 사대부, 그리고 선비와 서인(庶人) 들 가운데서, 혹자는 우리의 무열(武烈)을 떨치고, 혹자는 군수품을 도와주면서 창을 잡고 앞으로 돌진하는 도중, 혹자는 몸을 바친 전사로 되었고, 병기를 들고 전쟁터에 뛰어들어, 머리를 바친 무리로 되었으니, 모두 여기에 기록하여 길이길이 후세로 전해가려고 한다. 경하거나 중하거나 한때의 공로를 구분해 놓으니, 그네들 자손들은 만세의 안락을 누려야 할 것이다. 고로 이같이 교시(敎示)[200]를 내리니 생각하건대, 마땅히 자세히 알고 있어야 할 것이다.

를 높이고 신뢰하였다.

200) 가르쳐 보임.

萬曆三十三年四月十六日，行都承旨臣申欽敬奉傳旨，國多難而靡定，爾既宣力於重興，功無微而不酬。予乃推恩於原從，誕舉新典，式遵舊章，言念南寇之陸梁，致有西土之播越，縱横豺虎，慘見宗社之蒙塵，跋涉山川，忍說君臣之中露。天欲興唐而父母拯已，人猶戴晋，而大小忘身。幸戡亂而回鑾，遂策勳而銘鼎。惟爾卿士大夫，暨士庶人，或揚我武烈，或助我軍需，執殳驅馳，或有捐軀之士，提兵戰伐，或有獻馘之徒，悉錄於玆，永傳於後。惟輕惟重，分一時之功勞，爾子爾孫，享萬世之安樂，故玆教示，想宜知悉。

2. 봉안각 상량문(奉安閣上樑文)

엎드려 생각하니, 하산대려(河山帶礪)[201]라는 숙맹(宿盟)[202]이 철권(鐵券)[203]에 있으니, 언제나 영령(英靈)께서 엄연히 임석한 것 같고, 원묘(院廟)의 곁 채에 까지 광림하시는 것 같았다. 기초를 든든하게 닦고 갱장(羹墻)[204]을 영원히 그리는 뜻을

201) 대려(帶礪): 나라에서 공신의 집안을 자손 대대로 변하지 않고 대접하는 일. 한(漢)나라 고조(高祖) 유방(劉邦)이 중국을 재통일한 뒤 공신들을 봉작(封爵)하면서, "황하가 띠(帶)와 같이 가늘어지고, 태산이 숫돌(礪)과 같이 작아질 때까지 나라에서 영구히 보존하리라(使黃河如帶 泰山若礪 國以永寧 爰及苗裔)" 라고 한데서 유래한 말.

202) 오랜된 맹세.

203) 조선시대 나라에 공을 세운 신하들의 공적과 그에 따른 상훈을 기록한 서책.

204) 갱장(羹墻): 국과 담장의 의미로, 경모(敬慕)하고 추념(追念)함을 이르는 말.

담으려고 한다.

생각하여 보니, 일등 원종에 대한 기록을 백 세대를 내려가면서 편안하게 경봉하고자 하니, 하늘과 같은 특별한 대우를 지상에서 추보(追報)할 수 있게 되었다. 삼가 생각하여 보니 현무제(賢武齋) 김공(金公)은 휘가 익철(益哲)이며, 상락백의 화주(華胄)[205]로서, 도암사(道巖祠)가 추모하는 사당으로 되었다. 약령(弱齡)[206]에, 뛰어난 자태를 천부적으로 지니고, 시예(詩禮)를 자신의 맡은바 소임으로 간주하여, 장년에는 마침내 두루 겸비하게 되어 고문(顧問)[207]의 반열에 들어서고, 문무(文武)의 재능을 닦아 훌륭한 천리마와 인편(人篇)[208]에 자기의 뜻을 두었으니, 사적은 꿩이 날아와 제사의 공물로 된 데서 알아볼 수 있다. 내조(乃祖)[209]의 성심으로 되는 효도를 받들고 이어갔는데, 가정과 국가는 원래부터 하나의 규격이며, 충성과

《후한서 · 이고전(後漢書 · 李固傳)》에 "옛날 요(堯) 임금이 죽은 뒤에 순(舜) 임금이 3년 동안 사모하여, 앉았을 적에는 요 임금이 담장에서 보이고 밥 먹을 적에는 요 임금이 국에서 보였다."고 하였음.

205) 왕족이나 귀족의 자손.

206) 약관의 나이, 즉 20세의 젊은 나이.

207) 고문(顧問) : 필요한 일에 대해 물어 보고 도움을 얻음. 또는 그러한 일을 맡은 사람. 혹은 그 직책.

208) 인편(人篇): 인편(人篇)은 계몽편(啓夢扁)의 한 편이다. 계몽편(啓夢扁)은 목판본 1책으로 저자와 연대는 미상이다. 조선시대 서당(書堂)이나 향교(鄕校)에서 아동에게 글을 가르칠 때, 천자문(千字文)이나 유합(類合)으로 한자(漢字)를 익히게 한 다음 단계의 교재(教材)로, 수편(首篇) · 천편(天篇) · 지편(地篇) · 물편(物篇) · 인편(人篇) 등의 다섯 편으로 구성되었다. 人篇(인편)에는 "만물 가운데 오직 사람이 가장 영특하기 때문에 부자간의 친함이 있으며, 군신간의 의리가 있으며, 부부간의 구별이 있으며, 장유간의 차례가 있으며, 붕우간의 신의가 있다(萬物之中, 惟人最靈, 有父子之親, 有君臣之義人 有夫婦之別, 有長幼之序, 有朋友之信)"는 구절이 있다.

209) 그이의 할아버지, 할아버지가 손자에 쓰는 자칭.

효성은 본래부터 두 가지가 아니었다. 용사 연간에 이르러 세상이 어지러워지니, 슬프지만 우리 신하와 서민들은 파분초언(波奔草偃)[210]할 수 밖에 없었다.

팔십 리 길의 가시덤불을 헤친 것은 억만년 기업(基業)[211]의 티전을 닦는 일이었고, 지존(至尊)[212]을 등에 업고 호위한 것은 훌륭한 계모(計謀)[213]를 휘장(帷)[214] 안에서 꾸미게 한 것이었다. 만영(灣營)[215]의 우위(羽衛)[216]들이 개선가를 울리자, 일월의 빛을 받으며 운대(雲臺)[217]가 세워졌다. 이것은 군신 일체(君臣一體)를 게시하여, 운한천장(雲漢天章)[218]은 주광(紸纊)[219]인양 빛을 내고 아래의 시종한 성씨들에게 특수한 은혜를 베풀어 어휘(御諱)[220]를 철권(鐵券)[221]에 더불어 기록하였

---

210) 파분초언(波奔草偃) : 바람에 물결이 밀리고 풀이 쓰러진다는 뜻으로, 뭇사람이 시국의 형편이나 추세에 휩쓸려 따름을 이르는 말.

211) 기초가 되는 사업, 대대로 전하여 오는 사업과 재산.

212) '임금' 을 공경하여 일컫는 말, 여기서는 宣祖를 가리키고 있다.

213) 계략.

214) 수레에 치는 씌우개.

215) 만영(灣營) : 평안북도 의주(義州)에 있는 병마절제사(兵馬節制使)의 영문.

216) 우위(羽衛) : 제왕의 호위대와 의장(儀仗)을 가리킨다.

217) 공신각(功臣閣).

218) 은하수 같은 임금의 글씨.

219) 사람이 바야흐로 죽으려 할 때, 새 솜을 입과 코에 대는 일, 솜의 움직임을 보고, 숨을 쉬고 있는지의 여부를 알게 된다.

220) 어명(御名) 즉 임금의 이름.

221) 철권(鐵券)은 임금이 공신에게 하사하던 쇠로 만든 패(牌). 그 연원은 한(漢) 나라 고조(高祖)가 공신들을 봉하는 데에 사용한 것에 그 유래가 있다고 함. 이 패의 표면에는 공신의 이력(履歷)과 은수(恩數)를 새기고, 그 공을 기록하며, 안쪽에는 면죄(免罪)나 감록(減祿)을 새겨 나중의 화를 면하게 하였음. 이 철권의 글자는 모두 금으로 새기고 2개로 나누어 왼쪽은 공신에게 반사(頒賜)하고 오른쪽은 내부(內府)에 보관해 후일의 징표로 삼음.

다. 조가(朝家; 조정)에서 책훈(策勳)[222]하는 그날로, 설사 지위가 비천(卑賤)하고 고귀(高貴)하더라도, 같은 반열에 들어서게 하고, 운손(雲孫)[223]이나 잉손(仍孫)[224]이나 선조의 뜻을 본받게 하여야 하여 지위(地位), 관직(官職) 등(等)의 등급(等級)을 가리지 않았다. 몇 채의 가옥을 따로 지어, 존경스런 지극한 정성을 법으로 삼고, 함(櫃) 하나를 이봉(移奉)하여 전에부터 추대하는 깊고 참된 속마음을 담게 되었다. 명성과 의리는 존경으로 대하고 섬기는 두 가지 일을 한꺼번에 치러도 사리에 어그러짐이 없고, 상의하고 협상하면 쉽사리 모여들어 성공을 알릴 수 있으리라. 찬성하고 호야를 부르며 아랑위(兒郎偉) 노래를 엮어 가누나.

아랑위(兒郎偉), 동쪽을 보면,
도암사의 길일(吉日)에 추녀와 창들에 햇빛 감도네
인재 육성 길사(吉士)들이 점잖게 걸음 옮기고
낭랑한 현송소리 온 나라를 교화하네

아랑위(兒郎偉), 남쪽을 보면,
산악 같은 효성에 푸른 안개 서리었네
스스로 지닌 근원 벌써부터 알고 있어
충성으로 뻗어나가 장한 기개 이루었네

222) 공훈이 있는 사람의 이름을 책(册)에 기록하는 일, 또는 공훈을 찬양하고 상을 주는 일.
223) 멀어진 자손이라는 뜻으로, 팔대(八代) 이후의 후손을 말함.
224) 칠대(七代)의 자손.

아랑위(兒郎偉), 서쪽을 보면,
넓은 은혜 하늘 같아 길을 어이 잊으랴
형상 없는 태평세월 그래도 형상이 있으니
비이슬을 맞은 오곡 앞 내에서 징험이네

아랑위(兒郎偉), 북쪽을 보면,
뜰에 넘친 송백나무 푸른 색깔 보태주네
날이 차야 홀로 지닌 곧은 절개 나타나니
성덕과 높은 공훈 영원히 추억하리

아랑위(兒郎偉), 위를 보면,
녹동(鹿洞의) 용잠(龍岑)은 천만 장 높이 솟아있네
준의할 때 호숭(呼嵩) 소리 성은이 더욱 깊어
건곤은 오늘 따라 좋은 기상 드리우네

아랑위(兒郎偉), 아래를 보면,
천년이 지난 세월 풍화 소리 들려오니
당시에 나눈 분수 갈수록 감복되니
여향을 감히 흙덩이에 비겨보리

엎드려 삼가 바라옵건대, 들보를 올린 다음 한 가문이 화타(華佗)[225]와 편액(扁額)이 되어, 백세를 길이 전하며 영원히 전해가고, 서로 간에 더불어 조상들의 옛 사적을 선양하면서, 충

225) 후한(後漢)의 명의(名醫).

성과 효성이라는 남긴 법도를 따라 노력하리라. 죽백(竹帛)[226]에 명성을 드리우니, 개선가와 함께 멀리 전하게 되고, 별빛을 노래하니, 문채 더욱 반짝이며 홍악(洪渥)처럼 귀히 되어 멀리로 전해가고 한 구석에 높이 솟아 우러러보니, 천만년 길이길이 본보기로 되리라.

통훈대부 행영광군수 겸 나주진관병마 동첨절제사 원임 규장각 직각 안동 김덕근 찬

奉安閣上樑文

伏以帶礪之宿盟在券，常若英靈儼臨院廟之下房。奠基實，寓羹墻永慕；惟一等原從之是錄，而百代敬奉之攸安。殊遇如天，追報有地。恭惟賢武齋金公，諱益哲，洛伯華胄，道巖遺祠。弱齡賦卓異之姿，詩禮自任壯歲備。顧問之列，文武其才，良駒人篇，自家之志，事可見飛雄來供。乃祖之誠孝遹追，家國自是一矩，忠孝本無二致。迄彼龍蛇之板蕩，哀我臣庶之波奔。八十里荊棘，遠披萬億年基業永奠，護至尊於背上，運良籌於帷中。灣營之羽衛言旋，再造日月雲臺之圖画。斯揭一體君臣，雲漢天章榮若紸纊;下列侍定遠姓，諱恩殊鐵券中並書。惟朝家策勳之辰，縱卑高之同列，在雲仍法祖之意，敢階級之無分。數楹別構，式今尊敬之至悃，一櫃移奉，伊昔愛戴之深衷。名義斯尊事，并行而不悖，詢謀乃協工，易集而告成。庸贊呼邪，聊成演偉。

兒郎偉，拋樑東，道巖瑞日繞軒櫳。
菁莪吉士多蹌蹡，絃誦流音化域中。

兒郎偉，拋樑南，孝岳凝烟水共涵。
已識源頭來有自，移忠壯氣見包函。

兒郎偉，拋樑西，恩海如天望不迷。
無象太平還有象，桑麻雨露驗前溪。

兒郎偉，拋樑北，滿庭松柏還增色。
歲寒獨葆後凋心，盛德嵬勳堪緬憶。

兒郎偉，拋樑上，鹿洞龍岑千萬丈。
準擬呼嵩益聖恩，乾坤今日垂休像。

兒郎偉，拋樑下，後千年有聞風者。
當時義分久愈欽，敢使遺芬同土苴。

伏願上樑之後，一屋華扁，百世永樹。相與顯揚舊蹟，勉以忠孝遺矩。竹帛垂名，元與凱歌而播。誦星文動彩尤，賁洪渥之遠流，爭聳一區觀瞻，聿成千代師範。
通訓大夫行靈光郡守兼羅州鎮管兵馬同僉節制使原任奎章閣直閣安東金德根撰

3. 봉안각기 (奉安閣記)

범석호(范石湖)[227]는 '어서각기(御書閣記)'[228]에서 이렇게 말하였다. "그 때에 망기자(望氣者)[229]가 있었다면, 반드시 영광(榮光)[230]이 하늘로 솟구친다고 말하였을 것이다." 나는 공무(公務)에서 물러난 뒤로, 한적한 틈을 타 때로는 서쪽 하늘을 살펴보았는데, 은하수가 때로는 기이한 빛을 뿜는 것을 보고, 마음속으로 이상하게 생각하였다. 그러던 어느 날이었다. 본 현(茂長縣)의 사인(士人) 김균(金均)이 자기 집에서 소장하고 있는 《선무원종록(宣武原從錄)》을 가지고 와, 나에게 보여주어 공경한 마음으로 함께 완상(玩賞)[231]하였더니, 그의 선조인 현무공(賢武公) 휘 경철(益哲)은 바로 도암사우(道巖祠宇)에 모시는 영모당 휘 질(質)의 증손자이며, 참의 상(常)의 아들이었다. 나이 18세인 당시에는 봉사(奉事)[232]직을 맡고 있었는데, 갑자기 흑사왜변(黑蛇倭變;임진왜란)을 당하게 되자, 창황(蒼黃)[233]하고 간험(艱險)[234]한 가운데 등에 지존(至尊;임금)을

227) 범석호(范石湖): 범성대(范成大, 서기 1126년~서기 1193년)의 자는 지능(至能)이며, 스스로 호를 차산거사(此山居士)라고 하였다가 늙어서는 석호(石湖)거사라고 하였다. 그는 오현(吳縣, 중국 강소성 오현시)사람으로 남송시기의 명신이며 문학가이다.

228) 이 문장의 제목은 《仁宗御飛白記》이며, 작자는 구양수(歐陽修)이다.

229) 망기자(望氣者): 하늘의 운기를 보고 길흉을 점치는 사람.

230) 영광(榮光): 빛나는 영예. 인간이 감당할 수 없는 초월한 빛.

231) 즐겨 구경함.

232) 조선조에서 관상감 · 돈녕부 · 훈련원 드에 둔 종팔품 벼슬.

233) 어찌할 겨를이 없이 매우 급함.

234) 몹시 험난함.

얻고, 용만(龍灣)[235]으로 피어(避御)하였다. 난리가 평정되고 책훈(策勳)[236]할 때에 이르러, 원종대왕(元宗大王)[237]의 어휘(御諱)[238]와 함께 녹권(錄券)[239]에 실려 있는 사람이었는데, 임금이 잠저(潛邸)[240]에 있을 때, 한 몸으로 되어 호종(護從)한 공로 때문이었다. 하산대려(河山帶礪)[241]라는 숙맹(宿盟)이 지금까지도 불투(不渝)[242]하고 있으며, 존비의 명분은 이와 같이 무간(無間)하게 되었다. 이리하여 은송(隱松)과 현무(賢武)를 추모하여 도암사에 배향하는 날에, 사(肆)[243]를 연주한 것은 여러 선비들이 함께 협의한 것이고, 떳떳하게 백 세대를 이어 내려가는 경앙의 뜻을 담고 있는 것이다.

이에 하나의 각(閣)을 세워, 단서(丹書)[244]의 어휘(御諱;御名)

---

235) 용만(龍灣): 평안북도 의주(義州).

236) 공훈이 있는 사람의 이름을 책(册)에 기록하는 일. 또는 공훈을 찬양하고 상을 주는 일.

237) 선조의 아들 부(琈).

238) 어휘(御諱): 국서에 쓰는 임금의 이름을 이르던 말.

239) 녹권(錄券): 공신이 훈공(勳功)을 새긴, 쇠로 만든 패.

240) 잠저(潛邸): 나라를 세우거나 임금의 친족에 들어와 임금이 된 사람의, 임금이 되기 전의 시기. 또는 그 시기에 살던 집.

241) 대려(帶礪): 나라에서 공신의 집안을 자손 대대로 변하지 않고 대접하는 일. 한(漢)나라 고조(高祖) 유방(劉邦)이 중국을 재통일한 뒤 공신들을 봉작(封爵)하면서, "황하가 띠(帶)와 같이 가늘어지고, 태산이 숫돌(礪)과 같이 작아질 때까지 나라에서 영구히 보존하리라(使黃河如帶 泰山若礪 國以永寧 爰及苗裔)"라고 한데서 유래한 말.

242) 불투(不渝)하다: 바뀌거나 변하지 아니하게 하다.

243) 사(肆): 종이나 경의 한 세트. 《문헌통고(文獻通考)》에 "《주례 · 소서(周禮 · 小胥)》에 '무릇 종과 경을 매달 때에 그 반(半)을 도(堵)라 하고, 그 전체를 사라고 한다' 고 하였다. 주(註)에 '종과 경은 각각 열여섯 개를 매단다. 한 틀에 있는 것을 도라 하고, 편종(編鍾) 일도(一堵)와 편경(編磬) 일도를 합하여 사라고 한다' 고 했다"라고 전한다.

244) 붉게 새겨 쓴 글씨.

를 봉안하고자 한다. 그런데 우리 선조 학봉공(鶴峯公;金誠一)의 성씨와 휘가 역시 이 녹권에 실려 있다고 말하면서, 몇 마디 글을 적어달라고 하기에, 이와 같이 전후시말을 대략 서술하여 게판(揭板)[245]하기를 기다리는 바이다.

통훈대부 행무장현감 문소 김진화 근지

奉安閣記

范石湖《御書閣記》曰："時有望氣者，必言榮光燭天云。"余於公退之暇有時西望，則雲漢之章，時發光怪，心竊疑之。一日，本縣士人金均以其家藏《宣武原從錄》來示余，起敬奉玩，則其先賢武公諱益哲，卽道巖祠宇永慕堂諱質之曾孫，叅議常之子也。年十八，以時任奉事，猝當黑蛇倭變。蒼黃艱險之中，背負至尊，避御龍灣。及其戡亂策勳之日，元宗大王御諱同載於錄券者。以其潛邸時一體扈從之功也。帶礪之盟，至今不渝，尊卑之分，若是無間。乃於隱松賢武追配道巖之日，肆因多士之僉謀，庸寓百代之景仰。

將欲營建一閣，奉安丹書之御諱。而謂余先祖鶴峯公姓諱，亦載此券，請爲數語志之。故畧叙顚末，以俟揭板云。

通訓大夫 行茂長縣監 聞韶 金鎭華謹識

245) 게판(揭板)하다: 여러 사람에게 알릴 내용을 내붙이거나 내걸어 두루 보게 붙이는 판(板).

4. 봉안각기 (奉安閣記)

호남 무장현에 있는 도암서원(道巖書院) 바로 현무(賢武) 김공(金公) 휘 익철(益哲)을 조두(俎豆)[246]하는 곳이다. 공의 지극한 행실과 실제적인 덕망은 보통 사람들의 이목에도 쟁쟁하니, 마땅히 사림에서 숭봉(崇奉)[247]하여야 할 바이다. 특히 공이 임진왜란시기에 호성원종훈(扈聖原從勳)으로 하여, 받은 단서(丹書)[248]는 사원의 강당에 보관되어있다. 엎드려 살펴보니, 우리 원종대왕께서 잠저(潛邸)[249]에 계실 때에, 이 공훈을 이루는데 참여하였으므로, 정원(定遠) 성씨와 휘를 책에 싣고 있으니, 존봉의 예를 갖추지 않을 수 없으므로, 한 칸의 옥우(屋宇)에 이와같이 옮기어 봉안하는 바이다. 그런데 우리나라 재원(齋院)에 봉안한 어제어필(御題御筆)이 아주 많으므로, 따로 한 칸을 내여 '운한천장(雲漢天章)'이라는 편액을 달았으니, 오늘의 이 봉안각은 바로 이 하나의 뜻을 담은 것이 아니겠는가? 이에 기를 싓는다.

정헌대부 이조판서 겸 예문관제학
규장각검교제학 안동 김수근 근기

---

246) 제사를 지냄, 제사 때 음식을 담는 그릇.
247) 숭배하여 받듦.
248) 詔書(조서) 즉, 임금의 선지(宣旨)를 일반에게 알리고자 적은 문서.
249) 나라를 처음 이룩한 임금이나 종실에서 들어온 임금으로서 아직 왕위에 오르기 전에 살던 집, 또는 그 시기.

奉安閣記

湖南之茂長縣有道巖書院，卽賢武金公諱益哲俎豆之所也。公之至行實德，塗人耳目，宜其士林之崇奉。而公以壬辰扈聖原從勳所受丹書，弆于院中之講堂矣。第伏覩惟我元宗大王在潛邸時，寔叅是勳，定遠姓諱一體列書，則不可無尊奉之禮，置一間屋宇，將移奉于是。而我東齋院之奉御題御筆率多，别構一室，扁以雲漢天章，今此奉安閣其將視此一義也歟？是爲之記。

正憲大夫 吏曹判書兼藝文館提學 奎章閣檢教提學 安東金洙根謹記

5. 도내 유생들이 예조에 올리는 단자[250](道內儒生呈禮曹單子)

정미 헌묘 11월 일

전라도 도내 유생, 유학 이용진(李龍鎭) 등이 삼가 목욕재계하고 재배하며, 대종백(大宗伯) 합하(閤下)[251]께 글을 올리는 바이옵니다.

엎드려 아뢰옵니다. 무장현의 고 주부(主簿)[252] 김익철(金益哲)은 가계가 안동(安東)이옵고, 개국 일등공신, 좌의정, 상락

250) 단자(單子) : 타인에게 보낼 물품이나 어떠한 사실을 조목조목 적어 받을 사람에게 올리는 문서.

251) 대종백(大宗伯): 예조판서(禮曹判書)의 이칭(異稱). 합하(閤下): 정일품(正一品) 벼슬아치를 높이어 이르는 말.

252) 조선조 여러 관아의 벼슬의 하나.

부원군, 익원공(翼元公) 휘 사형(士衡)의 6세손이며, 영모당 휘 질(質)의 증손이고, 참의공 휘 상(常)의 아들이며, 병자년에 창의하신 은송당(隱松堂) 휘 경철(景哲)의 아우입니다.

공은 초령(髫齡)[253] 때부터 총명함이 남달리 뛰어나 8세에 입학하였으며, 고(考) 참의공께서 시(詩) 짓는 법을 가르치셨더니, 곧 "성의(誠意)의 성(城)으로 천하 중(中)을 쌓아가리(意城欲築天下中)"라는 시를 지었고, 또 "내 장차 나라 위해 천하를 넓혀가리(為國將欲廣天下)"라는 시를 지었으며, 사흘째 되는 날에는 "이 세상에 나 또한 호표지구(虎豹之駒)[254]이니, 임금 위해 천년이라도 마음 변치 않으리라(人間我亦櫪上駒, 為主千年不變心。)"라는 시를 지었다. 그는 입학한지 얼마 되지 않았을 때에 벌써 시의 창작범위가 이토록 넓었고, 기개가 탁월하게 높아, 한때에 세상을 놀라게 하며 소문이 자자하였습니다. 성장하여서는, 효성이 돈독하고 우애하여 형제가 화목하였으며, 격물 수신하고《주례·대사도(周禮·大司徒)》에서 말한 효(孝), 우(友), 목(睦), 인(婣, 인姻), 임(任), 휼(恤) 등 사람이 실천해야 할 6가지 행실에 열정을 보여 아름다운 덕성이 많았습니다.

나이 바야흐로 17세에 음사(蔭仕)[255]하여, 직장(直長)[256]으로 있었고, 18세에 등과하여 봉사(奉事)의 생렬에 들어서게 되었

253) 다박머리 어린 아이.

254) 호표지구(虎豹之駒): 범이나 표범의 새끼. 駒(구)는 두 살 이하의 망아지를 가리킴.

255) 음사(蔭仕)하다: 과거를 거치지 아니하고 조상의 공덕에 의하여 벼슬을 맡다.

256) 직장(直長): 조선시대 각 관아에 두었던 종7품 관직.

습니다. 때는 공교롭게도 흑사지란(黑蛇之亂)을 당하여 적병들이 문득 박근하게 되자, 옥용에 우구(憂懼)를 띠고 용만으로 피어하려고 할 때였습니다. 대소 신료 가운데 어느 누가 몸을 잊지 않았겠습니까? 공은 임금님을 등에 업고, 80리 길을 비바람이 부는 것도 아랑곳하지 않고 가시덤불을 헤치며, 산을 넘고 강을 건너며 간난신고를 다 겪는 와중에, 창황한 나머지 신이 벗겨진 줄도 알지 못하고 있었는데, 대가(大駕)[257]가 안정을 얻은 다음에야 비로소 발의 통증을 느껴, 자세히 살펴보니 굵직한 나무 가시가 몇 치 깊이로 박혀있어, 피가 샘솟듯이 흘러내리고 있었습니다. 동료들이 치마를 찢어 동여 주었고, 모두가 함께 탄식하였습니다.

원종대왕께서 잠저(潛邸)에 계실 적에, 한 몸이 되어 호종(扈從)[258]하였고, 함께 난리를 평정하였는데, 어가가 돌아온 후 책훈(策勳)하는 날, 특별히 원종(原從)의 예로 적어, 녹권(錄卷)을 어사(御賜)하였다. 걸해(乞骸)[259]하여 귀향하여 천수(天壽)[260]를 다 누렸을 때는 64세였다.

도내의 여러 장보(章甫)[261]들은 그의 충성과 효심을 앙모하여, 그를 증조부 영모당(永慕堂)의 도암서원(道巖書院)에 추향(追享)[262]하였다. 그곳에는 원종대왕의 동공일책(同功一策)과 어휘철권(御諱錄券)이 함께 보관되어 있다. 고향의 유생들은

257) 임금님이 타던 수레.
258) 임금이 탄 수레를 호위하여 따르던 일.
259) 벼슬자리를 버리고 임금에 청원함.
260) 천명(天命).
261) 유생(儒生)을 말함.
262) 추가로 배향(配享)하다.

다 같이 숭봉의 의론을 일으키고, 궤봉(櫃奉)[263]하여 붉은 문(紅門)을 세우고, 봄가을에 향촉을 봉진하는 예의를 베풀기로 하였으므로, 이미 본관(本官)이 예(例)에 따라 거행시켰으나[264] 그때의 공신들 가운데 김공 학봉(金公鶴峯), 고공 제봉(高公霽峯), 김충장공(金忠壯公)은 모두 시호(諡號)[265]를 하사하여 충성을 포양하는 법전을 지니이시오되,[266] 유독 김선생 익철(益哲)만은 아직도 포양(褒揚)[267]하는 전례(典禮)[268]을 지니지 못하고 있으니, 사림의 재울(齎鬱)[269]이 어찌 개연하지 않을 수 있겠는가? 전후의 사실을 이제 감히 첩련(帖連)[270]하여 올리며 의뢰하는 바이오니, 엎드려 자세히 밝히시어 가르침을 내리시기 바라는 바이다. 아래에는 김익철(金益哲)의 충성과 효도에서 뛰어난 사적이오니, 각별히 천폐(天陛)[271]에 계품(啓稟)[272]하시어 포양(褒揚)[273]하는 전례(典禮) 지닐 수 있게 하여주시기를 더없이 간절하게 비옵니다.

---

263) 궤를 만들어 받들다.

264) 令 · 是在果: 이두로 시기견과 시켰어도, 시켰다 해도, 시켰으니 令 · 是在隱 시기견은 시킨 것은, 시킨 경우에는 令 · 是亦中 시기여해 시킨 때 등으로 된다.

265) 제왕, 경상(卿相), 유현(儒賢) 등이 죽은 뒤에, 그 공덕을 칭송하여 임금이 추증(追贈)하던 이름.

266) 이시오되(是白乎矣): 이ᄉᆞ오ᄃᆡ, –이사오되. –이시오되.

267) 포장(褒獎) 즉 칭찬하고 장려함.

268) 길에에 대한 의식.

269) 억울함.

270) 첩련(帖連): 조선시대에는 소송이 벌어지면 자신의 입장을 객관적으로 입증할 수 있는 문서를 첨부하여 관에 제출하였다. 첨부하는 방법으로는 본문서의 말미에 붙이기도 하고 혹은 본문서와 함께 끈으로 엮기도하였다. 이를 帖連이라고 한다.

271) 제왕이 있는 궁전의 섬뜰.

272) 조선조 때 글로 임금에게 아룀.

273) 칭찬하고 장려함.

제사(題辭)[274] :

충절이 이와 같이 탁이하여 사람들이 경복할 만 하다. 포양(褒揚)[275]하는 전례(典禮)[276]를 계문(啓聞)[277]하는 것은 예(禮)에 중한 것이므로, 공론(公論)[278]을 기다리는 것이 마땅하다.

道內儒生呈禮曹單子

丁未憲廟十一月日

全羅道道內儒生、幼學李龍鎭等，謹齋沐再拜上書于大宗伯閤下：

伏以茂長縣故主簿金益哲，系出安東，而爲開國一等功臣左議政 上洛府院君 翼元公諱士衡之六世孫、永慕堂諱質曾孫，叅議公諱常之子。丙子倡義文教授 隱松堂 諱景哲之弟也。公自在髫齡，穎悟超人。八歲入學，而考叅議公諭以作詩，則卽爲製詩，曰："意城欲築天下中"。又作之曰："為國將欲廣天下"。其三日作詩，曰："人間我亦櫪上駒，為主千年不變心。"其入學不久，作詩範圍，若是聳卓，驚聞一世。而及長，孝友敦睦，致知修身，六行并著，薰德者幾多矣。年甫十七，蔭仕直長。十八登科，得躋奉事。時値黑蛇之亂，賊兵忽迫，玉容憂懼，將移御以避于龍灣也。大小臣僚，孰不忘身。公則負王八十里，不避風雨荊棘，跋涉險

274) 제사(題辭): 관부에서 백성이 제출한 소장(訴狀)이나 원서(願書)에 쓰던 관부의 판결이나 지령.

275) 칭찬하고 장려함.

276) 일정한 의식.

277) 조선조 때 신하가 임금에게 아뢰던 일.

278) 공정하게 의론함. 사회 일반의 공통된 의견.

艱，蒼黃西陲，不辨屣脫矣。及夫大駕移定後，始覺足有痛處，諦視則木丁入膚數寸許，血如泉湧。同僚裂裳裹之，咸共歎息。元宗大王在潛邸時，一體扈從，其戡亂 回鑾後策勳之日，特題以原從之例，御賜錄券。乞骸而歸，以終天年，乃六十四歲也。

道內諸章甫，仰慕其忠孝，追享于其曾祖永慕堂道巖書院。是乎所元宗大王以同功一策，御諱錄券俱載。故鄉儒齊發崇奉之議，櫃奉立紅門，春秋香燭奉進之禮，已自本官如例舉行是在果。其時功臣中，金公鶴峯、高公霽峯、金忠壯公，則俱蒙贈謚褒忠之典是白乎矣。獨於金先生益哲，尚未蒙褒揚之典，士林之齎鬱豈不慨然乎。前後實蹟，玆敢帖連仰籲。伏乞細燭教。是後金益哲忠孝卓節之蹟，特為啓達天陛，俾蒙褒奬之典，無任祈懇之至。

題辭：忠節若是卓異，令人敬服，褒揚之典，啓聞禮重，惟待公議，宜當向事。

6. 봉안각 창건시 도회소[279]의 통장(奉安閣刱建時道會所通章)

아래와 같은 사항을 통유(通諭)[280]하는 바이다.

279) 유림총회(儒林總會)

280) 통유(通諭): 조선시대 상부에서 하부로 지시하거나 명령할 때 작성하는 문서양식. 관문서. [내용] 관부문서로서 상급관청에서 하급관청으로 내리는 문서로는 관(關)·감결(甘結)·전령(傳令)·첩(帖)·지령(指令)·훈령(訓令) 등이 있

귀 향(鄕)의 현무재(賢武齋) 김공(金公) 익철(益哲)은 개국공신, 상락공, 익원공의 6세손, 영모당의 증손이며 , 참의공의 아들로 은송공의 아우이다. 그는 천성적으로 충효하고 입지(立志)가 확실하여, 학문을 닦아서 자신을 단속하였고, 충효의 실마리를 계승하였으며, 무예로 기운을 떨치며, 원대한 그릇으로 되리라고 자부하였다. 나이 겨우 17세에 음사(蔭仕)[281]를 세습하였고, 18세에는 과거(科擧)에 급제하였다. 공교롭게도 그때 용사지변(龍蛇之變)[282]을 당하게 되어, 대가(大駕)[283]가 파천(播遷)[284]하여 용만(龍彎)[285]으로 이필(移蹕)[286]하였다. 김공은 분격을 이기지 못하여 등에 지존(至尊)[287]을 업고, 가시덤불을 헤치며 간난신고를 겪었는데, "사나운 바람이 몰아칠 때에 억센 풀과 엄동설한에 우뚝 솟은 소나무"는 바로 김공을 두고 한 말이 아니겠는가? 어가(御駕)가 환궁(還宮)하여 책훈하는 날에 이르러, 특별히 철권(鐵券)을 하사하시어 원종(原從)을 표창하셨다. 그때 원종대왕께서 잠저에 계실 때부터 한 몸으로 호성(扈聖)하셨기에, 녹권 가운데에 어휘(御諱)를 기재하고 있었는데, 살펴보면 중하게 여긴 것이 다른 사람과 다른 것이다. 이에

으나, 통유는 행정기관의 말단인 면장(面長 : 執綱)이 이장(里長 : 尊位 · 尊統)에게 지시 · 명령할 때 쓰던 문서이다.

281) 음사(蔭仕): 과거를 보지 않고 부조(父祖)의 공으로 음직(蔭職)을 얻어 관리로 서용(敍用)됨. 공신(功臣)이나 현직 당상관의 자손을 과거에 의하지 않고 관리로 채용하는 음서(蔭敍)가 대표적인 제도였음.

282) 임진왜란을 말함.

283) 임금이 타는 수레, 바꾸어 말하면 임금.

284) 임금이 도성을 떠나 다른 곳으로 피란하던 일.

285) 평안북도 의주(義州).

286) 임금의 거동을 옮기게 되다.

287) 임금, 즉 선조를 말함.

삼가 듣자오니 중히 여기시므로, 도암원 강당에 권봉하기로 하였었다. 비록 현무재의 후손의 뜻에 따른 것이기는 하지만, 일의 이치와 정황을 헤아려 보면, 극도로 미안한 일에 관계되므로, 이에 감히 통고를 내리는 바이다. 복원하건대, 여러 분들은 임금을 손경하고, 현자를 추모하는 존군모현(尊君慕賢)의 도리에서, 특별히 각(閣) 하나를 서원 강당의 바른 편에 세워, 단서(丹書)와 어휘(御諱)를 존봉하고, 한 면으로는 존비의 서열을 엄격하게 따지고, 다른 한 면으로는 숭보(崇報)[288]의 예의를 다 갖추는 것으로 대단한 다행으로 간주하여야 한다. 이상을 무장향교에 경통(敬通)[289]하는 바이다.

경술 (서기 1850년, 철종조) 11월 2일

남원유학(南原幼學)[290] 최보익, 이호련, 심탄, 전주유학(全州幼學) 박희인, 나주유학(羅州幼學) 이희도, 고부유학(古阜幼學) 김영원, 태인유학(泰仁幼學) 김기, 남평유학(南平幼學) 이원식, 김제유학(金堤幼學) 조상렬, 함열유학(咸悅幼學) 최응수, 금구유학(金溝幼學) 최원북, 영광유학(靈光幼學) 정석우 등

288) 숭보(崇報)하다: 은덕을 갚다.
289) 경통 (敬通): 통지문의 높임말.
290) 고려, 조선조 때 벼슬하지 않는 유생(儒生)을 이르는 말.

奉安閣刱建時道會所通章

右通諭事

貴鄉有賢武齋金公諱益哲，即開國功臣 上洛伯翼元公六世孫、永慕堂之曾孫，叅議公之子隱松公之弟也。稟性忠孝，立志確實，學以律已，丕承忠孝之緒，武以發氣，自負遠大之器。年甫十七襲蔭仕，十八登第。時値龍蛇之變，大駕播遷，移蹕龍灣也。金公不勝憤激，背負至尊，披荆棘，涉艱難。疾風之勁草，寒雪之特松，其惟金公賜之謂乎。及至回鑾，策勳之日，特賜鐵券，以表原從。時元宗大王自潛邸一體扈聖，則錄券中御諱載列。顧其所重與他自別，而卽伏聞以若所重，姑為權奉於道巖院講堂者。雖出於賢武齋後孫敬尊底意，而揆以事體，極涉未安，玆敢通告。伏願僉尊其在尊君慕賢之道，特建一閣於書院講堂之右，尊奉丹書御諱，一以嚴尊卑之序，一以盡崇報之禮，辛甚。右敬通于茂長鄉校。

庚戌哲廟十一月二日

南原幼學崔輔翼、李瑚璉、沈坦，全州幼學朴僖仁，羅州幼學李喜熹，古阜幼學金永源，泰仁幼學金壓，南平幼學李源植，金堤幼學趙相烈，咸悅幼學崔應洙，金講幼學崔元默，靈光幼學丁錫祐等

7. 행록(行錄)

부군(府君)은 용의(容儀)[291]이 단정하고, 뜻과 기백이 돈후하고 완전하였으며, 남달리 총명하였다. 아버지 참의공이 각별히 사랑하었었다. 겨우 초츤(髫齔)[292]인 나이에도, 부모의 뜻을 순종할 줄 알았다. 하루는 참의공이 그를 무릎에 앉히고 물어보았다. "사람의 일생에서 무슨 일이 제일 귀중한 일일까?" 그러자 부군(府君)[293]이 대답하였다. "저는 저의 어버이를 사랑하고, 저의 형님을 사랑하죠. 이것 뿐이에요. 이밖에 또 다른 일이 있사옵니까?" 참의공이 웃으며 말했다. "너는 실로 철부지 어린애구나. 집에는 부모가 계시고, 나라에는 임금님이 계신단다. 어버이를 잘 섬기는 것을 효라고 하고, 나라 임금을 잘 섬기는 것을 충(忠)이라고 한단다. 이것을 미루어 펴 나간다면, 이루다 쓸 수 없을 것이다." 부군은 반기는 기색으로 귀를 기울이더니, 마치도 무엇인가를 깨달은 눈치였다. 동네에서 종유(從遊)[294]하딘 이들이 모두 그에게로 기울며 이렇게 말하였다. "저 아이는 비록 나이가 아직 어리기는 하지만, 벌써부터 어버이를 사랑하고 형님을 공경할 줄 알고 있으니, 장래의 성공을 어찌 헤아릴 수 없겠는가?" 조금 더 성숙 되자 혼정신성(昏定晨省)[295]하였고, 형제들과 즐겁게 지냈으며, 있는 힘을 다하

---

291) 몸을 가진, 태도 또는 차린 모습.

292) 초츤(髫齔): 다박머리에 앞니를 갈 무렵의 어린아이라는 뜻으로, 일곱 살이나 여덟 살의 어린 때를 이르는 말.

293) 죽은 아버지나 남자 조상에 대한 존칭.

294) 학덕이 있는 사람을 좇아 함께 지냄.

295) 저녁에는 잠자리를 살피고, 아침에는 일찍이 문안을 드림, 부모에게 효도하는

여 우애를 도모하였다. 부지런히 책을 읽으며, 어버이의 뜻을 즐겁게 하였으므로, 집안과 종친들에 이르기까지 그에게 가진 기대는 작지 않았다. 나이 17세에 음사(蔭仕)[296]하여 직장(直長)[297]으로 있었고, 18세에 임진년 무과에 급제하였다. 섬나라 오랑캐들이 창궐하자, 조정과 재야에서는 모두 크게 놀라 뒤흔들렸다. 계사(癸巳年)에 대가(大駕)[298]가 서천(西遷)[299]하게 되었을 때, 부군은 어가(御駕)[300]를 호위하여 떠났는데, 밤낮으로 장(仗)[301] 을 떠나지 않았고, 밤을 새워 뜬눈으로 지새웠다. 따라나섰던 자들은 뒤를 이어가며 죄를 지으면서도 도망하였거나, 혹은 창황(蒼黃)[302]하여 어쩔 바를 몰라 하였다. 부군은 분연히 말하기를 "위난에 직면하여 구차하게 살아남고자 하는 것이 어찌 신하의 직분이란 말인가!"라고 말하고는 임금님을 등에 업고 80리 길을 걸었는데, 길에서 맨발인 것조차도 깨닫지 못하였다. 대가(大駕)가 안정을 얻은 다음에야, 비로소 자세히 살펴보니, 굵직한 나무가시가 박혀있어 피가 샘솟듯이 흘러내리고 있었다. 동료들이 겉치마를 찢어 발을 동여 주었고, 모두가 탄식을 금하지 못하였다. 어진 하늘이 도와 피비릿내가 가시고, 책훈(策勳)[303]하는 날에 미쳐 원종(原從)으로 녹권

도리를 이르는 말.

296) 음사(蔭仕)하다: 과거를 거치지 아니하고 조상의 공덕에 의하여 벼슬을 맡다.

297) 직장(直長): 조선시대 각 관아에 두었던 종7품 관직.

298) 임금, 선조를 말함.

299) 서쪽으로 옮김, 서쪽 즉 평안도 의주로 옮김.

300) 임금이 탄 수레, 즉 임금을 가리킴.

301) 왕의 호위(護衛).

302) 어지할 겨눌없이 매우 급함.

303) 공훈이 있는 사람의 이름을 책(冊)에 기록하는 일, 또는 공훈을 찬양하고 상을

하고, 관청의 주부(主簿)를 맡기셨다. 부군께서는 임금님의 은혜에 감격하고 영광으로 느끼시고 걸양(乞養)[304]하여 귀향하셨다. 온화하고 청렴한 절개로 지물(志物)의 봉양을 지극히 하여 빠짐없이 누리게 하였으며, 선후로 상(喪)을 당하자 슬픔과 공경의 뜻을 누두 겸비하였다. 두 형님과 아우와 더불어 한 침상에서 하나의 베개를 베었고, 봄가을 명절에는 함께 한 상을 크게 차려 내외 친척들을 모아 잔을 돌리며 술을 마셨다. 목인(睦婣)[305]을 강구하여 질서가 정연하였고 이는 또한 관습으로 되었다. 종래로 공로나 이익에 대해서 언급한 적이 없으며, 또 대가(大駕)를 호종(護從)하였던 일도 입 밖으로 꺼낸 적이 없었다. 병이 위중하게 되자 자식들과 조카들에게 "다행으로 나라가 태평스러운 것을 보고, 침상의 이부자리 위에서 죽게 되니 임금님께서 베푼 은혜가 중하지 않은가? 그러니 또 무슨 유감이 있을 수 있겠는가?"라고 말을 남기고는 조용히 눈을 감았다. 때는 무인 9월 13일이었고, 향년 예순 넷이었다. 무장의 동음면 (지금의 공음면) 날지 선조 임좌지원(先兆壬坐之原)에 장(葬)하였다.

오호라! 흑사지변(黑蛇之變)[306]을 지금이라도 어찌 차마 이야기할 수가 있는가! 대가(大駕)가 파월(播越)[307]할 때, 시종인 우위(羽衛)들 가운데 많은 사람들이 두려움에 겁을 먹고 새나 쥐

주는 일.

304) 걸군(乞郡): 조선시대 시종신으로서 늙은 부모를 봉양하기 위하여 왕에게 부모가 있는 군현이나 가까운 곳의 수령으로 보내줄 것을 청하는 제도.

305) 목인(睦婣) : 친족이나 외척 사이에 화목하고 친절함.

306) 임진왜란을 가리킴.

307) 임금이 도읍을 떠나 다른 곳으로 피난함.

처럼 뿔뿔이 달아나, 심지어 어떤 사관들은 사초(史草)[308]를 불사르고 밤에 도주하기도 하였다. 부군(府君)은 아득한 한 말직(末職)이지만, 격렬한 충분(忠憤)[309]을 머금고 자신의 한 몸을 잊어버렸다. 나라가 평정되기에 이르러 공로(功勞)를 따지지 않고 물러나, 종신토록 어가(御駕)를 호종한 일을 입 밖에 내지 않고, 임천(林泉)[310]에서 조용히 늙었는데, 사람들은 큰 공을 세우고도 그 보답이 미세한데 대해 애석해 하였다. 그렇지만 부군 같은 분이 어찌 희기(希覬, 망상)를 바라고서 그렇게 하였겠는가? 다만 나의 마음에 평안한 바를 좇아 내 할 일을 다한 것일 뿐일 따름이다. 이것이 이른 바의 무소위(無所爲, 꾸밈이 없이)이지만 유소위(有所爲, 하는 바가 있다)라는 것이다.

맏형 은송당(隱松堂)은 휘가 경철(景哲)인데, 역시 정유왜란에 창의(倡義)[311]하여 영광성(靈光城)을 지키었다. 갑자년에 이괄(李适)의 변에, 의병들을 대대적으로 모집하고 군량을 마련하였다. 헌종(憲宗) 정미년에 더불어 증조고(曾祖考) 영모당(永慕堂) 도암사(道巖祠)에 추배(追配)되었다.

특별히 어휘봉안각(御諱奉安閣)을 세웠는데, 이것은 원종대왕(元宗大王)[312]이 잠저(潛邸)[313]에 있을 때에, 한 몸으로 호종하였고 어휘(御諱)가 녹권에 함께 기록되어 있기 때문이다. 그

308) 사초(史草): 실록(實錄)을 편찬하기 위한 자료로 삼기 위하여 평소 사관(史官)이 기록하여 둔 기록.
309) 충으로 생긴 분한 마음.
310) 은사(隱士)가 사는 곳.
311) 국난을 당했을 때에 나라를 위해 의병(義兵)을 일으킴.
312) 선조의 아들, 인조의 아버지를 일컬음.
313) 나라를 처음 이룩한 임금이나 종실에 들어온 임금으로서 아직 왕위에 오르기 전에 살던 집, 또는 그 시기.

가 세상을 떠난 지 이백여 년이라는 세월이 흘렀지만, 묘도(墓道)[314]에는 아직도 현각(顯刻)이 없으므로, 제족(諸族)들이 이것을 근심하고, 묘지명을 세우려고 꾀하므로, 감히 간략하게나마 가장(家狀)의 기재를 서술하여, 입언(立言)[315]할 군자들의 채집과 선택을 기다리기로 한다. 그리고 성씨 계보와 자손들을 아래와 같이 따로 기록하여 둔다.

부군은 휘가 익철(益哲)이며, 자가 우보(友輔)이고 호가 현무재(賢武齋)이다.

김씨의 가계는 안동의 휘 방경(方慶)으로부터 시작되는데, 그는 고려시기에 정난정국(靖難)정국(定國)의 공로로 하여 상락공(上洛公)으로 봉(封)하게 되었고, 시호가 충렬(忠烈)이다.

그가 휘 순문(恂文)을 낳았는데, 밀직사였고, 상락군을 봉 받았으며, 시호는 문영(文英)이다.

여러 대를 전해내려 오다가, 휘 사형(士衡)은 본조에 들어서면서 좌의정으로 상락군을 봉하였고, 시호는 익원(益元)이며, 태조묘정(太祖廟庭)에 배향하였다. 그가 휘 승문(陞文)을 낳았고, 좌찬성으로 있었다.

2세를 지나 통찬(通贊)으로 있던 휘 을만(乙萬)은 상소문을 올려, 김안로(金安老)를 통책한 원인으로 처음으로 남평(南平)으로 내려왔다가, 얼마 되지 않아 무송(茂松;후에 茂長縣)에 우거하였고, 그로 하여 자손들이 그곳에 자리 잡게 되었다. 그가 휘 복중(福重)을 낳았고 역시 통찬이었는데, 부군에게 있어서

---

314) 묘지.
315) 후세에 모범이 될만한 말을 함.

는 고조로 된다.

증조인 휘 질(質)은 진사였고, 김하서(金河西), 유미암(柳眉巖), 기고봉(奇高峯) 제 선생들과 교유(交遊)했는데, 지행(至行)[316]과 의덕(懿德)[317]은 세상에서 받들었고, 학자들은 영모당 선생(永慕堂先生)이라고 칭하였다. 연이어가며 고(考), 비(妣) 및 내외 승중(承重)의 상을 당하여, 12년 동안 여묘(廬墓)생활을 겪었다. 소문이 조정에 들리자 정려(旌閭)로 포창하였고, 명(明)나라에서 또 정려(旌閭)를 명하니, 사림(士林)에서는 도암사(道巖祠)를 세웠다.

조부는 휘는 사욱(士勗)이며, 생원이었다.

고(考)는 휘는 상(常)이며, 참의를 추증하였다. 비(妃)는 평산 신씨(平山 申氏)인데, 참의 맹현(盟賢)의 따님이다. 만력 을해 선조 8년에 부군을 무장 개가리(凱歌里) 자택에서 낳았다. 부군은 한양 조씨(漢陽 趙氏) 참판 휘 국량(國良)의 따님을 아내로 삼았다. 아내(配)는 덕성이 있어 예(禮)를 어긴 적이 없었으며, 1남 3녀를 두었다. 사남(嗣男)은 옥(沃)이며, 딸들은 이시백, 김영조, 강시습에게 시집을 갔다. 옥의 아들은 상려(尙麗)이다. 증손과 현손들은 기록하지 않는다.

무술(서기 1898년 고종 광무(光武) 2년 12월 일

8세 종손 영철(榮喆)[318] 근지(謹識)[319]

---

316) 훌륭한 행동, 사람으로서 마땅히 행하여야 할 행동.

317) 훌륭한 행실, 아름답고 뛰어난 덕.

318) 고창읍 도산리 출신, 成均生員, 송사 기우만(松沙 奇宇萬)이 의병(義兵)을 창도할 때 계책(計策)을 함께 꾸민 친구였다.

319) 삼가 적다.

行錄

府君容儀嚴偉，志氣完厚，頴悟異凡。考叅議公奇愛之，纔髫齓，猶知順承父母。一日叅議公嘗抱置膝上，仍問曰："人於一生，何事最貴？"府君對曰："吾愛吾親，吾愛吾兄，是己。此外更有何事？"叅議笑曰："汝誠幼小兒耳。家有父母，而國有君。善事父母為孝，善事國君為忠。推以伸之，有不可勝用矣。"府君欣然而聽，如有所得。里閈諸從遊，皆相傾曰："此兒年尚幼，已知愛親敬兄，他日成就，其可量乎？"稍長定省，愉婉於兄弟，盡友于餘力。勤讀悅親意，一家至宗族期待不小。年十七蔭直長，十八壬辰武第。

島夷猖獗，朝野震蕩。癸巳，大駕西遷，府君扈駕而行。夙夜不離仗下，達宵不寐，從者相繼逋逃，舉措蒼黃。府君奮然，曰："臨難苟免，是豈臣子之職乎？"背負至尊八十里，不覺徒跣於道途，大駕移定後諦視，則木丁穿足，血如湧泉。同僚裂裳裹足咸咨嗟。仁天祚宋，腥穢掃滌。及策勳日，錄原從，署主簿。府君感榮君恩，乞養歸鄉。溫凊之節，志物之養，靡不用極。前後喪哀敬備至。與二兄及弟同枕床，春秋令節供具一大盤，以速內外親黨酬飮。講睦婣，秩秩有序，率以為常。未嘗及功利說，亦不言扈駕事。及疾革，謂子姪曰："幸覩昇平，死於床褥，君恩重矣，復何憾焉。"言訖而終。時戊寅九月十三日，享年六十四。葬于茂長冬音面今孔音面達峙先兆壬坐之原。

嗚呼！黑蛇之變，尚忍言哉！大駕播越，侍從羽衛，率多恇惐，鳥鼠竄，至有史官。焚史草，夜逃。府君以渺然一末，㘅忠憤激烈，不有其身。及夫亂定退讓不居，終身不言扈駕事，老於林泉，人無不以功鉅報細惜之。然乃若府君，則豈有意於希覬而然哉。只是求吾心之所安，以全吾天而已。所謂無所爲而爲者也。伯兄隱松堂，諱景哲，亦於丁酉亂，倡義守靈光城。甲子适變，大募義族，備糇糧。憲廟丁未，並追配于曾考永慕堂道巖祠於院右，特設御諱奉安閣，以元宗大王潛邸時，一體扈從，而御諱同載於錄券也。身後二百餘年，墓道尚無顯刻，諸族用是為憂，謀所以表隧，乃敢畧敘其家狀所載，以俟立言君子之採擇。而別錄姓系，子孫如左。

府君諱益哲，字友輔，號賢武齋。金氏，系出安東有諱方慶，仕麗以靖難定國功，封上洛開國公，諡忠烈。生諱恂文，密直司，封上洛君，諡文英。屢傳至諱士衡，仕本朝左議政，封上洛君，諡翼元，配享太祖廟庭。生諱陞文，左贊成。歷二世，有諱乙萬，通贊，疏斥金安老，始下南平，旋寓茂松，子孫因家焉。生諱福重，亦通贊。於府君為高祖。曾祖諱質，進士，從金河西、柳眉巖、奇高峯諸先生遊，至行懿德，為世所推，學者稱永慕堂先生。荐遭考、妣及內外承重憂，廬墓十二年，聞于朝，旌閭，薦于皇朝，自皇朝又命旌。士林建祠道巖。祖諱士昮，生員。考諱常，贈衾議。妣平山申氏，衾議孟賢女，以萬曆乙亥宣廟八年生府君於茂長凱歌里第。府君娶漢陽趙氏，衾判諱國良女。配德無違，生一男三女。嗣男，沃。女李時白、金永祚、姜時習。沃男，尙麗。曾玄不盡錄。

戊戌高宗十二月日

八世從孫 榮喆謹識

8. 묘갈명(墓碣銘)[320]

만약 목릉(穆陵) 임진에 대가(大駕)가 서행(西幸)하였을 때를 상고하여 보면, 김공 익철이 산반(散班)[321]으로 호종(扈從)[322]하였는데, 시신(侍臣)들이 도중에 많이 도망갔다. 공은 등에 지존을 업고 맨발로 80여리 길을 걸었는데, 발이 나무가시에 찔려 피가 샘솟듯 하였지만, 그것도 알아차리지 못하였다. 만약 임금님을 모신다는 것만 알고, 자신의 존재를 잊어버리지 않았다면, 어찌 그렇게 행동할 수가 있었겠는가? 포상하는 날에, 만약 훌륭한 화가를 시켜, 그때의 일을 그림으로 그리어 시종한 제신들에게 하사하고, 아울러 후세에 전하게 하였다고 하면 임금의 존재를 잊어버리고 나라를 배반한 무리들이, 다소 얼마라도 부끄러움을 알게 되었을 것이며, 그 제도가 지금까지 내려오면서 거울로 되고 경계로 되었을 것이지만, 애석하게도 이것을 너무 작게 여기었었다. 주부(主簿)로 임명되어, 품계가 올

320) 묘비에 새기는 글.

321) 산반(散班) : 일정한 관직(官職)은 없고 관계(官階)만을 보유한 관원.

322) 호종(扈從) : 임금의 거가(車駕)를 모시고 따라가는 것, 또는 그 사람.

랐지만 어찌 그의 정절과 충성에 대한 충족한 보답으로 될 수가 있겠는가? 비록 그렇다고는 하더라도, 공은 자기가 응당 하여야 할 일을 해냈을 뿐이라고 생각하였다. 공훈을 기록하고 품계가 오르는 것이 어찌 공이 바라는 바이었겠는가?

공은 태어나서부터, 우람하고 남보다 뛰어나게 영리하고 슬기로웠다. 고(考) 참의공이 어린 그를 무릎에 앉히고 "사람의 일생에서 무슨 일이 제일 귀중한 일일까?"라고 물었더니, 부군(府君)은 이에 응하여 대답하였다. "어버이를 사랑하고 우리 형님을 공경할 따름이지요." 참의공이 웃으며 일러주었다. "너는 아직 철부지여서, 임금을 섬기는 일은 마땅히 어버이를 섬기는 일과 같아야 한다는 도리에 미치지 못하고 있구나. 반드시 처음에는 어버이를 섬기지만, 종당에는 임금을 섬기는 일로 마무리 짓는 것은, 마치도 염주처럼 하나로 이어진 꿰미의 일이라는 것을 기억하고 있어야 한다." 공은 말을 마치기는 하였으나, 공이 아직 철부지라고 한 것은, 대체적으로 그를 격려하기 위하여 그렇게 말한 것일 뿐이었다. "어버이를 곁에 모시고 있으면 효도를 다하여 즐겁게 해 드리고, 한 이부자리를 덮고 있으면 공경을 다하여 우애할 것이며, 임금을 섬기게 되면 신하의 직분을 다할 것입니다." 나이 어린 소년의 다부진 한마디 대답에서, 머릿속에 이미 자기의 뜻이 세워져 있다는 것을 알 수 있다. 여력으로는 경서(經書)와 자서(子書)를 읽어 제자백가를 통달하였다. 경인년에 음사(蔭仕)[323]하여 직장(直長)[324]으로

323) 음사(蔭仕)하다: 과거를 거치지 아니하고 조상의 공덕에 의하여 벼슬을 맡다.
324) 직장(直長): 조선시대 각 관아에 두었던 종7품 관직.

있었고, 임진년에는 무과에 급제하였다. 공은 시서(詩書)를 읽은 가문에서 태어났지만, 거연히(遽爾) 붓을 던진 것은 섬나라 오랑캐들이 일으킨 전쟁이 눈앞에 박두하였기 때문이다. 난리가 평정되자 걸양(乞養)하여[325] 귀향하셨다.

부모님들이 모두 생전이었고, 형제들이 무고하였기 때문에, 평생의 지대한 낙으로 여기고, 작위나 봉록은 전혀 마음속에 담아두지를 않았다. "구렁이 한 마리가 들에서 울고 있지만, 방문(榜文)은 문밖에 걸지 않았다." 사람들은 그를 개지추(介之推)[326]와 비교하면 어떤지를 알지 못했다. 선후로 어버이의 상을 당하자, 가슴에서 우러나오는 정은 예의(禮儀)를 능가하였다. 두 형님과 아우와 함께 늙어서도 하나의 이부자리를 깔고 덮었으며, 봄가을에 명절을 만나게 되면, 큰 소반에 많은 음식을 잘 차려놓고, 내외 친척과 빈붕(賓朋)[327]들을 초빙하여, 잔

---

325) 걸군(乞郡): 조선시대 시종신으로서 늙은 부모를 봉양하기 위하여 왕에게 부모가 있는 군현이나 가까운 곳의 수령으로 보내줄 것을 청하는 제도.

326) 개지추(介之推): 개자추(介子推, ?~서기원전 636년)라고도 하는데 진문공(晉文公)이 19년간 망명할 때 따라나선 5명 가운데의 한 사람으로 식량이 떨어지자 자기의 허벅지의 살을 베어 진문공을 먹였다. 후에 귀국하여 임금으로 된 진문공은 공신들에게 상을 내렸지만 유독 개자추만을 잊고 있었다. 개자추의 어머니가 개자추에게 상황을 임금에게 진술하라고 타일렀지만 개자추는 의롭지 못한 일이라고 여기고 어머니와 함께 산속에 은거하였다. 종자(從者)가 억울하게 생각하고 궁문에 방을 붙여 "거룩한 용이 보금자리를 잃었네 구렁이 다섯 마리 그를 따라 천하를 두루 밟았네 용이 굶주리자 한 구렁이가 허벅지를 베어 올렸네. 못으로 돌아온 용은 나라를 안정히 하였다네. 네 마리 구렁이는 소굴에 들었으나 한 마리 구렁이는 소굴이 없어 들에서 울고 있구나."라고 말하였다. 이를 본 진문공은 개자추의 일을 말한 것이라는 것을 알아차리고 그를 찾았으나 찾지 못하여 그가 들어간 산을 그에게 봉하였다고 한다. 여기서는 이 이야기를 빌어 현무재가 개자추처럼 벼슬과 봉록을 탐하지 않은 정신을 찬양하고 있다.

327) 손님으로 대접하는 좋은 친구.

을 돌리며 지난날을 재미나게 엮었지만, 대가(大駕)를 호종(護從)한 일만은 일언반구도 언급하지 않았으니, 또 자기의 군공을 자랑하지 않은 풍대수(馮大樹)[328]와 비긴다면 어떠할까? 운명할 때에 그는 자식들과 조카들에게 "다행으로 나라가 태평스러운 것을 보고, 침상의 이부자리 위에서 죽게 되니, 임금님께서 베푼 은혜가 중하구나."라고 말을 남기고는 조용히 눈을 감았는데, 때는 무인 9월 13일이었고, 그가 태어난 만력 을해와는 64년이란 시간을 사이 두었다. 무장(茂長)의 동음면(冬音面) 달치(達峙) 임원 선조(壬原先兆)에 장(葬)하였다.

공(公)은 자(字)는 우보(友輔)이며 형무재(賢武齋)는 그의 호이다. 김씨의 적(籍)은 안동(安東)인데, 휘 방경(方慶)이 고려에서 벼슬을 하면서, 정국(定國)의 공훈으로 하여 상락개국공(上洛開國公)으로 봉(封)해졌고, 시호가 충렬(忠烈)이다. 대를 전해내려 오다가 익원공 사형(士衡)은 본조(本朝)의 좌명공신으로 좌의정으로 있으면서, 상락군으로 봉해졌고 태조묘정에 배향하였다. 2세를 지나 통찬(通贊) 을만(乙萬)은 상소문을 올려 감안로(金安老)를 통책하였다가, 남으로 은둔하여 무송(茂松)에 자리 잡았는데, 이분이 바로 공의 5세조이다. 고조는 통찬

---

328) 풍대수(馮大樹): 풍이(馮異, ? – 서기34년)를 가리키는데 그의 자는 공손(公孫)이고 영천 부성((潁川父城, 지금의 하남성 보풍현)사람이다. 동한의 개국 명장으로서 군사가이며 운대(雲台) 28명의 장군가운데서 7위에 속한다. 유수(劉秀)가 칭제한 후 풍당은 정서(征西) 대장군, 양하후(陽夏侯)로 봉을 받았고 시호는 절후(節侯)이다. 풍당을 "대수장군(大樹將軍)"이라고도 한다. 유수를 따르는 개국 장군들은 전투할 때 겨를만 있으면 늘 한데 모이여 제 자랑을 늘어놓았는데 이 때면 풍당은 홀로 묵묵히 나무 아래로 몸을 피가였기에 병사들은 그에게 "대수장군(大樹將軍)"이라는 별호를 달아주었다. 후에는 공로를 스스로 자랑하지 않는 장령들을 가리키는 대명사로 되었다.

복중(福重)이다. 증조 진사 질(質)은 효성으로 천하에 명성을 떨치어, 국조(國朝) 그리고 명조(明朝)에서 선후로 명을 내려 정려(旌閭)로 포창하였고, 도암사(道巖祠)에 배향하였는데, 후세에서는 영모당선생(永慕堂先生)이라고 칭하였다.

조부는 생원 사욱(士勗)이며, 고는 참의를 추증한 상(常)이며, 비(妃)는 평산 신씨(平山 申氏)인데 참의 맹현(孟賢)이 그의 고(考)이다. 부인 한양 조씨(漢陽 趙氏)는 참판 국량(國良)의 따님인데, 덕(德) 군자의 배필이었다. 아들은 하나로 옥(沃)이라 불렀고, 이시백(李時白), 김영조(金永祚), 강시격(姜時鬲)은 그의 사위이다. 손자는 상려(尙麗)이다. 묘(墓)에는 현각(顯刻)이 없었다. 3백여 년이 지난 후에 후손 준묵(峻默)이 장로들의 명에 따라 불녕(不佞)[329]에게 묘지명(墓誌銘)을 청하였고, 방손(傍孫) 상상(上庠)[330] 영철(榮喆)이 서신을 보내왔는데, 나의 친구였으므로 감히 사양하지 못하여, 아래와 같이 명을 적는다. 명(銘)[331]에 이르기를

혁혁한 충렬(忠烈)이여!
승국에서 공훈을 세웠구나
간간한 영모당이여
하늘에서 효성을 심어주었네.
충성을 전하고 효도를 건네어

329) 편지 글에서 재주가 없는 사람이라는 듯으로, 자기를 낮추어 일컫는 말.
330) 상상(上庠): 성균관(成均館)의 생원(生員)을 달리 이르는 말.
331) 비석(碑石) 등에 남의 공적 또는 사물의 내력을 새긴 글귀, 또는 마음에 새기거나 써 놓고 교훈으로 삼고자하는 어구.

공에게는 돈독함이 생겨났다네
지존(至尊)을 등이 업고
나라 명맥 크게 구제했더니
형님인 은송당(隱松堂)은
더불어 의열하네
호연한 기개로 고향으로 돌아와
어버이를 모시며 즐겨하였네.
스스로 공로를 말하지 않으니
유독 공만이 그렇게 할 수 있었구나!
이로 하여 영예가 더욱 빛나
백세를 내려가며 영생불멸하구나!
무술년(서기 1898년) 이양월(二陽月)
행주 기우만(奇宇萬) 찬(撰)

墓碣銘

若稽穆陵壬辰大駕西幸時，則有若金公益哲，以散班扈從，侍臣道多逃。公背負至尊，徒跣行八十里，足被刺，血流迸跡，而無悟也。非知有君而不知有身者能如是乎！褒賞之日，若使工画者圖其事，以賜侍從諸臣，且以遺後世，則庶愆君負國之輩有所知愧，而式至今日為鑑戒，而惜乎小此耳。主簿遷秩，豈足以報答貞忠？雖然以公則為所當為而已。錄勳進秩，豈公希覬也？生而魁偉兼穎悟。考叅議公幼置膝下問人生何事最貴，應聲對曰：“愛吾親，敬吾兄。”叅議公笑曰：“汝幼未及乎事君當如事父。第念始之事父，則終於事君，是一串事。”公言己盡而謂公未及，盖激勵然耳。“親側盡愉婉，同被盡友于，事君盡臣職。”幼少一言之對，盖頭顱己立矣。餘力經子，傍通百家。庚寅以門蔭調直長，壬辰成武第。公生詩禮家，遽爾投筆，爲見島釁在卽也。亂巳，乞養歸鄉。父母俱存，兄弟無故，爲平生至樂，而爵祿不入於心。一蛇野號之，榜不出於門，人未知與介之推何如也。前後喪，皆情勝於禮。二兄及弟，至老同枕。每春秋佳節，供具一大盤，以速族戚賓朋娓娓談往事，而絕口不道扈駕事。又未知與馮大樹何如也。臨命召門子弟曰：“幸覩昇平，死於床褥，君恩重矣。”言迄而逝，即戊寅九月十三日，距生萬曆乙亥為六十四。克襄于茂長冬音面達峙壬原先兆也。公字友輔，賢武，號也。金氏籍安東，有諱方慶，仕麗有定國勲，封上洛開國公，諡忠烈。傳至翼元公士衡，佐命本朝左議政，封上洛君，配太祖廟庭。二世而通贊乙萬，疏斥金安老，南遯家茂松，即公五世高祖。通贊，福重，曾祖。進士，質，孝達天下，國朝及天朝，後先命旌，享道巖祠，後人稱永慕堂先生。祖，生員，士昴。考，贈叅議常。妣平山申氏，叅議孟賢其考。夫人漢陽趙氏，叅判國良女。德配君子。一男沃。李時白、金永祚、姜時鬲，婿也。孫男，尚麗。墓無顯刻，垂三百年。後孫峻默致長老之命，請銘於不佞，而傍孫上庠榮喆，書介焉，吾友也，不敢辭。銘曰：

奕奕忠烈，勳于勝國。懇懇永慕，孝亦天植。
忠傳孝授，公生曰篤。背護至尊，弘濟國脉。
兄有隱松，並昭義烈。浩然歸鄉，養親為樂。
功不自功，惟公則獨。是以有譽，不朽來百。
歲戊戌二陽月幸州奇宇萬撰

4. 영가세적 권지 3(永嘉世蹟卷之三)

가. 부록(附錄)

1. 도암사 건립 사적 (道巖建祠事蹟)

《장사고지(長沙古誌)》[332]에 이르기를 "진사 김질(金質)은 안동인(安東人)이다. 어려서부터 격물치지(格物致知)[333]에 뜻을 두고, 성실하고 정직하게 자신을 규율하였다. 순수한 효성은 천부적(天賦的)이었으며, 학문은 연원(淵源을 지니고 있었으며, 가정 무자(戊子;서기 1528년, 중종 23년)년에 상상(上庠)[334]에 올랐다.

연이어 부모의 상(喪)과 내외 승중(承重)의 상(喪)을 당하여 멀건 죽을 마시며, 여묘(廬墓)에서 12년간 생활하였다. 상복을 벗고서도 의연히 과업(科業)[335]을 폐하고, 별도로 영모당(永慕堂)을 지어 어버이를 사모하는 뜻을 담았다.

명묘(明廟; 명종조) 병오년(서기 1546년)에 정려(旌閭)를 명하여 특별히 포상(褒賞)하였고, 임진왜란 이후에는 명(明)나라에서 우리나라의 효행과 충렬들을 물어본 적이 있었는데, 그 당시의 방백(方伯; 여기서는 전라감사) 민성휘(閔聖徽)가 선

332) 長沙는 茂長의 옛이름으로, 이는 무장의 엣날 읍지(邑誌)이다.
333) 실제 사물의 이치를 연구하여 지식을 완전하게 함.《大學》의 용어)
334) 상상(上庠): 성균관(成均館)의 생원(生員)을 달리 이르는 말.
335) 과거공부.

생을 으뜸으로 추천하여 올렸더니, 명나라 조정으로부터 특별히 명을 내려 정려(旌閭)하였으며, 본조(本朝)에서 예관(禮官)을 보내어 치전(致典)하였고, 도내의 선비들이 그의 덕행을 존경하고 사모하여 일구동성으로 선생의 옛 집터에 도암사(道巖祠)를 창건하게 하였다. 편액(扁額)을 하사하지 않았고, 시호(諡號)를 증송하지 않아서 독향(獨享)[336]하였는데, 훗날인 헌묘 정미년에 그의 증손 은송당 경철과 현무제 익철를 배향하였다."

道巖建祠事蹟

長沙古誌曰：進士金質，安東人。自幼少時，躬望格學，誠正律已。純孝出天，學文淵源，嘉靖戊子登上庠。荐遭父母喪及內外承重，啜粥廬墓十二年，仍廢科業，别構永慕堂，以寓思親之意。明廟丙午，命旌其閭，特加褒美。壬辰亂後，皇朝訪問我國孝行忠烈。其時方伯閔公聖徽，首題先生薦聞，自天朝特加命旌，本朝遣禮官致奠。道內章甫尊慕其德行，齊聲建祠于先生舊址，未賜額示，贈謚獨享。後憲廟丁未，躋配其曾孫隱松堂景哲、賢武齋益哲。

336) 독향(獨享): 사당이나 서원에서, 한 사람만의 신주를 모셔 두고 제향하는 일.

2. 도암사 춘추 향축문 (道巖祠春秋享祝文)

백 세대의 효의 으뜸으로 후세에 덕을 드리우신
영모당선생
학행을 겸비하고 충과 효 둘을 모두 온전하게 갖추신
은송당선생
어가 호종 공훈 남겨 죽백에 이름을 남기신
현무재선생

> **道巖祠春秋享祝文**
> 孝冠百代德垂後世 永慕堂先生
> 學行兼備忠孝兩全 隱松堂先生
> 名載竹帛功存扈衛 賢武齋先生

3. 도암사 삼수 상량문 (道巖祠三修上樑文)

아랑위(兒郎偉), 가만히 살펴보면 국학(國學)의 배향은 중요한 일이지만, 절목(節目)[337]에 있어서는 혹 충실하지 못한 것이 있고, 서원(書院)에 하사한 편액(扁額)이 화려하기는 하지만, 시세에 따라서 제한을 받는 것이 있게 된다. 그렇지만 온향(鄕)에서 공의(公議)로 정해진 것이니, 정녕 백 세대를 내려가면서 성덕(盛德)[338]이 이로 하여 성대해질 것이다. 이번이 세

337) 절목(節目): 법률이나 규정 따위의 낱낱의 조나 항.
338) 크고 훌륭한 덕.

번째로 되는 수선(修善)이니, 여러 사람의 의논과 감수를 더욱 두드러지게 하여야 할 것이다.

엎드려 생각하니, 영모당선생(永慕堂先生)은 공신 상락공의 후손이며, 장사(長沙)에 이사를 온 가문 출신이다. 중년에 상상(上庠)에 오르기는 하였지만, 그것은 어머니의 마음을 즐겁게 위로해드리려고 한 일이고, 안신입명(安身立命)한 것은 실로 성인의 가르침을 침잠(沈潛)[339]하였기 때문이다.

대기(戴記)[340]와 《효경(孝經)》은 언제나 하루 손에서 놓은 적이 없었고, 《소학(小學)》과 《가례(家禮)》는 더욱 사방에서 징집하여 가문에 미치게 하였다. 원래 성실과 사랑이 마음에서 자리 잡게 되었기에, 먼저 부모를 봉양할 줄 알게 되어, 어릴 적에도 어머니의 종기의 고름을 빨아내고, 밤에 북두성에 기도하여 보응(報應)을 얻기도 하였고, 몸소 흙을 지고 봉분을 만들기도 하였으며, 차가운 바닥에서 자며 멀건 죽물을 마시면서, 여묘(廬墓)에서 생활하였지만, 몸에 탈이 생긴 적이 없었다. 스물여덟에 아버지를 여의였는데, 그때에 쥐가 떼를 지어 몰려와 죽었고, 꿩이 스스로 부엌으로 날아들었다는 이야기가 전해 내려오고 있으며, 마흔 여덟에 어머니가 세상을 떠났을 때, 여종이 여막(廬幕)으로 찾아오는 것을 멀리서 바라보고는 멀리 하였고, 아내가 찾아오자 몸을 피하였다. 대설이 펑펑 쏟아졌지만, 그의 조부의 무덤 주위에는 눈꽃 한 점 내리지 않았고, 그는 조부의 무덤이 있는 산에 두루 소나무를 심었다. 동네에서 모

339) 침잠(沈潛): 겉으로 드러나지 아니하도록 성정이 깊고 차분함.

340) 대기(戴記): 《예기(禮記)》의 다른 이름. 《소대기(小戴記)》라고 하여 한(漢)나라 대성(戴聖)이 편찬한 예(禮) 49편의 《대례(小戴禮)》가 곧 《예기》임.

두가 칭찬하여 마지 않은 것이 어찌 승중의 제소(祭所)에만 정성을 올린 것뿐이겠는가? 대숲을 스스로 병풍으로 삼고, 어버이를 길이 사모하여 집을 짓고, 거기에서 생활하였던 것이다.

하서(河西)선생과 미암(眉庵)이 표창하는 글을 보고는, 마땅히 왜놈들이 감히 불을 시르지 못한 것이 당연하다는 느낌이 들게 되고, 송천(松川), 고봉(高峯)이 존경하여 복종하에 이르러서는 마침내 명조(明朝)에까지 소문이 이르게 되었다. 가정(嘉靖) 연간에 정려(旌閭)하였으니, 본래 이미 유문(遺文)과 더불어 길이 사라지지 않게 되었으며, 만력(萬曆) 연간에 묘당(廟堂)을 창건하였는데, 또다시 옛 영모당(永慕堂)의 터전에 새롭게 건축한 것이다. 아, 계묘년에 순조롭지 못하여 갑자기 풍우가 몰려들었다. 조두(俎豆)[341]에 향기가 물씬 풍기어, 다행으로 제사를 올리는 비준을 얻었으나, 허물어진 담장 안에서 제를 지내는 예의는 없었으므로, 창문을 내고 문을 다는 일은 유림에 달려있게 되었다. 어떤 사람이 아무런 근심도 없이 역사(役事)를 벌이고 일을 추진하자고 꾀하사, 거연히 며칠이 지나지 않아 완공되었으니, 덕을 숭상하고 성공 완성을 보고하는 것은 시기를 기다리는 것이었지, 우연히 이루어진 일이 아니었다. 분유(枌楡)[342]는 빛이 나니, 개가(凱歌)[343] 이름으로 비(碑)가 서고, 현송(絃誦)[344]소리 흘러오니, 도암사에서는 충현(忠賢)의

341) 나무로 만든 제기(祭器)의 한 가지.

342) 분유(枌楡) : 고향을 달리 이르는 말. 중국의 한고조가 고향인 풍(豊)에서 느릅나무를 심어 토지의 신으로 삼은 데서 유래한다.

343) 승리의 함성.

344) 현악기를 타며 시가를 노래함.

호(號)를 받아들여 노래로 엮고, 이에 연주하는 곡을 만들어 그로써 노래 소리를 돕는다.

아랑위(兒郞偉), 동을 보면
발 드리운 창문으로 푸른 도산(道山) 비껴드네.
말없이 깨달고 마음에 새겨두니
사물마다 연비어약(鳶飛魚躍)[345] 지니고 있네

아랑위(兒郞偉), 남을 보면
산악 같은 효성은 아득히 물길을 뻗네
백행의 근원을 스스로 깨달으니
깔끔한 밤기운은 날 때부터 지니었네

아랑위(兒郞偉), 서를 보면
녹동(鹿洞)의 안개 노을 볼수록 명확하네
광풍제월(光風霽月)[346] 따로 전해 한이 없는데
시내를 이룰 그날 역시 염계(濂溪; 周濂溪)를 본받았네

아랑위(兒郞偉), 북을 보면
찬 겨울 소나무 숲 푸른 기상 지녔구나

---

345) 연비어약(鳶飛魚躍): 솔개가 날고 물고기가 뛴다는 뜻으로, 만물이 저마다의 제자리를 얻는 것. 자연 만물이 순리대로 움직인다는 말이다. 鳶 : 솔개 연 飛 : 날 비 魚 : 물고기 어 躍 : 뛸 약 어약연비(魚躍鳶飛)라고도 한다. 《시경》 〈대아(大雅) 한록(旱麓)〉편에 나오는 말이다.

346) 광풍제월(光風霽月) : 맑은 날의 바람과 비 갠 날의 달과 같이 인품이 고상하고 마음이 대범한 사람을 이름이다.

훌륭한 고대 행단(杏壇)[347] 지금도 남아 있어
사람들이 어루만지며 추억하노라

아랑위(兒郎偉), 위를 보면
수십 길 높은 용잠(龍岑) 아아히 솟았구나
언제나 주야로 부지런한 가운데,
시기를 놓치지 않고 더불어 움직이리

아랑위(兒郎偉), 아래를 보면
여름이고 겨울이고 붕우(朋友)들이 찾아드네
뜻을 품은 유지인사 안연(顔淵)의 무리이니
모두가 부귀공명 두엄처럼 얕게 보네

엎드려 바라옵건대, 들보를 올린 다음 선비들이 행실을 크게 떨치고 지방 풍속이 크게 변하리라. 사람마다 효도 공경하여 사내장부다운 마음을 시니게 되고, 여력을 학문에 바치고 군자답게 항상 보고 듣고 익숙하기에 노력하리라. 눈으로 보고 느끼며 장수(藏修)[348] 하면 멀리 있지 않은 본보기를 귀하게

347) 행단(杏壇): 은행나무가 있는 단. 살구나무 또는 앵두나무가 있는 단이란 뜻도 있음. 공자묘(孔子廟) 즉, 공자 사당에는 대개 은행나무를 심으므로 '행단' 이라 하며, 또 공자가 제자들에게 글을 가르치던 곳이 행단이므로 향교(鄕校)나 학교를 '행단' 이라고도 함.

348) 장수(藏修): 학문을 할 때 조금도 변함없이 열심히 한다는 의미. 《예기 · 학기(禮記 · 學記)》에 "군자는 학문할 적에 장하고 수하고 식하고 유한다.(君子之於學也 藏焉 修焉 息焉 遊焉)" 라고 하였으며, 그 소(疏)에 "장이란 마음에 항시 학업을 생각함이요, 수란 배우고 익히는 일을 폐하지 않음이다.(藏 謂心常懷抱學業也 修 謂修習不能廢也)" 라고 하였다.

여기게 될 것이고, 엄숙하고 경건하게 추창(趨蹌)[349]하며 제사(祭祀) 일로 만족하다고 말하지 말아야 할 것이다. 민졸당(閔拙堂)[350]의 계본(啟本)을 반드시 수시로 이어나가야 할 것이고, 윤보암(尹圃巖)[351]의 장문(狀文)을 그대로 좇아야 할 것이다. 한 구역의 왕설유사(王薛遺祠)는 천년을 내려가는 추(鄒;孟子)나라 노(魯;孔子)나라의 처마 가즈런한 집이 되리라.

정조(正祖) 5년 4월 일

전행 세손 익위사 익찬 월송 황윤석 삼가 재배하고 씀.

道嚴祠三修上樑文

兒郎偉，竊以國學之從祀重，而節目或有未該；書院之賜額華，而時勢亦有所限。惟一鄉公議之乃定，必百世盛德之是隆。玆當三修，益聳羣聽。伏惟永慕堂金先生，上洛勳胄，長沙寓公。中年上庠，直爲母心之慰悅；安身立命，實在聖訓之沈潛。戴記孝經，何嘗一日釋手；小學家禮，尤徵四方及門。原誠愛之立，先而奉養之。自小疽吮禱應，旋負土而為墳。寒處淡糊，縱居廬而無疾。二廾八而靡恬尚，傳羣鼠甃而飛雉投。四十八而違慈重。見女奴遠而内子避。若其環墓而不雪，與夫遍山而栽松。里社咸稱，奚獨荐承重之祭

349) 추창(趨蹌): 걸음걸이가 절도에 맞는 모양. 곧 신하들이 임금이나 종묘를 진퇴할 때 예절에 맞도록 허리를 굽히고 총총걸음으로 빨리 걸어가는 것을 말한다.

350) 민졸당(閔拙堂): 민성휘(閔聖徽)를 가리킨다. 그는 조선 중기 인조 때의 형조참판, 평안도감사, 형조판서 등을 역임한 문신으로 본관은 여흥(驪興), 초명은 민성징(閔聖徵), 자는 사상(士尙), 호는 졸당(拙堂), 용졸(用拙)이다.

351) 윤보암(尹圃巖) : 윤봉조(尹鳳朝)르 가리킴.

所，篁竹自屏，因為永思親之齋居。觀河西眉巖之表章，宜爾倭燹之莫犯；逮松川高峯之推服，終焉明朝之有聞。嘉靖旌閭，固己並遺文而不泯。萬曆創廟，還復即舊墟而維新。嗟癸卯之未週，奄風雨之交萃，俎芬豆苾，雖幸準祭，禮無隳壁，涎牖絲安，可在儒林。或慦謀工舉事，居然不日而告完，尚德報功，眞若待時而非偶。枌榆動色，碑留凱歌之名；絃誦流音，祠接忠賢之號。聊成演偉，用贊呼邪。

兒郎偉，抛樑東，道山蒼翠入簾櫳。但令默識存心後，物物鳶魚只箇中。兒郎偉，抛樑南，孝岳遙開一水涵。百行源頭聊自省，清朗夜氣性天函。兒郎偉，抛樑西，鹿洞烟霞望不迷。光霽别傳何限意，建溪當日亦濂溪。兒郎偉，抛樑北，歲寒松林森戴色。還有臧壇古杏存，令人手撫成追憶。兒郎偉，抛樑上，仰企龍岑高幾丈。倘得乾坤日夕閒，與時不失偕行象。兒郎偉，抛樑下，無冬無夏朋來者。希顏有志卽顏徒，須信功名同土苴。

伏願上樑之後，士行齊興，鄉風丕變。人孝出悌，爭懷我丈夫之心；餘力學文，舉以君子儒目勉。藏修觀感，所貴師範之非遙；肅穆趨蹌，母曰祀事之亦足。庶乎閔拙堂啟本之隨續，必也尹圃巖狀文之因仍。一區王薛遺祠，千代鄒魯比屋。

時大統餘分三辛丑，我當宁正廟正年四月日。

前行世孫翊衛司翊贊 越松 黃胤錫撰拜書

4. 도암강당 삼수 상량문 (道巖講堂三修上樑文)

가만히 생각하니, 백행(百行)의 근원으로 되기에, 어진 사람들을 높이 받들게 되고, 효도가 벼리로 되지 않은 것이 없기 때문에, 몇 길 높이의 담을 두르며 사우(祠宇)를 짓게 되는데, 이것은 정령(精靈)[352]들이 의거하는 곳으로 될 뿐만 아니라, 고향 사람들이 이곳에서 제사를 올릴 수 있게 된다. 때문에 후세에서는 공의(公議)에 따라서 결정을 내리게 된다.

우리 고장의 김선생은 자식으로 되어서는 효(孝)에 머물었고, 천성은 태어날 때부터 지니고 있었다. 성실한 마음으로 어버이를 섬겼고, 더욱이는 서산으로 지는 해를 더욱 아까워 했고, 바야흐로 이갈이를 하는 나이에, 벌써 북두성에 어버이 장수(長壽)하시기를 빌었다. 어버이의 기색에 따라 즐겁게 해 드리고, 언제나 얼굴에 화색을 띠었는데, 《효경(孝經)》의 문자를 사범(師範)으로 삼았으며, 산에서 나물을 캐고 물에서 낚시를 늘였으며,[353] 개가촌(凱歌村)의 교외에서 발길을 멈추었다. 풍수지탄(風樹之嘆)[354]의 비애를 당하게 되자, 상로지감(霜露之感)[355]

---

352) 육체를 떠난 죽은 사람의 혼백, 만물의 근원을 이룬다는 신령스러운 기운.

353) 나물을 캐고 물에서 낚시를 늘였으며(採於出, 釣於水): 당나라 한유(韓愈)의 《송리원귀반곡서(送李愿歸盤谷序)》에 "산에서 나물을 캐면 맛이 좋아 먹음직하고 물가에서 낚시질하면 신선하여 먹음직하오(美可茹, 採於山; 釣於水鮮可食)":라는 구절이 있다.

354) 풍수지탄(風樹之歎): 직역하면, 바람에 흔들이는 나무의 한탄인데, 부모에게 효도를 다하려고 생각할 때에는 이미 돌아가셔서 그 뜻을 이룰 수 없음을 이르는 말이다.

355) 상로지감(霜露之感): 한 해가 거의 다 되어 찬 서리가 내리게 되면 더욱 더 돌아가신 부모가 생각나서 슬퍼하며 그리워함. 《예기(禮記)》 제의(祭儀)에, '찬 서리가 내리고 나면 군자는 이것을 밟고 반드시 처창(悽愴)한 마음이 있게 된

이 더욱 가슴에서 사무치게 되었다. 몸소 광혈(壙穴)[356]을 파면서 인부 한 명도 고용하지 않았고, 명성을 떨칠 생각이 전혀 없었지만 소문은 멀리 구중천의 병침(丙枕)[357]에로 이르렀다.

성진(腥塵)[358]이 당우(堂宇)를 감히 범하지 못하였으니, 어찌 칠치(漆齒)[359]를 무지하다고 말할 수 있으며, 펑펑 쏟아지는 대설(大雪)이 묘(墓)가 있는 산에는 내리지 않았으니, 푸른 하늘의 보살핌을 보아낼 수 있는 것이 아닌가? 일거수일투족에서 부모에 대한 그리움을 잊지 않았고, 오십 년 동안 경서(經書)를 다 읽으며 예의를 배웠는데, 종신토록 읽은 책은 삼천 권에 불과하지만, 온 세상에서 추장(推奬)[360]한 것으로 되었을 뿐만 아니라 여러 현자(賢者)들의 표창으로도 되었다. 정려(旌閭)한 일은 가정(嘉靖)연간(서기 1523년~서기 1566년)에 있은 일이니, 그 사적은 이미 60갑자(甲子)가 세 번(180년)이나 돌게 된 세월이 흘렀고, 도암사를 세운 일은 만력(萬曆) 연간의 일이고, 예전(禮奠)[361]은 이정(二丁)[362]을 사용하였다. 지명을 제청신(祭廳山)이라고 부르니, 아아, 효도는 실로 다함이 없고, 죽

다.[霜露旣降 君子履之 必有悽愴之心]' 에서 유래.

356) 시체를 묻는 무덤의 구덩이이의 속.

357) 병침 (丙枕): 임금이 침소에 듦. 또는 그런 시각. 하룻밤을 갑, 을, 병, 정, 무의 오야(五夜)로 나누어서 병야(丙夜)를 임금의 취침 시간으로 정한 데서 유래한다.

358) 성진 (腥塵): 비린내가 나는 먼지라는 뜻으로, 어지러운 세상을 이르는 말.

359) 칠치(漆齒): 해적 왜구를 가리킴. 일본 풍속에 결혼하지 않은 여자는 이를 검게 칠한 데서일본을 가리킴.

360) 추장(推奬): 여럿 중(中)에서 특별(特別)히 쳐들어 장려(奬勵)함.

361) 예전(禮奠): 신불(神佛)이나 사자(死者)의 영전에 예를 다하여 공물을 바침. 또는 그 공물.

362) 이정(二丁): 석전대제(釋奠大祭)를 지내는 음력 이월과 팔월의 상정일(上丁日)을 이르는 말.

림원(竹林院)에 거주하고 있으니, 절개와 행실은 의연히 길이 남아 있구나! 하지만 세월이 오랫동안 오고갔으므로, 동우(棟宇)가 장차 무너지게 되었다. 인심에서 효감(孝感)[363]은 사라지지 않으므로, 지나가는 길손들도 한숨을 쉬며 한탄하였고 후세들을 화도(化導)[364]하는 일이 더욱 심각하게 되어, 사림에서는 모두가 수선(修繕)[365]하기를 기대하였다. 이리하여 동역(董役)을 하였더니 역사(役事)는 불일간에 완공을 기다릴 수 있게 되었고, 시기를 보려고 점괘를 보니 원길(元吉)[366]이 나타났다. 옛터를 살피어 많은 기둥의 규격을 그리어 놓았더니, 숲과 샘은 아름다운 색채를 띠고 훌륭한 장인들을 모았더니, 조혁휘비(鳥革翬飛)[367]하여, 목석이 모조리 제자리에 들어서게 되었다. 유풍을 떠서 더욱 아름답게 하는 것이 바로 장보(章甫)[368]들이 눈으로 보고 느끼려는 심정이었다. 아름다운 이름을 보고 그 뜻을 생각하오니, 시골의 풍속이 여기에서 본보기를 보여주고 있구나. 노력하는 영근(郢斤)[369]들이여 내가 부른 파창(巴

363) 효심이 깊은 행동에 하늘과 사람이 감동함.
364) 덕으로 교화하여 이끎.
365) 낡거나 헌 물건을 손보아 고침.
366) 원길(元吉): 역경(易經) 곤괘 육오효사(六五爻辭)에 "누른 치마를 입은 형상이니 크게 길하다." 하였는데, 황은 중앙 토(土)의 빛으로 중도(中道)를 뜻하고 치마는 하체의 옷으로 겸손을 뜻한다.
367) 조혁휘비(鳥革翬飛): 새 조, 날갯짓할 혁, 꿩 휘, 날 비. 새가 날개를 펴는 것 같고 꿩이 나는 것 같다는 뜻으로 훌륭한 집의 구조를 이름.
368) 유생(儒生)을 말함.
369) 영근(郢斤): 영땅 사람의 자귀질이란 뜻으로 재주가 매우 능란한 목수를 가리킨다. 《장자 · 서무귀(莊子 · 徐無鬼)》에 "영땅 사람이 코끝에 파리 날개 같이 엷은 회가루가 묻자 장인(匠人)을 시켜 깎게 하였더니 장인이 자귀를 바람이 나도록 휘둘렀더니 흰 회가루는 떨어졌지만 코끝은 상하지 않았다고 한다."

唱)[370] 한곡 들어보소서.

아랑위(兒郞偉), 동을 보면
도산(道山)은 의구하게 창공에 치솟았네.
영인(令人)[371]이 나타나서 어둠을 헤치니
잔 구름 사라지고 아침 해가 떠오르네.

아랑위(兒郞偉), 남을 보면
효(孝)로 이룬 산악은 녹음이 우거졌네
천 년 전의 기상을 또다시 보게 되니
선생의 유적을 후세에서 이야기하네.

아랑위(兒郞偉), 서를 보면
상유(桑楡)나무 끝부분을 석양이 비추누나
《남해(南陔)》[372]라는 가곡에 화답할 자 없으니
조용히 자애로운 까막까치 나무아래 우는 소리 듣는구나

아랑위(兒郞偉), 북을 보면

---

370) 파창(巴唱): 초나라의 민간에서 유행하던 속된 노래인 파인하리(巴人下里)를 말하는데, 일반적으로 세속적인 음악을 뜻한다. 여기서는.

371) 영인(令人): 품성이 훌륭한 사람을 가리킴.

372) 남해(南陔): 《시경 · 소아(詩經 · 小雅)》의 편명. 제목만 있고 시는 전하지 않는데, 그 가사가 없어진 것이라고도 하고, 원래 생(笙)으로 연주하던 악곡(樂曲)이기 때문에 곡(曲)만 있고 가사는 없는 것이라고도 한다. 모시서(毛詩序)에 따르면 남해는 '효자가 서로 훈계하며 봉양하는[孝子相戒以養也]' 뜻을 나타내는 것이라고 한다.

의의(猗猗)한[373] 들 죽(野竹)은 처마아래 푸르구나
훌륭한 군자들은 영원히 잊지 못해
자손에게 나무 가지 꺾지 말라 신신 당부하네

아랑위(兒郞偉), 북을 보면
망극한 넓은 하늘 한없이 높고높네
성심으로 되는 추모 그 누가 배워낼까
백대를 전해가며 시인이 고산처럼 우러러 보리

아랑위(兒郞偉), 아래를 보면
굽이치는 맑은 냇물 주야불문 흘러가네
어진이의 인언이박(仁言利博)[374] 터득하게 된다면
여름철 들판 삼농(三農)[375] 골고루 혜택 보리,

엎드려 바라옵건대, 들보를 올린 다음 효(孝)의 도리가 맑고 밝게 되고, 유가(儒家)의 풍기를 새롭게 떨치게 될 것이다. 제사그릇을 진열하고, 건물 안으로 들어서면 선비들은 왕설(王薛)의 훈계를 그리게 될 것이고, 세상의 좋은 평판을 우러러보며 등연(登筵)하니, 세세대대로 추로(鄒魯)의 교화에 감복할 것이다. 김하서(金河西)와 유미암(柳眉庵)의 척독(尺牘)[376]과 율시를 양양(洋洋)이 외우고 《가례(家禮)》와《대경(戴經,예기)》에

373) 아름답고 성(盛)한 모양, 많고 성한 모양..
374) 인언이박(仁言利博): 어진 말은 이로움이 넓다는 뜻으로, 인덕(仁德)이 있는 사람의 말은 널리 대중에게까지 이익을 미친다는 의미.
375) 삼농(三農): 산농(山農), 택농(澤農), 평지농(平地農)의 세 가지를 말함.
376) 편지를 이름.

보풀이 일어 수택에 눈물 짓구나. 사륙문을 떳떳이 지어 길이 길이 전해가려네.

숭정 기원 169년 병진(서기 1856년) 정묘 3월 26일
통훈대부 행현감 이집기 찬

道巖講堂三修上樑文

竊以源百行而尚賢，罔非孝思之維，則墻數仞而建宇，寔宜精靈之攸依，而鄉社可祭在斯，故後世公議乃定。惟我金先生，爲子止孝，賦性出天。心誠事親，益愛西山之頹日；年甫踰齔，恒祈北辰之延年。愉其色，婉其容，師範者孝經文字；採於山，釣於水，賁趾乎凱歌村郊。逮夫風樹之悲哀，愈功霜露之感慕。身自營壙，何資一箇丁夫；名不求聞，遠達九重丙枕。腥塵莫犯於堂宇，豈曰漆齒之無知；霰雪不下於墓山，可見蒼天之有眷。出言舉足而不忘其慕也。五十年窮經學禮，而終身所讀者三千卷。奚但一世之推奬，聿為羣賢之表章。旌閭在嘉靖之年，事蹟已周三甲；立祠當萬曆之歲，禮奠是用二丁。地號祭廳山，猗歟誠孝之不匱；身居竹林院，依然節行之長留。只緣星霜之累遷，而致棟宇之將頹。孝感在人心不泯，行路亦爲咨嗟；化導曁後來彌深，士林皆欲修繕。於時乎董役則功期不日，相時則卜藏元吉。覽舊址而圖旅楹之，規林泉賁色；集良工而刱革翬之制，木石咸陳。挹遺風而孔嘉，此實章甫觀感之所；顧善名而思義，庶見鄉風矜式於斯。勗爾郢斤，聽我巴唱。

兒郎偉，抛樑東，道山依舊聳蒼空。令人一上開蒙蔽，捲盡纖雲曉日紅。兒郎偉，抛樑南。孝岳分明蒼翠含。氣像千年如復見，先生遺蹟後人談。兒郎偉，抛樑西，桑榆暮色夕陽低。南陔歌曲無人和，靜聽慈烏林下啼。兒郎偉，抛樑北，猗猗野竹當簷碧。斐然君子終難忩，留語兒孫戒剪擊。兒郎偉，抛樑上，罔極昊天高幾丈。追慕誠心誰學得，詞林百代高山仰。兒郎偉，抛樑下，滚滚清川流日夜。如覺仁人其利博，均霑夏日三農野。伏願上樑之後，孝理清明，儒風振作。陳籩豆而入室，士懷王薛之誠；仰聲光而登筵，世服鄒魯之化。河西眉巖之尺牘短律，口誦洋洋；家禮戴經之破簡陳篇，手澤瀾瀾。庸陳四六，永垂百千。

崇禎紀元一百六十九年丙辰正廟三月二十六日

通訓大夫 行縣監 李集基撰

5. 무장 향중 다사들의 통문 (茂長鄕中多士通文)

무신 영묘 정월 16일

아래 사항을 통지하여 알린다.

옥돌은 갈지 않으면 그 광택을 내지 못하고, 재목은 깎지 않으면 그릇으로 되지 못한다. 아름다운 행실이 있음에도 정표(旌表)[377]되지 않으면, 세상에서 매몰되고 말 것이며, 사람들의 기억에서 사라지고 말 것이니, 어찌 개탄하지 않을 수가 있단 말인가! 가만히 생각하여보니, 우리 고장의 안동 김씨(安東 金氏) 고(考) 영모당선생(永慕堂先生)의 증손 은송당(隱松堂)선생은 휘가 경철(景哲)이다. 태어나면서부터 순수한 효심을 지니었고, 증조할아버지의 가르침을 증손이 이어받아, 성심을 다하여 어버이를 섬기었고, 벗들을 돈독하게 사귀었다. 이 갈이를 하는 어린 나이 때부터 남달리 탁월하게 뛰어났었다. 그대로 지키는 타고난 천성과 수신제가의 행실을 하나하나, 조목조목 이야기하기는 어렵지만, 어버이의 병이 위독하자 손가락을 베어 어버이의 중병을 낫게하여 다시 건강을 회복시켰으니, 어버이를 성심으로 모신 것이 아닌가? 학문(學問)과 덕행(德行)을 전문 수련하였지만, 과거시험에 뜻을 두지 않고, 가훈을 계승하여 자기의 행실을 처리하였을 뿐이다. 정유지란(丁酉之亂)에 적에 대한 의기를 떨쳐 군사를 모집하고, 군량을 마련하면서 괴롭고 울적하게 보냈으니, 이는 나라를 그리는 마음이다. 후학들을 장려하여 추천하니 양호(兩湖) 즉 호남(湖南)과

377) 어진 행실을 세상에 드러내어 널리 알림.

호서(湖西)에서 어진 선비들이 옷자락을 떨치고 운집하여 와, 그로 하여 성취를 거두게 되었으니, 이는 학문의 힘인 것이다. 나라에서 여러 번 급복(給復)[378]하였으나 시종 사양하였으니, 이는 겸양의 행실인 것이다. 그의 실제적인 행위와 아름다운 자취는 읍적(邑籍)에 자세하게 적혀있다. 선생의 풍도와 선생의 행실을 생등(生等)은 항상 보고 들어서, 익숙하고 습관이 된 지가 오래전부터이다. 이렇다고 할진데, 제사(祭祀)의식을 적연하게 하는 것은, 실로 옥돌을 갈지 않고 재목을 깎지 않는 것이라고 말할 수가 있다. 효성에 정표하여 표창하는 것은 바로 고대 군자들이 전해내려 온 풍기이고, 우리나라에서 어진 사람을 숭상하는 상전(常典)이다. 그렇다고 한다면, 선생이 선조의 사당에 올라 배향 받는 것은, 손자가 선조를 잇는 것으로 되기 때문에, 의리에서나 도리에서나 모두 규격에 부합되는 것이다. 더불어 제사를 올리는 의론을 아직도 여기에서 말없이 적연하게 한다면, 이것은 우리 향의 장보들이 수치를 면하지 못하게 될 것이다. 때문에 삼가 아뢰는 바이니, 바라옵건대 첨존(僉尊)[379]들께서 향교(鄕校)에서 발문하여, 의처(議處)한 상황을 두루 알려준다면, 천만 다행으로 생각할 것이다.

378) 급복(給復): 복호(復戶)를 주는 것을 말함. 곧 조선 시대 나라에 공이 있는 사람이나 각 능의 수호군(守護軍)·열녀(烈女)·효자(孝子) 등에게 부역이나 조세·대동미(大同米) 따위의 부담을 면제하는 특권을 주던 것.

379) '여러분'의 존칭.

茂長鄉中多士通文

戊申英廟正月十六日

右通喻事：有玉不琢則不能成其光，有材不斲則不能成其器也。有行不旌則沒於世，泯於人者，豈不慨然乎！竊惟吾鄉安東金氏，故永慕堂先生曾孫隱松堂先生，諱景哲，生而純孝，祖教孫承事親之誠，友于之篤。自在齠齔，卓異出凡。秉彝之性，修齊之行，難以條擧，而親病割指，進得回春，奉親之誠也。專修學行，無意擧業，繼承家訓處，已之行也。丁酉之亂，奮義敵愾，募士聚糧，多致勞積，慕國之心也。奬進後學，兩湖賢士，摳衣雲集，賴多成就，學問之力也。朝家累度給復，而終始為辭，謙讓之行也。其實行美蹟，昭載邑籍。而先生之風，先生之行，生等耳濡而目染者，久矣。則祭社之儀寂然，此可謂有玉不琢，有材不斲者也。旌孝褒美，乃是古君子流來之風，我國家尚賢之常典，則躋配於先生之先祠，以孫承祖，於義於理，允合其規。并享之議，尚此泯嘿，則未免吾鄉章甫之羞。故以敬告，惟願僉尊，自校中發文，遍告以為議處之地，千萬幸甚。

6. 광주 통장(光州通章)

무신 2월 15일

아래 사항을 통지하여 알린다.

가만히 생각하여 보니, 귀 현 영모당(永慕堂) 김선생의 순수하고 독실한 효성과 가행 의덕을 여러 현자들이 대단히 찬양하기에 이르렀고, 또 귀향에서부터 제사(祭祀)하고 받들어 모시고 있으니, 사림에서 현자들을 사모하는 도가 참으로 대단한 성황을 이룬 것이다. 선생의 증손 은송당(隱松堂)선생은 휘가 경철(景哲)인데, 순수한 효성을 품부하였고, 일찍부터 가훈(家訓)을 받았기에, 이갈이를 하는 어린 시절부터 색양(色養)[380]하고 성심성의로 예의(禮儀)를 차리는 것은 이미 마치도 성숙된 군자들을 방불케 하였다. 어머니가 병이 위독하자 울면서 손가락을 베여 피를 보아 목숨을 연장하였고, 조정에서 내리는 급복(給復)[381]을 선생은 감히 받지 못한다는 뜻으로 유사에 바치고 받지 않았다. 그 후에도 여러 번 하사하였지만, 그때마다 사양하였다. 청사 고선생(晴沙 高先生)은 곧 선생의 심우(心友)였는데, 그를 위해 몸소 찾아가 권고하고 알아듣도록 잘 타일러주었지만, 역시 벼슬에 나서지 않았다. 인묘 경오에 전조(銓曹)[382]에서 포계(褒啓)하여 남원부 교수를 제수하였다. 사방의

---

380) 색양(色養): 부모의 얼굴빛에서 그 불편 여부를 알아차려 마음에 들도록 효양(孝養)함. 또는 항상 얼굴빛을 부드럽게 하여 부모의 마음을 즐겁게 한다는 의미이기도 함.

381) 세금과 부역 면제.

382) 전조(銓曹): 조선시대 이조와 병조를 합하여 부른 호칭. 양전(兩銓)이라고도 하였다. 동반(東班:문관)의 전형(銓衡)을 맡아본 이조를 동전(東銓)이라고도 하

다사(多士)들은 선생의 성실한 효성(孝誠)을 우러러보고, 선생의 도학(道學)[383]에 감복하여 부급(負笈)[384]하고 질의문난(問難質疑)하는 사람들이 날마다 구름처럼 몰려들었다. 정병재선(丁丙再燹) 때에, 진사(進士) 신유일(辛惟一)등과 더불어 영광성(靈光城)을 수비하자고 약속하고서, 성곽을 완전하게 지켜내는데 힘을 기울이었다. 갑자(甲子)에 이괄이 난을 일으키자, 선생은 분개하여, 온 집안을 인솔하여 의병을 대대적으로 모집하였고, 군량을 장만하여 행재소에 운송하다가 중도에서 적(賊)이 평정됨을 듣고 돌아섰다. 사적은《영광수성록(靈光守城錄)》과《호남모의록(湖南募義錄)》에 실려 있다.

오호라! 선생의 지극한 효성은 천부적이었고, 선조를 계승한 것이므로, 마땅히 선조와 더불어 하나의 당(堂)에서 치향(致享)하여야 할 것이다. 게다가 그들의 순수한 도덕과 고명한 학문은 연원이 있는 것으로, 세월이 흐르면 흐를수록 더욱 심각해지고 있다. 그렇다면 귀현에서 조손을 하나의 당에 모시는 일은 너무나 늦은 시기의 처사로 된 것이 아닌가? 기왕 영모선생의 조두(俎豆)를 둔 곳에 반드시 은송선생(隱松先生)을 배향의 자리에 올리는 예의는 신의 원리(神理)를 추념하는데, 매우 안녕한 일이며, 사림에 있어서는 매우 큰 영광스러운 일이다. 다행으로 밝고 성스러운 체세를 만나, 효자와 열녀가 사라질 수

고, 서반(西班:무관)의 전형을 맡아보던 병조를 서전(西銓)이라고도 했는데, 관리의 인사 문제와 관련하여 양조(兩曹)를 전조라 하였다.

383) 성리학 또는 주자학, 도덕에 관한 학문.

384) 부급(負笈)하다: 타향으로 공부하러 가다. 책 상자를 진다는 뜻에서 나온 말이다.

없기 때문에, 선생이 선조 사우 배향의 당에 오르는 것은 예의에 부합되는 일이다. 이에 숭현 상효(崇賢尚孝)하는 고장의 첨군자(僉君子)들에게 알리는 바이다. 엎드려 바라옵건대, 선생을 도암사(道巖祠)에 배향하는 자리에 올리고, 조손(祖孫)을 일우(一宇)에서 함께 철향(腏享)[385]하도록 하는 것은, 사림의 다행스러운 일이다. 이상과 같이 무장 향교, 도암서원에 경통(敬通)[386]하는 바이다.

光州通章

戊申二月十五曰

右文為通喻事云云

竊惟貴縣永慕堂金先生，純孝篤實，嘉行懿德，至有諸賢褒美之舉，亦自貴鄉祭社尊奉，則士林慕賢之道猗歟。盛矣。先生之曾孫隱松堂先生，諱景哲，稟賦純孝，早服家訓，自齠齡其色養誠禮，已若夙成君子。母疾劇號泣，血指以延。屬纊之命，朝家給復，先生以不敢之意呈司不受。其後屢賜，又辭之。晴沙高先生卽先生心友也，為之躬勸開諭，亦不出。仁廟庚午銓司褒啓，除南原府教授四方多士，館仰先生之誠孝，欽服先生之道學，負笈摳衣，問難質疑者，日趁如雲。丁丙再燹，與進士辛惟一等，約守靈光，有全城之

385) 철향(腏享): 충의(忠義)나 도덕(道德)이 국가(國家)에 모범(模範)이 되는 사람에 대하여 그 공훈(功勳) 충의(忠義) 학덕(學德)을 기리는 것으로 이를 묘(廟) 전(殿) 서원(書院) 사(祠)에 모시고 관리(官吏)나 사림(士林)들이 춘추(春秋)에 은전(恩典)으로 제사를 올리는 것을 가리킨다.

386) 경통(敬通): 통지문의 높임말.

力。甲子适亂，先生率家憤愾，大募義旅，備糗糧納于行在，中路聞賊平而還。事載《靈光守城錄》及《湖南募義錄》。嗚呼! 先生之至孝稟於天，承其祖，則宜乎與祖一堂同腏。況夫道德之純粹，學問之高明。寔有淵源，愈遠愈深，則貴縣之致享於祖孫同堂之擧，何其晩耶。既有永慕先生俎豆之所，必以隱松先生躋配之禮者，追念神理，深所妥寧，抑於士林尤爲增光，幸際聖明在上，孝烈無泯，則先生之躋享於其祖(?)之祠者，允合其禮。玆以通喩於僉君子崇賢尙孝之鄕。伏願以先生躋配於道巖之祠，俾得祖孫一宇並腏，則士林幸甚。右敬通于茂長鄕校道巖書院。

7. 나주 통장 (羅州通章)

무신 12월 2일

아래 사항을 통지하여 알린다.

효행을 정표하고 하늘에 제사를 올리는 것은 예로부터 전해 내려오는 법이다. 고장에 지행으로 되는 효자효녀가 있다면, 고장사람들이 흠앙하는 것은 마땅한 일이고, 사린(四隣)을 교화하였다고 하면, 사린에서 경모하고 존앙할 것이며, 향사(鄕社)에 올랐다고 하면, 사원 향사(享祀)에 배향하게 되는데, 이 역시 예의이다. 하물며 애비가 효도하고, 자식이 효도하면서 마치도 처마 끝에서 떨어지는 낙숫물(簷頭水)처럼, 한 방울이 떨어지고 또 한 방울 떨어지는 것이 한 치의 어긋남도 없게 되고, 할아버지가 전하고, 손자들이 이어가며, 마치도 뜰 가에 자라는 지초처럼 이어가게 된다면, 어찌 더욱 간절하게 앙모하지 않을 수가 있고 경회(景懷)하는 마음이 더욱더 돈독하지 않을 수가 있을까? 가만히 생각하여 보니, 귀현 개가리(凱歌里)의 적관이 안동이신 김 영모당선생(金 永慕堂先生)같은 분은 효성이 지극히 돈독하여, 한겨울에 눈물을 흘렸더니, 신기하게도 죽순이 돋아나, 끝내 병든 어머니에게 대접할 수 있은 효자 맹종(孟宗)[387]이나, 엄동설한에 웃옷을 벗고 얼음 위에 엎드렸더니 신기하게도 잉어가 불쑥 솟아올라, 마침내 병든 어머니에게 대접할 수 있는 왕상(王祥)[388]과 마찬가지로. 기이한 일이 있었으므로 올라 제현(諸賢)들이 찬미하는 거동을 갖추고, 귀 고장에서 사당을 세우고 향화(香火)를 이어나갔는데, 이것은 도내의 사림에서 함께 공론을 편 것이다.

선생의 증손 은송당선생(隱松堂先生)은 휘가 경철(景哲)이며, 태어나면서부터 순수한 효성을 지니었고, 게다가 돈독한 효도라는 가훈을 받았으므로, 나이 대여섯이 되는 어린 나이에도 맛있는 음식을 얻게 되면, 꼭 품에 넣었다가 부모에게 올렸

387) 맹종(孟宗): 중국 고대 24효자의 한 사람인 삼국 시기 오나라의 맹종은 병든 어머니가 죽순을 자시고 싶다고 하였을 때 백설이 덮인 대숲으로 달려가 대나무를 안고 통곡을 하였더니 꽁꽁 얼어붙었던 땅바닥이 갈라지며 신선한 죽순이 돋아 올랐으므로 그것으로 국을 끓여 대접하였더니 어머니의 병이 가신듯이 나았다고 한다.

388) 왕상(王祥): 중국 고대 24효자의 한 사람인 진(晉)나라의 왕상이 계모의 병을 치료하기 위해 한 겨울에 윗도리를 벗어던지고 얼음 위에 엎드렸더니 얼음이 녹으며 잉어 두 마리가 스스로 솟아올랐으므로 그것을 대접하여 결국 계모의 병이 쾌차하였다고 한다.

으며, 글을 읽게 되자 먼저 효제(孝悌)의 정분부터 배웠다. 그의 어머니가 오래동안 병석에 계시자, 손가락을 베어 피를 보였고, 조가(朝家)[389]에서 급복(給復)[390]을 내렸으나, 두 번이나 걸사(乞辭)하였다. 청사(晴沙) 고(高)선생이 그를 위해 몸소 개유(開喩)[391]하였으나, 역시 벼슬에 나서지 않았다. 방백(方伯)의 추천으로 하여 소문이 조정에 이르게 되어, 특별히 남원부교수(南原府敎授)를 제수하였다. 여러 읍의 생도들은 선생의 풍도를 듣고 선생의 덕성을 우러러보며, 어느 누구나 몸가짐을 공손히 하고 운집하지 않은 사람이 없었다. 임진, 병자양난(兩亂)에 선생은 적개심을 품고 의기를 떨치며 군사를 모으고 군량을 마련하여 왕사(王師)를 위해 근무하였는데, 그 사적은《모의록(募義錄)》에 실려 있다. 아, 성대하구나! 오호라, 선생의 효성은 선조를 이어받은 것이니, 가히 선조와 함께 철향할 수 있구나. 게다가 선생의 도덕과 학문은 여기에 연원을 두고 있으니, 사림에서의 존경과 흠모는 세월이 흐르면 흐를수록 더욱 깊어만 지고 있다. 그런데 귀현에서의 치향(致享)은 어찌하여 들리지 않고 있는가? 선생의 선사(先祠) 영모당에 이미 조두가 마련되어 있으니, 증손이 증조부를 배향하는 것은 더구나 빛이 나는 일이다. 오늘날 성스럽고 밝은 조정에서 효자와 열부들을 기리고 있으므로, 선생의 철향에 증조부의 사당 조두(俎豆)를 더불어 사용하게 된다면, 새롭게 설치한다는 혐의도 없게 되지 않은가? 이에 첨군자(僉君子)들에게 알리니, 현자를 사모

389) 조정(朝廷)을 일컬음.
390) 세금과 부역을 면제함.
391) 몸소 알아듣도록 타이름.

하는 고장에서 선생을 도암유사(道巖遺祠)에 배향하는 지위에 올려, 그들 조손(祖孫) 효열(孝烈)[392]로 하여금 일우(一宇)에서 더불어 흠향하도록 하여, 가까이에서는 한 고장에서 모두 받들고, 멀리에서는 이웃 고장들에서 모두 흠모하게 한다면, 참으로 행운이라고 할 것이다. 이상과 같이 무장 향교에 경통(敬通)하는 바이다.

羅州通章

戊申十二月二日

右文為通喻事:

旌孝祭社，古也，鄉有至行之孝，則鄉人之欽仰，固也，而風於四鄰，則四隣之敬慕尊仰，而躋之鄉社，配之院享，亦禮也，况父孝子孝，滴滴如簷頭之水，祖傳孫承，繼繼如庭畔之芝，則尤豈不仰慕彌切，景懷彌篤者耶。竊惟貴縣凱歌里金氏，即安東之貫，而至若永慕堂先生，誠孝篤至，至有泣筍扣冰之異，致有諸賢褒美之舉，自貴鄉建祠俎豆香火焉。則是固道內士林齊發共奮之論。而先生之曾孫隱松堂先生，諱景哲，生稟純孝之性，庭有篤孝之訓，自其五六歲，見果必懷，及至讀書，先問孝悌之誼。其母病谻，割指出血。朝家給復，兩度乞辭，晴沙高先生為之躬勸開喻，亦不出，因方伯之薦聞于朝，特除南原府教授，列邑生徒，聞先生之風，仰先生之德者，莫不摳衣而雲集。丁甲兩亂，先生奮義敵愾，募士聚糧，赴勤王師，事載募義錄。猗歟盛矣。

392) 효행과 열행.

鳴呼，先生之孝，克承其祖，可以與祖同腏伊，况先生之道德學問，寔有淵源，士林之尊慕，彌遠采深。則貴縣之致享，何其無聞也，先生之先祠永慕堂，旣有俎豆之所，則以孫配祖，尤為增光。今際聖明，孝烈蒙褒，則先生之并腏俎豆於祖祠，宜無新設之嫌，玆以通喩於僉君子，慕賢之鄕，亟以先生陞配於道巖遺祠，俾得祖孫孝烈，並享一宇，近為一鄕之奉，遠為隣鄕之慕，幸甚。右敬通于茂長鄕校。

8. 고창 통장 (高敞通章)

기유 정월 4일

아래 사항을 통지하여 알린다.

사람의 자식으로 되어 누구나 다 어버이들에게 효성을 다하려고 하지만, 이 세상에서 극신히 효도를 한 자들은 매우 드물다. 고대 사람들은 효행을 백행의 근원으로 삼았지만, 후세 사람들은 효행을 하늘에 제사하는 것으로 숭상하고 있다.

귀현(縣)의 선군자인 개가리의 영모당(永慕堂) 김선생(金先生)은 효행이 뛰어나, 남달리 조두(俎豆)로 받들리고 있는데, 그것은 옛사람들이 한겨울에 눈물로 죽순이 돋아나게 하거나, 웃을 벗고 얼음 위에 엎드려 잉어가 뛰어 오르게 것과 같은 기이한 일들을 한두 가지만 해냈기 때문이 아니다. 그렇다면 선생은 후세에 대하여 또 특별하게 이루어놓은 것이 있다. 나머지 혼정신성(昏定晨省)[393]이나 수수(滫瀡)[394]의 공양 등을 오늘에 언사를 허비하며 노래할 필요가 있겠는가?

선생에게는 그를 꼭 닮은 증손이 있는데, 그가 바로 은송당(隱松堂)선생이다. 선생은 증조부에 그 증손으로, 증조부의 기풍을 이어 받아 어려서부터 맛있는 음식을 얻게 되면 품에 넣어 어버이께 올렸고, 성장하여서는 손가락을 베어 병이 위중한 어버이의 완쾌를 빌었다. 조가(朝家;조정)에서 급복(給復)하고 정려(旌閭)로 표창하였으나, 자기의 힘으로 생계(生計)를 이루었고, 염거(剡去)하고 벼슬에 나섰으니, 영모당 증조부께서는 정녕 기꺼워하며 "나에게는 후손이 있다."라고 말씀할 것이고, 은송당 증손께서도 영광으로 여기실 것이다. 또 갑자지란(甲子之에亂) 이르러, 가솔(家率)을 이끌고 창의(倡義)하여 군사를 모집하고 재물을 모았는데, 그 사적은 읍지(邑誌)에 실려 있다. 훌륭한 업적이 뚜렷하니, 이것은 그래 백행(百行)이 효(孝)에서 드러나서 가문을 위하고 나라를 위한 것이 아니겠는가! 그가 바야흐로 남원부(南原府)의 교수(教授)로 있을 때, 그의 명성을 들은 선비들은 어느 누구나 다 옷자락을 단정히 하고, 가르침을 받으려고 찾아왔으니, 이것은 그의 도덕과 학문에 연원이 있어, 남겨놓은 향기가 아직도 사라지지 않은 것이다. 하나의 고장에서 충효의 가문으로 칭찬을 받고 하나의 도를 교화하여 충효를 다한 인물로 아름답게 꾸미고 있으니, 귀읍의 첨군자들이 비록 사당을 지어 철향한다고 하여도 현자를 숭상하고 추모

393) 저녁에는 잠자리를 살피고, 아침에는 일찍이 문안을 드림. 부모에게 효도하는 도리를 이르는 말.

394) 수수(滫瀡): 뜨물, 부모에게 맛있는 음식을 드리어 봉양하는 일.

하는 고상한 풍도가 훌륭하다고 할 만 한데, 하물며 또 도암(道巖)이란 사우(院宇)가 기왕 영모선생(永慕先生)을 제사지내고 있으니, 영모의 초손(肖孫)인 은송선생(隱松先生)을 그 증조부와 함께 철향하는 것이, 어찌 도리에 부합되지 않을 수가 있겠는가? 현조에 현손을 일우(一宇)에서 함께 철향하게 되면, 인정이나 신의 도리(神理)에서나 그 단서가 그리 멀리 있는 것이 아니다. 그리고 지금은 성스럽고 밝은 임금이 위에 계시어, 한창 충효를 표창하고 있으니, 이 효손으로 현조를 배향하는 것이, 어떻게 새롭게 사우를 세우는 혐의가 있을 수가 있단 말인가?

엎드려 바라건대, 첨군자들은 선생의 사적을 상세하게 알고 있으니, 그의 훌륭한 업적을 표창하는 것은 더욱이 다른 고장에 비하겠습니까? 빨리 이윤(彝倫)[395]를 명백히 하고, 극진한 선물인 전의(腆儀)를 특별히 베풀어, 은송당선생을 영모당선생의 사우에 배향하도록 올리어, 그곳을 조손들의 신주(神主)를 시당에 봉인(奉安)하고 제사를 받드는 곳이 되게 하고, 사림에서는 긍식(矜式)[396]하는 장소로 삼아야 할 것이다. 천만 다행스러운 일이다. 삼가 무장향교에 전한다.

---

395) 사람이 지켜야할 떳떳한 도리.
396) 존경하여 모범으로 삼음.

高敞通章

己酉正月四日

右文為通諭事

夫為人子而無不欲孝其親，而世之克孝者寡矣。古之人以孝為百行之源，而後之人以孝為祭社之尚。則貴縣之先君子以凱歌里永慕堂金先生崇孝特為俎豆之奉者，以其是歟泣筍扣冰之異，求古人有一二焉。則先生之於後世並有其特致也。餘夫定省之節，瀡瀡之供，今何足費辭以頌？而先生曰有克肖之孫，即隱松堂先生是也。先生以乃祖之孫，襲乃祖之風，幼而懷果，長而斫指，自朝家給復而旌之，自營門薦，剡而官之，則永慕乃祖，必肯曰："有後"。而隱松伊孫，亦于以有光矣。且於甲子之亂，家食敵慨，募師鳩財，事載邑誌，美蹟班班。則此豈非百行之出而家而國而者耶！方其教授于南原府也，聞人名，士莫不摳衣而來問，則其道德學問，寔有淵源之遺馥餘韻，尚有未泯者矣。在一鄉而以忠孝家稱之，風一道而以忠孝人美之，則貴邑僉君子雖或建祠而享之，固可尚慕賢之高風，而況又道巖院宇既享永慕先生，則隱松先生以永慕之肖孫，豈不合乃祖之並腏乎！賢祖賢孫，同堂同享，則人情神理，其胥無遠。而今且際聖明在上，忠孝是褒，則顧此孝孫之配賢祖，何有新設時之嫌耶？伏願僉君子於先生得其詳矣，而褒其美者，尤非與殊鄉比也。亟明腔彛特舉腆儀，以隱松堂先生陞配于永慕堂先生祠宇，俾爲祖孫妥靈之所，而士林矜式之地，千萬幸甚。右敬通于茂長鄉校。

9. 고부 통장 (古阜通章)

기유 8월 4일

아래는 풍성(風聲)[397]을 떨치고, 공론(公論)을 저울질하는 사항이다.

세상사는 선후가 따로 없어 전현(前賢)들이 숭봉하는 법전을 만들어 놓았고, 고장은 멀고 가까움이 따로 없어 후학들이 경앙(景仰)[398]하는 정성을 지니고 있다. 가만히 생각하여 보니, 귀현(縣)의 도암 사우(道巖 祠宇)는 바로 영모당(永慕堂) 김선생의 조두(俎豆)를 마련해둔 곳이다. 오호라! 선생이 천성적으로 효성을 지니고, 학문에 연원이 있었으므로 하여, 마침내 은송당(隱松堂)선생이 선조의 아름다운 자취를 계승하여 유열(遺烈)[399]을 세상에 남기게 되었다. 손가락을 베어 어버이의 중병을 치유(治癒)한 일과, 의기(義氣)를 떨쳐 적들과 맞서서 싸운 전후의 사적들은 귀현(貴縣)의 읍지(邑誌)에 명백하게 기록되어 있으니, 어찌 생등(生等)의 소원(疎遠)한 청문(聽聞)을 기다리겠는가? 다음 도암 유사(遺祠)에 조손(祖孫)을 추가하여 배향하는 것은 사문(斯文)[400]의 영광이다. 가만히 들어보니, 귀현에서 공론을 함께 내였고 여러 읍에서 호응하는 글월이 많았다고 하는데, 지금까지도 꾸물거리며 지체하고 있는 것은 대관절 무슨 때를 기다리며 그렇게 처사하고 있는 것은 아닌지? 생

397) 교화(敎化). 풍격과 명성.
398) 덕망이나 인품을 사모해 우러러 봄.
399) 후세에 남긴 훌륭한 업적.
400) 유교에서 유교문화를 이르는 말. '유학자(儒學者)'의 경칭.

등(生等)은 백리 밖의 풍류(風流)와 운치(韻致)로 감히 이렇게 우러러 알리는 바이다. 엎드려 바라건대, 첨군자들이 널리 공론을 들어보고 근간의 사례에 따라, 한 가문의 효열(孝烈)을 더불어 유사(遺祠)에 철향하여, 한 면으로는 귀현(縣)의 긍식(矜式)[401]으로 삼고 한 면으로는 이웃 고을의 첨령(瞻聆)[402]을 높이도록 하여주면 천만 다행으로 여길 것이다.

이상과 같이 무장 향교에 경통(敬通)하는 바이다.

古阜通章

己酉八月四日

右文爲激揚風聲秤衡公議事。世無先後，有前賢崇奉之典；地無遐邇，有後學景仰之誠竊惟。貴縣道巖祠宇，即永慕堂金先生俎豆之所也。嗚呼！以先生出天之孝，有源之學，至有隱松堂先生，繼世趾美，繩其遺烈。而血指於親癠，奮義於臨亂。前後事實，昭載於貴縣之誌，則何待生等之疎遠聽聞乎？第道巖遺祠，祖孫追配，有光斯文。而竊聞貴縣有齊發之論，列邑多桴應之章。而尚今遲稽，時有所待而然耶。生等以百里風韻，敢此仰告。伏願僉君子博詢公議，克遵近例，一門孝烈，并享遺祠。一以爲貴縣之矜式，一以聳鄰之瞻聆。幸甚。右敬通于茂長鄉校。

401) 존경하여 모범으로 삼음.
402) 우러러보고 깨달음. 우러러 보고 따르다.

10. 무장의 유생들이 본관[403]에 올리는 단자
(茂長儒生呈本官單子)

기유 5월일

무장향의 유생 이경무(李慶茂) 등이 삼가 재배하며 성주 합하(閤下)[404]께 글월을 올리는 바입니다.

가만히 엎드려 살펴보니, 영지에는 뿌리가 있고 예천에는 연원이 있듯이, 효자의 가문에 효손이 나타난 것은 또 하나의 영지(靈芝)[405]로 되고, 또 하나의 예천(醴泉)[406]으로 됩니다. 이와 같은 충과 효가 있는데도 아직 표창을 하지 않았다고 하면 그 고장 사람들의 수치로 되지 않겠습니까? 본현의 도암사(道巖祠)는 바로 영모당(永慕堂) 김선생의 조두(俎豆)를 받들고 있는 곳입니다. 하늘이 지극한 효자를 내렸으니, 사람들이 사우(祠宇)를 세웠다면, 그것은 바로 옛날에, 이른바 향선생(鄕先生)[407]을 사(社)에서 제사를 올리는 것으로 오래전부터 내려온 것입니다. 그 후에 영모당의 증손으로 호가 은송당(隱松堂)이고, 휘가 경철(景哲)인 분은, 태어나서부터 지극히 효도하여 능히 선조의 행실을 계승하고 있다고 서술할 수 있었습니다. 이 갈이를 하던 때로부터, 범상한 사람들보다 탁월하게 뛰어났습니다. 글을 읽기 시작한 초기에, 먼저 효제(孝悌)에 관한 뜻을 물었고, 어버이가 병석에 눕자 근심하는 빛을 얼굴에 띠더

403) 여기서는 무장현감(茂長縣監)을 일컬음.
404) 신분이 높은 사람에 대한 존칭.
405) 모균(帽菌)류의 버섯. 산속의 활엽수의 뿌리에 나는 남.
406) 닷맛이 나는 물이 솟는 샘.
407) 그 지방의 명망이 높은 선비.

니 또 손가락을 베여 피를 보는 아픔을 느끼었으므로, 향당(鄕黨)[408]에서는 찬송 소리가 솟아올랐고, 사림(士林)[409]에서는 명성이 자자하게 퍼져나갔습니다. 방백(方伯)[410]께서는 그 행실을 갸륵하게 여기시고 조정에 천거하셨고, 조정에서는 여러 번 급복(給復)을 내렸었지만 번마다 사양하시었습니다. 그때 청사(晴沙) 고(高)선생이 계셨는데, 그들은 평소에 심우(心友)로 지내셨기에, 그를 위해 몸소 찾아가 설득을 하였지만, 그래도 벼슬길에 나서지 않았습니다. 인조(仁祖)께서 그 행실을 갸륵하게 여기시고, 각별하게 남원부교수(南原府敎授)를 제수(除授)[411]하셨습니다. 여러 고을의 현사들이 옷자락을 여미고 운집하여, 의혹을 풀고 가르침을 받아 효도의 길에 들어서고, 형제사이에서는 공경의 도리로 처신하였으니, 마음을 다하여 행동에 옮기면서, 마음에서 그 도리를 깨우치게 되었기에, 당시에 사문(斯文)의 종장(宗匠)으로 받들리었습니다. 정유왜난(丁酉倭亂)과 갑자지변(甲子之變)을 당하였을 때, 선생은 의기(義氣)에 북받쳐 적개심을 품고, 군사들을 모집하고 군량을 모았는데, 그가 창의(倡義)하고 순국(殉國)하는 정성을 여기에서도 볼 수 있습니다. 이런 바 충신(忠臣)은 효자의 가문에서 구할 수 있다는 말을 더욱이 믿을 수 있게 되었습니다. 그의 사적은 《읍지(邑誌)》와《수성록(守城錄)》에 기록되어 있습니다. 아! 선

408) 자기가 태어났거나 사는 시골, 그 마을 사람들, 예날에는 500호가 당(黨)이 되고, 12,500호가 향(鄕)이 되었음.

409) 유림(儒林) 즉 유학(儒學)을 공부하는 사람.

410) 관찰사(觀察使)

411) 천거에 의하지 않고, 임금이 직접 벼슬을 내림.

생의 훌륭한 업적들을 하나하나 낱낱이 열거하기는 어렵지만, 선생께서 지니신 충성과 효성의 도덕은 수백 년을 내려오면서 빛나고 있습니다. 그렇지만 선사(先祠)에 배향하려는 뜻이 아직도 민묵(泯嘿)[412]하고 있으니, 어찌 이 고장 사람들의 수치가 아니겠습니까! 또 팔로(八路)[413]에서 통장을 올리고, 관학(官學)에서 공론을 채택하면서, 목소리를 한가지로 성주 합하께 하소연하오니, 엎드려 바라옵건대, 선생의 충과 효를 각별히 살피시고, 이미 받들고 있는 영모선생의 조두에 증손을 증조부에게 배향하게 하여 주신다면, 더욱 빛이 더할 것 이옵기. 금년 봄에 함께 배향하도록 하여 주시어, 이 고장 사람들의 존현상덕(尊賢尚德)의 뜻을 이루도록 하여 주신다면, 천만 다행한 일로 될 것입니다. 무임병영 기간지지(無任屛營 , 祈懇之至)[414]합니다.

제사

중효도덕이 수백 년을 내려오면서 빛을 뿌리고 있지만노, 여적 조두로 지내는 제사의식을 향수하지 못하셨다고 하니, 실로 다사들의 수치로 되는 일이지만, 이러한 일들은 우리 관소에서 관사할 일이 아니므로, 응당 아뢰어 상사에서 관사하도록 하여야 한다.

412) 민묵(泯嘿): 말이 없이 적연하다.
413) 팔도(八道), 조선조 에서는 우리나라가 8도였으니, 전국을 뜻함.
414) 무임병영 기간지지(無任屛營, 祈懇之至): "매우 황공히 명을 기다리며 아주 간절히 바래서 비는 마음을 참을 수 없다."는 뜻으로, 청원하는 글 끝머리에 쓰는 말.

茂長儒生呈本官單子

己酉五月日

茂長鄉中儒生李慶茂等謹再拜上書于城主閣下：

竊伏見靈芝有根，醴泉有源。孝子之家有孝孫，亦一靈芝，一醴泉也。有如是之忠與孝，而尚未得褒揚豈，非鄉人之羞哉？本縣道巖，卽永慕堂金先生俎豆之所也。天挺至孝，人建祠宇，則古所謂鄉先生祭於社者。尚矣，其後永慕堂曾孫、號隱松堂、諱景哲，生而至孝，能繼述先祖之行。自在齠齔，卓異出凡。讀書之初，先問孝悌之義。色憂之日，再經血指之痛，鄉黨騰頌，士林馳譽。方伯嘉其行，薦聞于朝，屢蒙給復而屢辭。其時晴沙高先生，即平日心友也，為之躬勸，警喻先生，亦不出。仁廟嘉其行，特除南原府教授，列邑賢士摳衣雲集，稽疑問難，牖以入孝出悌之道，警以躬行，心得之理，當時稱為斯文宗匠矣。及夫丁酉亂、甲子變，先生奮義敵愾，募士聚糧，其倡義殉國之誠，於斯可見。所謂求忠臣於孝子之門者，尤信矣。事載邑誌，及守城錄。噫！先生之實行美蹟，難以條舉，而先生之忠孝道德，炳然乎數百載之間。而先祠躋配之義，尚此泯嘿，則豈非鄉人之羞哉！且八路通章，館學公議，陸續勸勉，故齊聲仰籲於城主閤下。伏願閤下，特察其先生之忠孝，而既有永慕先生之俎豆，則以孫配祖，尤為增光。今春將並腏，而以遂鄉人尊賢尚德之意，千萬幸甚。無任屏營，祈懇之至。

題辭: 忠孝道德，炳然乎數百載之間，而尚今未享乎俎豆之典，實欠多士之耻。然此等之事，非官於所，當往訴於上司宜當事。

11. 태학 통장(太學通章)

무신 정묘(正廟) 3월 22일

아래는 회통(回通)[415] 사항입니다.

방금 도(道)의 통지를 받았는데, 상세한 내용을 모두 잘 알게 되었습니다. 은송당(隱松堂) 김공 경철(景哲)과 그의 아우 현무재(賢武齋) 익철(益哲)이 의병을 모집하고, 군량을 마련한 거동과 감란하고, 책훈한 사실은 사람들을 경탄시키고 있으므로, 마땅히 제사(祭祀)를 지내는 예의를 갖추어야 할 것인데, 영모 유사(遺祠)에 주배(追配)하고자 하는 의론은, 일제하게 일어난 공론으로, 정분과 예의에 매우 부합된다는 것을 알 수 있습니다. 이에 하루 속히 화려한 의사인 욕의(擧縟)를 거행하여, 사림의 희망에 부합되게 하여야 매우 다행스러운 일로 될 것입니다. 이상과 같이 무장 향교에 경답(敬答)하는 바입니다.

415) 회통(回通): 조선시대에 아전들 사이에 사용되던 문서로, 서원 · 향교 · 문중 · 유생 · 결사 등에서 사용하던 통문(通文)과는 구별되는 문서이다. 아전 간에 통지, 통고하는 문서로서는 사통(私通) · 치통(馳通) 등이 있다. 사통 · 치통 · 회통의 '통(通)'은 통지 · 통고의 뜻을 가지고 있으며, 회통은 사통 · 치통 등에 대한 회답문서이다.

太學通章 戊申正廟三月二十二日

右文為回通事。即接道通，謹悉辭意。隱松堂金公景哲，其弟賢武齋益哲，募義助糧之擧，戡亂策勳之事實，令人敬歎，宜有祭社之禮。而追配於永慕遺祠之議，可見公論之齊發，而允合情禮。亟擧縟儀，以副士林之望，幸甚。右敬答于茂長鄕校。

12. 남원 통장 (南原通章)

무신 6월 29일

아래 사항을 통유하는 바입니다.

선비에게 특별한 행실이 있어, 떳떳이 사문(斯文)의 의젓한 의표로 될 수 있는 자라고 하면, 그의 장구(杖屨)를 건사하고 있는 고장을 혹 정려하기도 하고 혹 제사(祭社)하기도 하여, 백 세대를 내려가면서 본보기를 세우고, 후예들의 경모의 뜻을 기탁하는데, 그 제도는 오래전부터 전해내려 온 것입니다. 가만히 생각하여보니, 귀현 개가리(凱歌里)의 영모당(永慕堂) 김선생은 바로 안동(安東)이 본관(本貫)이십니다. 그의 탁월한 행의(行誼)는 국조(國朝) 및 명조(明朝)에까지 전해졌고, 아울러 아름다운 행실을 표창하는 거동이 있게 되었습니다. 귀고장에서 사우(祠宇)를 세우게 된 것은 실제상 여러 읍들의 장보(章甫)[416]들이 공

416) 유생(儒生)을 일컬음.

평한 공론을 윤협(允協)[417]하였기 때문입니다.

선생의 증손 은송당(隱松堂)선생의 휘는 경철(景哲)인데, 천성적으로 효성을 지니었고, 학문에서도 고명한 식견을 갖고 있었습니다. 어릴 적부터 맛있는 음식을 얻으면, 반드시 품었다가 어버이에게 드렸습니다. 글을 읽기 시작하자 먼저 효성과 공경의 뜻부터 탐구하였으므로, 어머니가 병이 위중 하시자 손가락을 베어 주혈(注血)하고, 선사(先祠)에 가 빌어 올려 효험을 보았으며, 부모의 상을 당하자, 6년 동안 여묘(廬墓)에서 생활하면서, 극도로 되는 비애로 몸을 훼손하여 조정에서는 급복(給復)했으며, 남원부교수에 제수(除授)됨에 여러 고을의 생도들은 누구나 모두 그를 스승으로 모셨습니다. 병자란(丙子亂)에는 의병(義兵)을 모집하고 군량을 마련하였는데, 그 사적은 《수성록(守城錄)》과 《모의록(募義錄)》에 다 기록되어 있습니다.

선생의 아우 현무재(賢武齋)선생은 휘가 익철인데, 성실한 효성은 천성적이었고, 충의(忠義)는 남보다 훨씬 뛰어났습다. 매달 초하루와 보름날에, 반드시 주찬(酒饌)을 장만하여 어버이에게 공양하였고, 해마다 어느 하루에는 꼭 친척들을 모셔놓고 크게 대접하였습니다. 타인에 관한 시비와, 그리고 세속의 비언(鄙諺)[418]들은 아예 입에 담지도 않았으므로, 주리(州里)의 향당(鄉黨)에서는 사모하고 기뻐하여 심지어 아낙네와 아이들, 꼴꾼과 목동들까지도 군말이 없었습니다. 문음(門蔭)[419]

417) 진실로 한데 모으다.
418) 품위가 낮은 속담.
419) 조부모의 여덕(餘德) 또는 그에 의해 벼슬이 주어지는 일.

으로 직장(直長)에 제수(除授)되고, 무과시험에 합격하여 처음에는 봉사(奉事)로 종사하였습니다. 그때 공교롭게도 임진왜란을 당하여, 공(公)은 어가(御駕)를 호종하여 서행(西行)하게 되었는데, 비바람이 몰아치고 가시덤불이 앞을 가로막아도 간난신고를 피하지 않았고, 이른 아침부터 밤늦게까지 잠시라도 장하(仗下)를 떠나지 않으며, 신하의 직분을 모두 수행하였습니다. 어느 날 적병들이 갑자기 들이닥치자, 근심과 위구에 싸인 옥용(玉容)[420]께서는, 어가(御駕)를 옮겨 위기를 피하려고 꾀하였습니다. 창황한 가운데서 임금을 등에 업은 그는 나막신이 벗겨지고 맨발이 된지도 알아차리지 못하고 있다가, 대가(大駕)가 옮아 안정된 다음에야, 비로소 발에 피가 흐르는 것을 발견하고 자세하게 뜯어본 후에야 발바닥에서 두 치 깊이로 박힌 있는 가시를 뽑았더니 피가 샘이 솟듯이 솟구쳐 올라 동료들이 옷을 찢어 싸매주면서, 모두 차탄(嗟歎)[421]을 금하지 못하였습니다. 책훈(策勳)[422]하는 날에, 성지(聖旨)[423]로 특별하게 포창하고, 원종수훈(原從首勳)이라는 녹권(錄券)을 하사하였으며, 관아의 주부(主簿)를 제수하였습니다. 그런데 걸양(乞養)[424]하여 귀향하였으므로, 마침내 일은 마무리를 짓게 되었다. 사적은《공신록(功臣錄)》에 기재되어 있습니다.

아아, 성대하도다! 두 선생의 충효와 학문은 가히 사우(祠宇)

420) 아름다운 용모, 여기서는 선조(宣祖)를 일컬음.
421) 소리를 길게 빼어 감동의 뜻을 나타냄, 감동하여 칭찬함, 탄식함.
422) 공훈이 있는 사람의 이름을 책(冊)에 기록하는 일, 또는 공훈을 찬양하고 상을 주는 일.
423) 임금의 뜻.
424) 부모 봉양을 위함.

를 세우고 향사할 만도 한 것입니다. 그런데 귀현의 공론이 어이하여 일제히 발로한 것이 그토록 늦었단 말인가? 하물며 선생의 증조부 영모(永慕)선생은 이미 조두로 받드는 사우(祠宇)를 가지고 있으니, 증손을 증조부에게 배향하면 더욱 빛이 나지 않겠습니까. 지금은 마침 성스럽고 밝은 시대에서 충효를 포창하고 있기 때문에 두 선생을 증조부의 사우에 제배(躋配)[425]한다면 응당 새롭게 사우를 세웠다는 혐의가 없어지고 말 것이 아닌가? 이에 지금 첨군자들의 현자(賢者)를 흠모하는 고장에 통고하거늘, 빠른 시일 내에 두 선생을 도암사에 승배(陞配)하도록 하여, 원근에 있는 사림에서 긍식(矜式)하는 고장으로 삼게 한다면, 천만 다행으로 여기게 될 것이다. 이상과 같이 무장 향교에 경통(敬通)하는 바입니다.

南原通章

戊中六月二十九日

右文為通諭事：

士有卓異之行，而蔚為斯文之儀表者，則於其杖屨之鄉，或旌閭焉，或祭社焉，以樹百世之風聲，以寓來裔之景慕者，其道尚矣。竊惟貴縣凱歌里永慕堂金先生，卽安東之貫，而其卓異之行誼，聞于國朝，及皇朝，並有褒美之舉，自貴鄉建祠，則是實列邑章甫允協秉公之論。而先生之曾孫隱松堂先生，諱景哲，天性純孝，學問高明。自其幼少，見

425) 배향(配享)의 높임말.

果必懷。及至讀書，先究孝悌之義，母病割指注血，禱于先祠，獲其應。父母喪，六年廬墓。哀毁彌極。朝家給復，而除南原府教授，列邑生徒，莫不師事。丙子之亂，募義師，聚兵糧，載在守城錄，及募義錄。先生之弟賢武齋先生，諱益哲，誠孝出天，忠義超人。每月朔望，必具酒饌，以供父母。每年一日，又大供具以讌親戚。他人是非，世俗鄙言，一不掛口，州里鄉黨，愛慕欣欣，至于婦孺芻牧稱道，無異辭焉。以門蔭調直長，登第，初署為奉事。時值黑蛇之亂，公扈駕西行，風雨荊棘，不避艱險，夙夜暫不離仗下，盡其臣職。一日，賊兵忍迫，玉容憂懼，將移御以避之，負扶蒼黃，屣脫跣行，猶不知也。大駕移定，後始覺足有血處，諦視拔之，木丁入膚二寸許，血如泉湧。同僚裂衣裹之，咸共嗟歎。策勳之日，聖旨特加褒，贈錄原從首勳，署為主簿，乞養歸鄉，而遂終焉，事載功臣錄。猗歟，盛矣！兩先生忠孝學問，固可以建宇腏享。而貴縣之公議，何其齊發之晚也？况先生之曾祖永慕先生，旣有俎豆之祠，則以孫配祖，尤有光焉。今值聖明忠孝褒美之日，兩先生躋配祖祠，宜無新設之嫌。玆以通諭于僉君子，慕賢之鄉 亟以兩先生陞配於道巖先祠，以為遠近士林矜式之地，幸甚。右敬通于茂長鄉校。

13. 나주 통장(羅州通章)

무신 7월 6일

아래와 같은 사항을 통유합니다.

가만히 생각하여 보니, 주부자(朱夫子;朱子)가 정대중(程大中)의 일은 두 정자(程子, 정호와 정이)를 낳아 키운 것이라고 말하였다. 그렇다면 그것은 바로 우리 기자(箕子) 나라의 옛적의 참의인 안동 김씨 휘 상(常)의 어진 두 아들, 은송당(隱松堂)과 현무재(賢武齋)를 두고 한 말이기도 하다. 저 '효(孝)'라는 한 글자는 김씨(金氏)의 가전세업(家傳世業)인데, 은송(隱松)과 현무(賢武) 두 선생에게 이르러서는 더욱 훌륭하게 발전하였다. 비단 효성이 증조고 영모당(永慕堂)에게 있어서 외롭지 않게 되었을 뿐만 아니라, 충성도 선조 익원공(翼元公)께 빛을 더해주고 있는데, 그 사적들은《절의록(節義錄)》과《공신록(功臣錄)》에서 볼 수 있습니다.

오호라, 기쁘도다! 두 선생의 도덕과 학문, 그리고 충효와 절의는 살아서는 조손(祖孫)의 이름이 1대에 함께 울렸고, 죽어서도 명도 이천(明道 伊川)처럼 천년 뒤에 긍식(矜式)하는 곳이 되어야 하는 것으로, 원근(遠近) 사림(士林)의 공의(公議)가 이에 이루어졌는데, 아직도 조두(俎豆) 받듦을 보지 못하니, 어찌 억울하여 가슴이 서늘해지지 않을 수가 있단 말인가? 또 두 선생의 증조고의 묘우(廟宇)가 기왕 사람들이 첨앙하고 사모하는 장소로 되어 우뚝 솟아있다면, 오늘날에 두 증손을 제배(躋配)하여, 한 가문 세 현자의 묘우(廟宇)로 된다고 하면, 어찌 천리(天理)와 인정(人情)에 부합되지 않을 수가 있단 말인가? 엎드려 바라건대, 귀현의 첨군자들이 각별하게 바른 논의를 일으키어, 다행으로 이 우울한 마음으로 바라고 있는 기대에 부합되게 하여준다고 하면, 얼마나 큰 다행으로 되겠습니까? 이상과 같이 무장 향교에 경답(敬通)하는 바입니다. 이 통문이 간 후 귀향의 첨군자들이 참고한 후, 본원(本院)으로 보내주면, 역시 대단한 다행으로 간주하겠습니다.

羅州通章

戊申七月六日

右通諭事：

竊惟朱夫子於程大中之事也，宜生兩程子也云爾。則正合我箕邦故叅議、安東金公，諱常之有兩賢子隱松堂、賢武齋者，是也。夫孝之一字，金氏之青氊世業，而至於隱松、賢武兩先生，尤有美焉。非但孝不孤於曾王考永慕堂，亦為忠有光於先祖翼元公者，盖可見於節義錄、及功臣錄矣。嗚呼，休哉！兩先生道德學問，忠孝節義，生并元季之名於一代之上，而死腏明伊之享於千載之下，而以為矜式之場者，遠近章甫之公議己成，而尚未瞻俎豆之字，則豈不抑鬱而寒心哉！且兩先生曾王考廟宇，既以嵬然於士林瞻慕之地，則今此躋配其兩曾孫，以為一門三賢之廟者，豈不為天理人情之所共符合者耶。伏願貴縣僉君子特發正論，幸副此抑鬱之望，幸甚。右敬通于茂長鄉校。此去通文，貴鄉僉君子取考後，仍為傳送于本院，亦甚幸。

14. 금구 통장(金溝通章)

무신 7월 7일

아래와 같은 사항을 통유합니다.

대개 충성을 표창하고 효자를 정려하는 것은, 조가의 상규이고, 사우를 세워 향사하는 것은 유림의 성례입니다. 참으로 충효와 학문의 행실이 있는데도, 조두(俎豆) 향사(享祀)를 아니한다면, 어찌 사림에서 분개의 마음이 없을 수 있단 말입니까? 가만히 생각하여 보니, 귀현의 은송당과 현무재 두 선생께서는 충과 효가 함께 두드러지고, 학문에서도 남음이 있어 그들의 증조 영모당선생의 사우에 추배하면, 어찌 사림에 빛나지 않겠습니까? 아, 병자변(丙子變)에 군량을 모으고, 군사를 모집한 은송당(隱松堂)은 적개심을 품고 절개를 밝히었고, 임진란에 맨발의 가시를 뽑은 현무재(賢武齋)는, 어가를 호위하며 일편단심으로 충성을 다하였는데, 그것은 이갈이를 하던 어린 나이 때부터 성실하게 효성을 다하였고, 평소의 행의(行誼)[426]에 믿음성이 있었기 때문이다. 그들을《훈록(勳錄)》에서는 포창하였고,《읍지(邑誌)》에서는 명백하게 기록하고 있기 때문에, 오늘에 하나하나 말하지 않아도, 첨존(僉尊)들이 매우 익숙히 알고 있는 일입니다. 충효와 행의가 이토록 탁이(卓異)[427]하니, 도암사(道巖祠)에 배향(配享)하면, 비단 귀 읍의 성대한 의식인 성의(盛儀)로 될 뿐만 아니라, 사실상 원근의 사림에서 크게 옹

426) 행실이 올바름.
427) 남보다 뛰어나게 다르다.

망(顒望)[428]으로 될 것입니다. 오로지 바라건대, 여러분께서 현자를 존중한다는 뜻을 극도로 추앙하고 공론에 따라 한 건물에 배양한다면 천만 다행으로 여기겠습니다. 이상과 같이 무장 향교에 경통하는 바입니다.

金溝通章

戊申七月七日

右通諭事

盖褒忠旌孝，朝家之常典，而建祠設享，儒林之盛禮也。苟有忠孝學問之行，而未及俎豆之享，則豈不有慨於士林耶？竊惟貴縣隱松堂賢武齋兩先生，忠孝並著，而學問有餘。則追配於其曾祖永慕堂先生，豈不有光於斯文哉？噫，丙子之變，聚糧募師，卽隱松堂，敵愾炳節。壬辰之亂，徒跣拔釘，卽賢武齋，扈駕丹忠，則實孚於髫齡之誠孝，平昔之行誼也。其勳錄之褒揚，邑誌之載錄，炳炳如彼，則今不必枚擧，而僉尊想稔熟矣。忠孝行誼，旣如是卓異，則躋享於道巖之院，非徒貴邑之盛儀，實合遠近士林之顒望也。惟願僉尊，極推尊賢之義，以循公議，追配一宇，千萬幸甚。右敬通于茂長鄕校。

428) 우러러 바라보다.

15. 정읍 통장(井邑通章)

무신 7월 15일

아래와 같은 사항을 통유합니다.

선비에게 특이한 행실이 있어, 백 세대를 전해 내려가며 모범으로 될 수 있다면, 작설(綽楔)[429]하여 선양하거나, 조두(俎豆)의 예(禮)를 올림은 우리 동방에서 의례적으로 행해온 아름다운 의식이다. 그런데 만약 공론이 있는데도 펴지 못하고, 숨은 덕성을 드러나게 하지 못한다면, 이것이 어찌 사문(斯文)의 흠이 되는 일이 아니며, 사림에서 분개하고 애석해야 할 일이 아니겠습니까?

가만히 생각하여보니, 귀현 영모당(永慕堂) 김선생의 증손 은송당(隱松堂)선생과 현무재(賢武齋) 두 선생의 충과 효의 큰 절개는 증조께서 증손에게 물려준 것이고, 덕행과 행의는 증손들이 증조부를 계승한 것으로, 비단 한 세대에서 존앙할 뿐만 아니라, 가히 후세 사람들의 표준으로도 될 수 있는 것입니다.

개괄적으로 은송당 선생의 행의를 이야기하면, 성실한 효성은 지극하게 순수하였고 학문은 해박하였다. 부모의 상을 당하자 6년 동안 여묘에서 생활하였다. 인조(仁祖)가 급복(給復)하였고 또 남원부 교수를 제수하였더니, 여러 고을의 생도들은 누구나 모두 옷자락을 여미고, 가르침을 받았으며 내심으로 열복(悅服)[430]하였다. 병자란이 나자 선생은 적개심이 불타고 의

429) 선행(善行)을 표창하기 위하여 세운 것.

430) 기쁜 마음으로 복종함.

기에 북받쳐 의병을 모집하고, 군량을 마련하면서 난리를 평정하는데 용감하게 뛰어들어, 나라가 어려울 때 목숨을 바치리라는 계책을 세웠지만, 화의를 맺었다는 소문을 듣고는 통곡하며 돌아와, 초야에 숨어 나라를 걱정하다가 세상을 떠났다. 사적은《수성록》과《모의록(募義錄)》에 기록되어 있습니다.

현무재(賢武齋)선생의 사업을 본다면, 효우(孝友)는 천부적이었고, 충의(忠義)가 높았습니다. 문음(門蔭)으로 직장(直長)에 임명되었고, 무과(武科)시험에 합격하여 처음에는 봉사(奉事)로 종사하였습니다. 때는 공교롭게도 임진란이었으므로, 공(公)은 어가를 호종하여 서행(西行)[431]하게 되었는데, 비바람이 몰아치고 가시덤불이 앞을 가로막아도 간난신고를 피하지 않았고, 잠시라도 장하(仗下)[432]를 떠나지 않았다. 적병들이 갑자기 들이닥치자, 근심과 위구에 싸인 옥용(玉容)[433]께서는 어가(御駕)를 옮겨 위기를 피하려고 꾀하였다. 창황한 가운데서 임금을 등에 업은 그는 나막신이 벗겨지자 맨발로 달렸다. 대가(大駕)가 옮아, 안정된 다음에야 비로소 발의 통증을 느끼고, 자세하게 뜯어보니, 나무못과 같은 가시가 두 치 깊이로 박혀 있었으므로, 뽑았더니 피가 샘이 솟듯이 솟구쳐 올라 동료들이 치마를 찢어 감싸주면서, 모두 차탄(嗟歎)을 금하지 못하였다. 책훈하는 날에 원종수훈(原從首勳)으로 기록하고, 관아의 주부(主簿)를 제수(除授)되었는데, 크게 등용하기 전에, 병을 칭탁하고 걸양(乞養)하여 귀향하였으므로, 마침내 일은 마무리를

431) 평안도 의주(義州)로 감.
432) 호위(護衛)함.
433) 임금 즉 선조를 일컬음.

짓게 되었다.

오호라! 두 선생의 충효와 절의는 일월처럼 빛났고, 도덕과 학문은 연원이 있었기에, 한 세대에서 경앙(景仰)하는 것은 세월이 흐르면 흐를수록, 더욱 깊어만 갔으니, 고인(古人)들이 이른 바의 향선생(鄕先生)이 세상을 뜨면, 사(社)에서 제사를 올리게 된다는 것은 바로 이것을 두고 한 말입니다. 그런데 귀 현에서 여적 제사를 올리는 예의를 거행하지 않고 있으니, 이웃 고장에서 그 소식을 듣고서는 개탄을 이기지 못하고 있습니다. 영모당(永慕堂)선생이 이미 조두를 제향하고 있는 사우(祠宇)를 가지고 있으니, 증손을 증조부에게 배향하면 선조에게 더욱 광채가 있을 뿐만 아니라, 후세에도 부끄러움이 없게 될 것입니다. 지금은 성스러운 조대이므로, 숨은 것을 드러내고 심오한 것을 천명하여 추천하면, 정려(旌閭)로 표창을 할 수 있으니, 두 선생의 절세의 효와 탁이(卓異)한 행실이, 어찌 홀로 예교(禮敎)를 숭상하고, 풍기를 세우는데서 누락될 수가 있겠습니까? 여기에서 전말을 간단하게 들어 현자를 경모하는 정성을 펴고자 하는 바입니다. 엎드려 분발하여, 공의(公議)를 펴고, 두 선생을 도암사(道巖祠)에 추배(追配)하여, 조손들이 더불어 지니고 있는 충과 효를 두드러지게 하여, 원근 사림에서 한 마음으로 존봉(尊奉)하는 장소로 되게 하여 준다면, 천만 다행으로 여기겠습니다. 이상과 같이 무장 향교에 경통(敬通)하는 바입니다.

井邑通章

戊申七月十五日

右通諭事:

士有特異之行，而可以為百世之模範。則闡揚以棹楔之旌，敬奉以俎豆之禮者，此我東方例行之徽典。而如有公議不伸，潛德未彰，則此豈非斯文之欠事，而士林之慨惜者耶。竊惟貴縣永慕堂金先生之曾孫隱松堂、賢武齋兄弟兩先生，忠孝大節，祖以傳之其孫；德業行誼，孫以繼於其祖，非但爲一世之尊仰，可以為來世之標準也。槩言其隱松堂先生行誼，則誠孝純至，學問該博。父母喪，六年廬墓。仁廟賜復戶，又除南原府教授，列邑學者，莫不摳衣問難，心悅誠服。丙子之變，先生奮義敵愾，募得軍旅，鳩聚兵糧，以為勇赴機變，死於國難之計，而聞和成，痛哭而歸。因卧丘園，耿耿就盡。至若賢武齋先生事業，則孝友根天，忠義激昂。以蔭仕初署直長，登第爲奉事。時值黑蛇之變，先生扈駕西行，風雨荆棘，不避艱險，暫不離仗下。賊兵猝迫，玉容憂懼，將移御以避之，負扶蒼黃，屣脫跣行。大駕移定後，始覺足痛諦視之，則木丁穿膚二寸許，血如泉湧。同僚裂裳裹之，咸共嗟歎。策勳之日，錄原從首勳，署為主簿，未及大用，以疾乞歸養，因以就盡。嗚呼！兩先生忠孝節義，煥如日星，道德學問，實有淵源。而一世之景仰，愈遠而愈深，則古人所謂鄉先生歿而祭於社者此也。然而貴縣尚闕致享之禮，其在鄉鄰之聽聞，不勝慨然也。既有永慕堂先生安靈之所，則以孫配祖，可謂有光於前而無愧於後也。今當聖朝，顯幽闡微，舉蒙褒旌，則以兩先生絕世之孝，卓異之行，何獨見漏於崇禮教、樹風聲之下乎。玆以畧舉顚末，以伸慕賢之誠。伏望貴邑僉君子，奮發公議，亟以兩先生追配於道巖遺祠，俾得祖孫並腏忠孝耿著，以為遠近士林一心尊奉之地，千萬幸甚。右敬通于茂長鄕校。

16. 흥덕 통장(興德通章)

무신 8월 8일

아래와 같은 사항을 알립니다.

자고로 한 세대의 어진 현류(賢類)들은 반드시 백 세대를 내려가며 공론(公論)을 지니고 있다. 하나의 충성과 하나의 효성마저 남기지 않고, 일일이 들어가며 향사(享祀)하는 이것은 우리나라의 성대한 일로 되고 있다. 가만히 생각하여보니, 귀읍의 은송당(隱松堂)과 현무재(賢武齋) 두 선생은 바로 영모당(永慕堂) 김선생의 증손들이다. 조손(祖孫)이 연원으로 되고 형제가 사우(師友)로 되어, 학문과 행실이 효성스럽고 화목한 것을 실로 일일이 다 들 수 없으므로, 오늘날에 구구하게 더 진술하지 않아도, 귀읍의 다사들은 귀에 익숙하고 마음으로 열복(悅服)하고 있을 것이다. 그 할아버지에 그 손자가 있고, 그 형에 그 아우여서, 일당(一堂)에 함께 향사하는 것이 실로 어진이를 사모하는 도(道)가 되겠는데, 아직도 조두(俎豆)로 받드는 예(禮)를 못하고 있으니, 어찌 후학(後學)들의 불행으로 되지 않을 수가 있겠습니까?

바라보니, 도암사(道巖祠)에서는 영모당(永慕堂)을 향사하는 곳이니, 증손을 증조부에게 배향하는 이 일을 버리고서 무슨 다른 일을 꾸밀 수가 있겠습니까? 엎드려 바라건대, 첨존들께서 잡고 있는 하늘의 떳떳한 도리에 따라, 반드시 백성들의 염원(念願)을 생각하시고, 《시경·정풍·치의(詩經·鄭風·緇衣)》편을 마음속으로 생각하며, 은송당(隱松堂)과 현무재(賢武齋) 두 선생을 배향할 수 있는 장소를 마련한다면, 천만 다행으로 여길 것입니다. 이상과 같이 무장 향교에 경통(敬通)하는 바입니다.

興德通章

戊申八月八日

右通諭事：

自古一代之賢流，必有百世之公議。一忠一孝，無不枚舉腏享者，我東之盛事也。竊惟貴邑隱松堂、賢武齋兩先生，即永慕堂金先生之曾孫也。祖孫淵源，兄弟師友，學行孝睦，實難歷數，而今不必疊陳也。貴邑多士，亦曾稔於耳，悅於心矣。有是祖，有是孫；難爲兄，難爲弟；一堂並享，實為慕賢之道，而尚欠俎豆之禮者，豈非後學者之不幸耶？瞻彼道巖永慕攸享，則孫以配，捨此焉適？惟願僉尊，各推天彝之秉，必思緇衣之詠。隱松堂、賢武齋兩先生配享之地，千萬幸甚。右敬通于茂長鄉校。

17. 광주 통장 (光州通章)

기유 2월 10일

아래와 같은 사항을 통유합니다.

고인들이 한 말이 있습니다. "나라에서는 현자(賢者)를 가려 뽑는 일을 근본으로 삼고, 현자는 효행(孝行)을 으뜸으로 친다. 충신은 효자의 가문에서 구해야 한다." 이 말은 참으로 격언입니다.

귀읍의 현무재(賢武齋) 김공 휘 익철(益哲)은 순수한 효성이 천성적으로 이루어졌고, 이갈이를 하는 어릴 때부터, 어버이를 즐겁게 하였으며, 형제들을 우애하고 공경하였으므로, 향당에서 칭찬이 자자하였다. 대개 혼정신성(昏定晨省)의 예절이거나 수수(滫瀡)[434]의 공양에서 극도의 정성을 다하지 않은 적이 없었다. 무과에 급제한 이후에는, 진폐(陳閉)의 도에서는 마치도 부모를 섬기는 나날과 마찬가지였다. 칠치(漆齒)[435]의 난이 터지자, 어가를 호위하면서 맨발로 걸었는데, 나무못 같은 가시가 발바닥에 박힌 줄도 느끼지 못한 채, 포복하며 줄달음쳤고 풍상이 뼈를 에이는 것도 아랑곳하지 않았다. 아아! 효성은 충성으로 변할 수 있고 충성은 실로 효성에서 오게 된다. 이전에 말한 소위 "충신은 효자의 문전에서 구해야 한다."는 말이 어찌 우리를 속일 수가 있겠는가! 하물며 그 연원은 그의 증조고 영모당(永慕堂)의 독실한 행위에서 온 것이 아닌가! 그 증

434) 수수(滫瀡): 뜨물, 부모에게 맛있는 음식을 드리어 봉양하는 일.
435) 칠치(漆齒,): 해적 왜구. 일본 풍속에 결혼하지 않은 여자는 이를 검게 칠한 데서 일본을 가리킴.

조부가 있어서 그 증손이 있게 되었고, 그 증손이 가업을 이어나가며 선조를 욕되게 하지 않았으니, 백 세대를 내려가며 장보들이 제사(祭祀)를 올리며 경앙(景仰)하는 데에 부합되었습니다. 그런데 지금까지도 여정문(旌門)으로 표창하고, 조두(俎豆)로 영광되게 한다는 소문을 듣지 못하였으니, 비록 타지방에 있기는 하지만, 슬프고 안타까운 마음을 더욱 이겨내지 못하고 있으니, 귀 읍 가까이에 있는 사람들의 아주 뒤늦은 느낌인 광감(曠感)은 더욱 어떠하랴. 얼핏 풍문에 들으니, 영모당(永慕堂)께는 이미 타령(妥靈)하는 곳이 있다고 하니, 두 장정이 배향을 끝없이 받게 되면 훌륭하게도 일당(一堂)에서 뒤따르며 흠향하게 될 것이니, 이것은 비단 귀 고을의 공식으로 될 뿐만 아니라 또한 한 개 도(道)의 사림의 옹망(顒望)을 불러일으킬 수 있으니 참으로 다행일 것입니다. 이상과 같이 무장 향교에 경통(敬通)하는 바입니다.

光州通章
己酉二月十日
右通諭事：
古人有言曰："國以揀賢為本，賢以孝行為首，求忠臣於孝子之門。"斯言儘格言也。貴邑賢武齋金公，諱益哲，純孝天成，自齠齔底親怡悅，既友且悌，鄉黨稱之，蓋其定省之節，滫瀡之方，靡不用極。曁其登第，陳閉之道，如事父母之日。漆齒之亂，扈駕徒跣，不覺木丁之鑽膚，匍匐奔走，不憚風霜之砭骨。猗歟！孝能移於忠，忠實自於孝也。向所謂"求忠臣於孝子之門"者，豈欺我哉！況其淵源，來自其曾王考永慕堂之篤行。而有是祖，有是孫，克承家緒，不忝其祖，百世之下，允合章甫之祭社景仰。而迄未聞棹楔之彰，俎豆之榮，雖在他鄉，叓不勝慨惋之心。其在貴邑密邇，曠感之衷，當復如何？側聞永慕堂己有妥靈之所，兩丁之享不匱，則美哉一堂從與享之，不但為貴鄉之矜式，且為賽一道士林之顒望，幸甚。右敬通于茂長鄉校。

18. 고창 통장(高敞通章)

기유 2월 12일

아래와 같은 사항을 통유한다.

형산의 구슬(荊山之玉)[436]을 화씨(和氏)가 바치지 않았다고

436) 형산의 구슬(荊山之玉): 《한비자 · 화씨(韩非子 · 和氏)》의 기재에 의하면 초나라의 화씨가 형산에서 옥돌을 얻어보고 초려왕에게 바쳤더니 여왕이 옥쟁이를 시켜 살펴보게 하였더니 옥쟁이가 "돌멩이입니다."라고 대답하였으므로 화시의 왼쪽 발뒤꿈치를 베어버렸다. 여왕이 죽고 초무왕이 즉위하자 화시는 또 옥돌을 왕에게 바치였는데 왕이 사람을 시켜 살펴보게 하였더니 역시 돌멩이라고 대답하므로 이번에는 그의 바른쪽의 발뒤꿈치를 베어버렸다. 무왕이 죽고 초문왕이 즉위하자 화시는 옥돌을 안고 초산아래에서 사흘동안 밤낮으로 우렀더니 눈물이 마르고 피눈물이 쏟아졌다. 소문을 들은 문왕이 사람을 보내어 발뒤꿈치를 잘린 사람들이 많은데 자네만은 왜 슬피우는가고 물었더니 화씨는 형벌을 받아 우는 것이 아니라 옥돌을 돌멩이로 여기고 충성스러운 사람을 사기꾼으로 여기기 때문에 운다고 알려주었다. 왕이 옥돌을 쪼개어 보니 과연 벽옥이 나왔으므로 드디어 그 이름을 화씨벽옥(和氏璧)이라고 하였다 한다.

한다면, 그것이 보물인줄을 누가 알 수 있었으랴? 깊은 골짜기에 자라는 난초를 만약 부자가 탄식하지 않았다고 하면, 범상한 꽃들과 다른 점이 없었을 것이다. 세상에서 탁월한 행실을 지닌 선비들이 끝까지 초야에 묻혀 살게 되었다고 하면, 그것은 실상 사림에서 슬프고 애석해할 일이다. 가만히 생각하여 보니, 귀읍의 영모당 김선생의 증손 은송당과 현무재 형제의 충효의 절개는 이미 문서에 뚜렷하게 기재되어 있고, 스스로 연원을 가지고 있는 만큼, 역시 조묘에 부착하여야 하는데, 여적 천양하는 일을 지체하고 있으며, 흡인하는 도리에 막혀 있다고 하는데, 착한 행실을 덮어두었다는 질책을 면하기 어려울 것이다. 엎드려 바라건대, 첨군자들이 사림의 기대에 부합되도록, 조묘에 배향하도록 하여 주면, 한 면으로는 그 조부에 그 손자라는 문미를 더욱 뚜렷하게 하여 줄 것이고, 다른 한 면으로는 후세사람들의 표준으로 될 수 있으므로, 매우 다행스러운 일로 될 것이다. 이상과 같이 무장 향교에 경통(敬通)하는 바이다.

高敞通章

己酉二月十二日

右通諭事：

夫荊山之玉，不有和氏之獻，則孰知其為珍？幽谷之蘭，未遇夫子之歎，則與凡卉無以異也。世有卓行之士，終沒於草野者，實為士林之慨惜也。竊惟貴邑永慕堂金先生曾孫隱松堂、賢武齋兄弟，忠孝之節，已著於帖帙。而自有淵源，則亦當附於祖廟，而尚稽闡揚之。聞其在汲引之道，烏得免掩善之責乎。伏願僉君子，副此士林之望，配于祖廟，則一以彰有是祖有是孫之門楣；而二以為來世之表準，幸甚。右敬通于茂長鄉校。

19. 소청[437] 다사의 통장 (疏廳多士通章)

기유 3월 1일

아래와 같은 사항을 통유합니다.

엎드려 생각하니, 향선생(鄉先生)이 세상을 뜨면, 사(社)에서 향사(享祀)함은 실제로는 존현상덕(尊賢尚德)의 뜻에서 우러나온 것입니다. 참으로 그의 도학과 절의가 가히 한 지방의 모범으로 되고, 후세에 수범(垂範)[438]이 된다면, 설사 비록 미처

437) 소청(疏廳): 조선 시대에 선비들이 상소하기 위하여 모여서 의논하던 장소.

438)본보기가 됨.

등철(登徹)[439]하여 반액(頒額)[440]하지 못하였다고 할지라도, 자그마한 소홀도 없어야 할 것이다. 귀현 남쪽에 자리 잡은 도암서원(道巖書院)은 바로 영모당(永慕堂) 김선생의 조두(俎豆)를 받드는 곳으로,대체적으로 보면 만력 계축(萬曆, 癸丑, 서기 1613년)에 창건되었습니다. 그런데 선생의 증손인 은송당 경철(隱松堂 景哲)은 태어나면서부터 충효의 본성을 지니었고, 자라서는 가정의 교훈을 받아 효제와 충신을 평생동안 자신을 단속하는 일상과제로 삼았습니다.

효제(孝悌)로 말한다면, 어버이의 병이 위독하게 되자 손가락을 베고 피를 보여 속광(屬纊)[441]에 이른 어버이의 명을 이어주었고, 어버이의 상(喪)을 당하게 되자, 마치 함께 죽기라도 할 듯이 전혀 살 생각을 하지 않았습니다. 6년 동안 여묘(廬墓)에서 생활하면서 질대(経帶)[442]를 벗지 않았고, 멀건 죽물을 마시면서 몸을 훼손하였는데, 모든 것은 영모(永慕)선생이 여묘생활을 할 때와 같았습니다. 상복을 벗을 때에 이르러 과거(科擧)를 위한 공부를 그만두고, 조석으로 선사(先祠)를 전알(展謁)[443]하였으며, 아무리 비바람이 몰아친다고 하여도, 어느 하루 빠진 적이 없었습니다. 형제들에 대하여서는 우애와 공경을 다하였고, 한 이불을 덮고 하나의 베개를 베었으며, 늙은 다음

439) 등철(登徹): 정식 경로를 통해서 보고된 상소문 · 장계 · 공초와 같은 글을 임금이 직접 보는 일.

440) 반액(頒額): 임금이 사당이나 서원 등에 이름을 지어서 내려 줌.

441) 임종, 숨을 거두려는 사람의 코에 새 솜을 대어 호흡의 유무를 알아 본 데서 생긴 말.

442) 질대(経帶): 상복(喪服)을 입을 때, 머리와 허리에 두르는 삼으로 된 띠.

443) 전알(展謁): 종묘(宗廟) · 능침(陵寢) · 문묘(文廟) · 궁궐(宮闕) 등에 참배함.

에도 그 습관을 버리지 않았습다.

학문(學問)으로 말하면, 뜻을 세우는 입지(立志)를 앞세우고, 존양(存養)[444]하고 성찰(省察)[445]하면서, 옛 사람들의 위기(爲己)[446]의 학문에 뜻을 두는 것을 자신의 학문으로 삼았고, 명성을 날리는 것을 바라지 않았습니다. 배우는 사람들은 대부분 옷자락을 여미고 가르침을 받으려 찾아들었다. 조가(朝家; 조정)에서 복호(復戶)[447]를 하사하였고, 또 남원교수(南原敎授)에를 제수(除授)되었습니다.

충의(忠義)를 두고 말한다면, 정유왜란(丁酉倭亂)에 의병을 창의하여 영광성(靈光城)을 지켜냈습니다. 갑자변과 병자란에 이르러서는, 선생은 강개한 마음으로 의병을 모집하여 군량을 많이 모아 우리 군사들에게로 달려갔습니다. 그의 아우 현무재 익철(賢武齋 益哲) 역시 흑사지변(黑蛇之變;임진란)이 일어나, 대가(大駕)가 파월(播越)[448]할 때, 어가(御駕)를 호위하여 떠났는데, 호종(扈從)[449]들 가운데서 많은 사람은 도중에서 도망을 쳤지만, 선생만은 지존(至尊)을 등에 업고, 간난신고를 아랑곳하지 않았는데, 창황하게 가는 길이라 발에 가시가 박혀 선혈이 낭자한 것조차 감각하지 못하였다. 책훈(策勳)하는 날에 선무원종수훈(宣武原從首勳)으로 기록하고, 주부(主簿)를 제수하였지만 걸양(乞養)하여 귀향하였습니다. 그는 자기의 공로

444) 본심을 잃지 않고타고난 성품을 기름.
445) 깊이 생가감, 스스로 자기의 선악, 시비를 뒤돌아 봄.
446) 자기의 수양 · 안심입명(安心立命)을 위하여 행함.
447) 호세와 부역 면제.
448) 임금이 도성(都城)을 떠나 딴 곳으로 피난 함.
449) 임금을 수행(隨行)함. 또는 그 사람들.

를 개의치 않았고, 오직 어버이를 섬기고 형님들과 함께 있는 것을 더없는 즐거움으로 간주하면서 임천(林泉)[450]에서 한생을 보내셨습니다.

두 선생의 충효와 절의는 일월처럼 밝았고, 충효와 도덕은 증조고 영모당(永慕堂)에게 있어서는 빛을 더해 주었고, 그들이 남긴 그윽한 향기는 백 세대를 전해 내려가면서 후세들이 눈으로 보고, 마음으로 느끼면서 새로운 흥을 불러일으킬 수 있다. 이러한 연고로 하여 여러 고을의 다사들이 영모당의 선사(先祠)에 배향하여야 한다고 교장(交章)하였고, 연전(年前)에 귀도의 유림에서는 태학(太學)에 글을 올려 풍유하였고, 또 태학에서도 급히 화려한 의식인 욕의(縟儀)를 거행하라는 지시를 내렸으니, 마땅히 배향하기에 겨를이 없을 정도로 서둘러야 하지만 여태까지 지체하고 있으니, 사림에서는 더욱 답답해하고 있습니다. 첨군자들이 존경하고 사모하는 정성에서 본다면, 이와같이 태만하고 소홀히 하는 것은 참으로 뜻밖으로 됩니다. 오늘 팔도의 다사들이 하서 김선생의 종향(從享)에 관한 상소문으로 하여, 일제히 궐하에 모여 이를 신고하고 있습니다. 엎드려 바라건대 첨존께서 사람이 미천하면 그 말씀도 천박하다고 생각하지 말고, 반드시 신속하게 제사예의를 갖추어 여러 사람의 기대에 부합되게 하여 준다면 천만 다행으로 여기겠습니다. 이상과 같이 무장 향교에 경통(敬通)하는 바입니다.

450) 은사(隱士)가 사는 곳.

疏廳多士通章

己酉三月一日

右文為通諭事：

伏以鄉先生歿而祭於社者，實出於尊賢尙德之義。苟其道學節義之可以矜式一方，垂範來後，則縱未及登徹頒額而俎豆薦享之儀節有不容小忽也。貴縣之南有道巖書院，即永墓堂金先生俎豆之所，盖刱於萬曆癸丑。而先生之曾孫，隱松堂景哲，生而稟忠孝之性，長而受家庭之訓，以孝悌忠信為終身律己之用。以言乎孝悌，則親疾刺指出血，以延屬纊之命。及其遭兩艱，若將同殞，如不欲生。六年廬墓，不脫絰帶，啜粥哀毁，一如永慕先生廬墓時。及其服闋，遂廢舉業，朝夕展謁于先祠，雖風雨未嘗一廢。於兄弟盡友恭，聯床同枕，至老不替。以言乎學問，則以立志爲先，存養省察，專意古人。為己之學，不求聞知。學者多樞衣問難，朝家賜復戶，又除南原教授。以言乎思義，則丁酉之亂，倡義守靈光城。及甲子變，丙子亂，慷慨募義，多備糗糧，赴勤王師。其弟賢武齋益哲，亦於黑蛇之變，大駕播越，扈駕而行。諸扈從道多逃亡，先生背護至尊，不避艱險，蒼黃道途，不覺足被刺而血流戡亂。策勳之日，錄宣武原從首勳，署主簿。乞養歸鄉，不有其功，惟以事親從兄為至樂，終老林泉。兩先生忠孝道德，不惟有光於其曾王考永慕堂先生，其遺芬餘烈，百世之下，可以觀感而興起矣。以故列邑多士交章躋配于永慕堂先祠之意，年前貴道儒林文喻太學，而自太學亦有亟舉縟儀之示，則卽當躋配不暇，而尚此遲稽，士林愈鬱。僉君子尊慕之誠，不意若是慢忽也。今於八路多士，以河西金先生從享疏事，齊會闕下，為此申告。伏願僉尊，勿以人微言浅，必須速成享禮，以副衆望，千萬幸甚。
右敬通于茂長鄕校。

20. 다사들이 본관에게 올리는 단자 (多士呈本官單子單子)

향중(鄕中)의 다사(多士) 등이 황공해하며, 성주(城主) 합하께 아룁니다. 엎드려 생각하니, 충렬을 높이 드러내고 효자를 천거하는 것은 조가(朝家; 조정)의 성대한 의식이며, 사우(祠宇)를 세우고, 현자를 배향하는 것 역시 사림(士林)의 공의(公議)입니다. 충렬로써 충렬을 배향하고, 효자로써 효자를 배향하는 이것은 하나의 나라에서 보기 드문 일인데, 하물며 또 형제를 함께 제사 지내고, 조손이 더불어 철향하게 되는 이것은, 더구나 탁월하고 비범하지 않은 행실이 아니고서야 될 수 있는 일이겠습니까? 본 현의 영모당(永慕堂) 휘가 질(質)인 김선생은 효행으로 도암사(道巖祠)를 창건하였는데 , 그의 가문은 안동(安東)에서 계출(系出)하여, 상락부원군(上洛府院君) 익원공(翼元公) 사형(士衡)의 6대손입니다. 그에게는 증손 형제가 있었는데, 하나는 은송당(隱松堂) 휘 경철(景哲)이고 그 다음은 현무재(賢武齋) 휘 익철(益哲)입니다. 그들이 이갈이를 하던 어린나이 때부터 남달리 총명하여 시습(詩什)[451]을 익히고, 효양(孝養) 제절(諸節)과 임진왜란 시에 어가(御駕)를 호종(扈從)[452] 하여 몸을 바친 충성, 병자란(丙子亂)에 의병을 모집하고 군량을 모은 업적들은《어사록권(御賜錄券)》과 《모의록(募義錄)》에 명백하게 기재되어 있습니다. 그리고 그들 형제를 영모(永慕)에 추배(追配)하려는 뜻을 팔로(八路)[453]의 통장과 관학(館學)의 통문에서 반반가고(班班可考)[454]하고 있으니, 구태여 구구하게 더 진술할 필요가 없다고 생각합니다. 그의 자손들을 위하여 제사에 노력을 경주하였지만, 지금까지도 돌볼 사이가 없다고 하니, 어찌 안타깝고 애석하지 않겠습니까? 지금은 바야흐로 성스럽고 밝은 시대이므로, 포창을 하는 데는 법전이 있고, 공론은 가히 펼 수가 있습니다. 지금 은송(隱松)과 현무(賢武) 두 공(公)을 그의 증조 영모당(永慕堂)에 추배(追配)하는 일에 근거가 있으므로, 이렇게 감히 문서를 작성하여 우러러 하소연하고 있습니다. 엎드려 바라건대, 조두(俎豆)의 성대한 의식을 각별하게 허락하시고, 그것으로 도솔(棹楔)의 추향으로 삼게 하여 주신다면, 무임기간지지(無任祈懇之至)[455] 하겠습니다.

---

451) 《시경(詩經)》 '소아(小雅)' 의 주석(注釋)에 '가시(歌詩)의 작자와 편수가 많으므로, 시(詩) 10편 씩을 엮어 한 권의 책을 만들었다' 는 뜻에서 '詩' 를 이르는 말.

452) 임금을 수행(隨行)함. 또는 그 사람.

453) 팔도(八道) 즉 전국.

454) 반반가고(班班可考): 일의 근거가 분명하여 상세히 참고하거나 검토할 수 있음.

455) 무임기간지지(無任祈懇之至): 아주 간절히 바래서 비는 마음을 참을 수 없다는 뜻으로, 청원하는 글 끄트머리에 쓰는 말.

제사 (題辭)

한 가문의 삼 세대의 충효와 명절(名節)은 사람들의 이목을 밝혀주고, 죽백에 빛을 뿌리고 있으므로, 사람들로 하여금 끝이 없이 탄복하고 공경하도록 하고 있다. 화려한 의식인 욕의(縟儀)를 지금에 이르기까지 거행하지 못하였으니, 실로 흠전(欠典)으로 된다. 얼마나 다행인지 관학과 제로(諸路)에서 동성으로 글월을 날리니, 역시 떳떳함을 즐기는 마음이 동일한지라, 관청이라고 어찌 그 아름다운 일을 성사시키려고 하지 않겠는가? 다만, 속한 시일 내로 성대한 예의를 거행하여 여론에 부합되게 한다면, 매우 다행한 일이며 응당 해야 할 일이다.

多士呈本官單子

鄉中多士等惶恐仰達于城主閤下：

伏以顯忠舉孝，卽朝家之盛典，建祠配賢，亦士林之公議也。以忠配忠，以孝配孝，此是一邦罕有之事。而矧又兄弟從祀，祖孫並享，尤豈非卓爾絕異之行乎？本縣永慕堂，諱質。金先生以孝行建祠于道巖，而系出安東，卽上洛府院君翼元公士衡六世孫也。有孫兄弟，一曰隱松堂，諱景哲；次曰賢武齋，諱益哲。其在髫齔之年，潁悟詩什孝養諸節。與壬辰亂扈駕捐軀之忠。丙子亂，募義聚糧之節，昭載於御賜錄券，及募義錄。而以其追配永慕之意，八路通章，館學通文，班班可致，則叓不必贅陳。而為其子孫，事殷力綿，至今未遑，豈不慨惜乎！方此聖明之世，蒙褒有典，公議可伸。茲以隱松、賢武兩公追配於其曾祖永慕堂事，有可據。故茲敢帖連仰籲。伏願特許俎豆之縟儀，俾為棹楔之追享，無任祈懇之至。
題辭
一家三世，忠孝名節，塗人耳目，輝暎竹帛，令人欽敬不已，縟之尚今未舉，實為欠典。何幸館學諸路，同聲飛文，亦可見彝好之所同，官亦豈不樂為之成其美哉。惟願亟舉盛禮，以副輿論，幸甚。向事。

21. 무장 유생 등이 완문[456]을 청구하는 사항을 춘조에 올리는 단자 (茂長儒生以請完文事呈春曹單子)

정사 정묘 5월 일

전라도 무장 유생 등이 삼가 목욕재계하고 춘조[457] 합하께 글월을 올리는 바입니다.
퇴속(頹俗)을 권면하거나 신칙하는 일은 실로 본 조에 달려 있습니다. 지금의 사람들에게 혹 아름다운 덕성이 있다고 하면, 아직도 포창하고 돌보아주는 법전이 있는데, 하물며 선현들의

456) 완문(完文): 조선 시대에, 어떤 사실이나 권리, 특전 등을 인정해 준다는 의미로 해당 관아에서 발급하던 증명 또는 허가 문서.
457) 춘조(春曹): 역사 조선 시대에, 육조 가운데 예악, 제사, 연향, 조빙, 학교, 과거 따위에 대한 일을 맡아보던 관아. 태조 원년(1392)에 두었고 고종 31년(1894)에 없앴다.

서원(書院)에 지금까지 가지고 있는 시설들을 돌보아주는 규례가 있기는 하지만, 근래에는 점차 해이해지는 상황이 있어, 날로 사림에서 개연해하고 있습니다. 고로 일구동성으로 앙달(仰達)하오니, 엎드려 바라건대, 자세히 살펴주십시오. 대저 영모당(永慕堂) 김선생은 휘가 질(質)이고 행의가 명조(明朝)에까지 전해졌으며, 당세의 명현이었던 김하서(金河西), 유미암(柳眉庵), 기고봉(奇高峯), 양송천(梁松川) 제 선생들과 심교(心交)가 있었고, 그들이 기(記)를 지어주셨습니다. 정유왜란에 왜병들의 전화(戰禍)도 감히 범하지 못하였습니다. 이리하여 이 사원은 조가(朝家)에서 본관(本官)에 돌보라고 신칙한 것이 다른 사원과 다름이 있었습니다. 사원 주위에 사는 거주민들에게 사원의 부역에 응하라는 완문의 절목(節目)들은 모여서 권질(卷帙)을 이루었고, 거기에 좇아서 행한 것은 마치도 금석처럼 변함이 없이 내려온 시일이 수백 년이 되었습니다. 불행하게도 근년에는 그것이 점차 해이되어, 옛날 같지가 않게 되었습니다. 간혹 침범하고 어지럽게 군다면, 아마도 멀지 않아 옛날의 규례의 뜻을 잃어버릴 수가 있을 것입니다. 본 관에서 여러 번 완문 절목을 문서로 만들어 앙달하였습니다. 엎드려 바라건대, 본 조에서 옛날의 규례에 따라 엄명한 완문을 작성하여 주시어, 이후에 나타나게 될 폐단을 미리 막아 선현의 조두를 받드는 곳을 보호할 수 있도록 하여 주시면, 천만 다행으로 여기겠습니다.

춘조합하

제사 (題辭)

완문을 성급(成給)[458]할 일이다.

茂長儒生以請完文事呈春曹單子

丁巳 正廟 五月 日

全羅道茂長儒生等謹薰沐上書于春曹閤下：

伏以頹俗獎飭，實係於本曹。至於今人之，或有懿德者，尚有褒揚顧護之典。而況又於先賢之書院，既有自前設施，顧護之規例，則近來漸致懈弛者，實為士林之慨然。故以齊聲仰達。伏乞垂察焉。大抵永慕堂金先生，諱質，以行誼聞于天朝，當世名賢金河西、柳眉巖、奇高峯、梁松川諸先生，皆有心交，撰記焉。且丁酉倭燹莫敢犯。於是院，朝家之顧護，本官之奉飭，有異於他院。墻下居民，使之應役於院中，完文節目，積成卷軸，遵行如金石者，數百餘年矣。不幸近年有所懈弛，漸不如古，間或侵撓，則恐有日後失其古例之意。本官屢度完文節目，帖連仰達。伏望自本曹，依古例成給嚴明完文，以杜日後之弊，俾保先賢俎豆之所，幸甚。

春曹閤下

題辭 完文成給向事

458) 성급(成給): 관아에서 문권을 만들어 내어 줌.

22. 예조의 완문[459] (禮曹 完文)

가경 (서기 1797년) 2년 정사(丁巳) 5월 일

아래의 완문은 완호(完護)[460]에 관한 사항이다.

제역(除役)[461]한 조목은 비록 경한 일이 아니지만, 현자(賢者)를 받든다는 도리에서는 예전(禮典)에 관련되는 일이다. 듣자니, 본 현의 도암사(道巖祠)는 이미 전부터 전후로 본 관청에서 내려준 제역 완문(除役完文)이 있기는 하지만, 또 해이해지는 폐단이 있다고 하니, 극도로 되는 개연한 감을 느끼게 된다. 본 사원에 부과하는 군정(軍丁)[462]과 연역(烟役)[463]을 영원히 면제하기로 하고, 완문을 성급(成給)하거늘, 도부(到付)[464]한 이후로 이에 따라 실시해야 하므로, 이후에는 태만하거나 소홀히 하는 일이 없어야 하며, 마땅히 할 일로 되어야 한다.

---

459) 완문(完文); 조선조 대, 관아에서 부동산 따위의 처분에 관하여 발급하던 증명서.

460) 완호(完護): 나라에서 법률로 특수한 집단의 생명이나 생활의 안전을 유지하게 해 주던 일. 또는 그런 제도.

461) 제역(除役): 병역이나 부역(賦役) 따위를 면함.

462) 군정(軍丁): 군적(軍籍)에 있는 지방의 장정. 16세 이상 60세 미만의 정남(丁男)으로, 국가나 관아의 명령으로 병역이나 노역(勞役)에 종사하였다.

463) 연역(烟役): 각 호에 부과되는 잡역.

464) 도부(到付): 공문(公文) 등(等)이 와 닿음.

禮曹 完文

嘉慶二年丁巳五月日

右完文為完護事

除役一款，雖是不輕，而奉賢之道，有關於禮典。聞本縣之於道巖祠，既有前後本官之除役完文，而亦有懈弛之弊云，極爲慨然。本祠接人軍丁烟役，永為勿侵事，完文成給，為去乎，到付後，依此施行，俾無日後慢忽之地，宜當向事。

23. 무장 유생 등이 관칙[465]을 청구하는 사항을 예조에 올리는 단자 (茂長儒生以請關飭事呈禮曹單子)

정사 8월 일

전라도 무장 유생 등이 삼가 목욕재계(沐浴齋戒)[466]하고 대종백[467] 합하께 글월을 올리는 바입니다.

소생 등(小生等)은 전번에 본 현의 영모당(永慕堂) 김선생의 도암사(道巖祠)에 관한 사항을 앙달(仰達)하였습니다. 제사(題辭)에서 지도(教)해 주시기를 "이와 같이 침역(侵役)[468]하는 것은 아마도 향리(鄕吏)들이 나쁜 전례를 만든 탓으로 인해 이루어진 것 같으니, 이 제사(題辭)를 지니고 가서 건네주고, 완문

465) 관칙(關飭): 상급 관서에서 하급 관서로 보내는 공문서.

466) 부정(不淨)을 타지 않도록목욕하고 마음을 가다듬는 일.

467) 대종백(大宗伯): 예조판서(禮曹判書)의 이칭(異稱).

468) 침역(侵役): 침해를 받아 역에 충원됨.

(完文)으로 삼아, 거기에 따라 실행하라.”라고 하였으므로, 이러한 지도하심은 실제로 선현에 대한 진념(軫念)[469]과 학궁(學宮)[470]에 대한 고호(顧護)[471]의 뜻이므로, 황송하기 그지없습니다. 그런데 무릇 경성(京城)에 있는 상사(上司)[472]들의 이러한 제사(題辭)[473]들을 지방에 있는 여러 읍의 관청에서는 대부분 괄연(恝然)[474]하고 집행에 태만하고 있습니다. 엎드려 바라옵건대, 합하(閤下)[475]께서 이러한 상황을 부찰(俯察)[476]하시고, 옛 규례에 따라, 완문(完文)의 조항을 시행하며, 절대로 침범하거나 훼손하지 말아야 한다는 사항을 관칙(官則)으로 엄격하고 명백하게 하여 주시옵소서. 또 사원(祠院)에 있는 원생(院生)[477]과 보인(保人)[478]은 각기 15명인데, 조가(朝家)[479]에서 획

469) 진념(軫念): 존귀한 윗사람이 아랫사람의 사정(事情)을 돌보아 걱정하여 생각함.

470) 성균관의 별칭.

471) 돌보아 줌, 고견(顧見).

472) 윗 등급의 관청이나 기관.

473) 백성의 소장(訴狀)이나원서에 스던 관부의 판결이나 지령.

474) 무심히, 태연히.

475) 조선조 정1품 벼슬아치에 대한 경칭, 판서(判書)직의 사람에 대한 경칭으로 요즈음으로 치면 장관(長官)에 대한 경칭.

476) 아랫사람의 형편을 두루 굽어 살핌.

477) 원생(院生): 조선 왕조 때, 서원(書院)에 속(屬)해 있던 유생(儒生).

478) 보인(保人): 조선시대 평민 남자가 부담하던 국역(國役)의 하나. 조선은 초기부터 양인(良人;평민)을 중심으로 한 병농일치(兵農一致)의 개병제(皆兵制)를 확립하여 양반계급을 제외한 16~60세의 평민에게 군역을 부과하였다. 이것을 정규 군사로서 활동할 호수(戶首)와 그 경제적 뒷받침을 맡을 봉족으로 구분하며, 현역으로 뽑혀 번상(番上)하는 사람에게 직접 군역을 지지 않는 장정을 봉족으로 삼게 하여 집안 일을 돕게 하였다. 1464년(세조 10) 봉족제는 보법(保法)으로 개편되어 봉족을 보인(保人)이라 부르게 되었다.

479) 조정(朝廷)을 의미함.

급(劃給)[480]하고 있으니, 나라 의 법도에 따라 집행하고, 타일러서 이 현사(賢祠)로 하여금 구례(舊例)를 실추(失墜)[481]시키지 않고, 제사를 받들 수 있도록 하여주시면 천만 다행으로 생각하겠습니다.

대종백 합하

제사

사액(賜額)[482]을 내리지 않은 서원(書院)의 15명은 조가(朝家)의 정식(定式)[483]이 있다. 본관이 어찌 모를 도리가 있겠는가? 이 제사(題辭)를 지니고 가서, 본 읍에 올리고 마땅히 일을 해결해야 한다.

茂長儒生以請關飭事呈禮曹單子

丁巳八月 日

全羅道茂長儒生等謹齋沐上書于大宗伯閤下；

小生等頃以本縣永慕堂金先生道巖祠事，仰達矣。題教有曰，如是侵役，似是鄉吏輩作倆之致。持此題往付，以為依完文施行。為教實為軫念先賢，顧護學宮之感意，感悚無地。凡於京上司此等題辭，外方列邑，多有恝然不勤舉行。

480) 획급(劃給)하다 : 주어야 할 것을 한 번에 다 주지 아니하고 나누어 주다.

481) 명예나 위신 따위를 떨어뜨리거나 잃음.

482) 사액(賜額): 임금이 사당(祠堂), 서원(書院), 누문(樓門) 따위에 이름을 지어서 새긴 편액을 내리던 일.

483) 정식(定式): 격식이나 방식을 일정하게 정함. 또는 그 격식이나 방식.

伏願閤下，俯察如是之情，以依舊例施行完文條約勿為侵毁事，嚴明關飭。且以院生保丁各十五名，朝家之劃給，則依國典擧行事論理申節，俾此賢祠母墜舊例，以奉祀事，千萬幸甚。

大宗伯閤下
題辭 未賜額書院十五名，自有朝家定式焉。本官豈有不知之理？持此題往呈本邑，宜當向事。

24. 무장 유생 등이 제역 사항을 춘조[484]에 올리는 단자 (茂長儒生以除役事, 呈春曹單子)

기미 10월 일

전라도 무장(茂長) 유생(儒生) 등이 삼가 목욕재계(沐浴齋戒)하고, 대종백(大宗伯)[485]합하께 글월을 올리는 바입니다.

엎드려 생각하니, 속담에서 말한 "신법(新法)은 쓰지 않고,구법(舊法)은 폐하지 않는다"것은 대개 고금의 통의(通誼)[486]입니다. 그런데 본 현(縣)에서는 학궁(學宮)의 옛 규례를 졸연히 영원토록 폐지하였습니다. 그렇다면, 바야흐로 오늘날 성스럽고 밝은 시대에서 현자들을 숭상하고 있는 이 때에, 오직 우리

484) 조선조 6부 중 예조(禮曹)를 말함.
485) 대종백(大宗伯): 예조판서(禮曹判書)의 이칭(異稱).
486) 세상 일반이 이행하여야 할 도리.

현의 학궁만이 쇠잔(衰殘)[487]하여, 어찌 개연하지 않을 수가 있단 말입니까? 석탄 이존오(石灘 李存吾), 미암 유희춘(眉巖 柳希春), 영모당 김질(永慕堂 金質), 사호 오익창(沙湖 吳益昌) 네 선생의 서원(書院)이 모두 본 현(縣)에 있는데, 서원 가까이에 있는 백성들은, 자고로 부역을 면제하여, 서원에서 임의로 부리도록 하였는데, 공당(公堂)에서 부리도록 하게 하였다면, 아주 많은 시끄러운 일들이 있게 되었을 것입니다. 근세에 이르러서는 인심이 옛날 같지가 않아, 서원에서 부리는 사람들은 오히려 기피하여 그 일을 피면하고자 하는데, 황차 또 부역을 겹치게까지 하고 있지 않습니까? 교원(校院)[488]의 기강이 퇴폐하고 생(生民)[489]들의 성심이 해이 되어, 오직 사묘(祠廟)를 지키는 이 백성들로 하여금 헛된 모습으로 군정(軍丁)에 편입하게 한다면, 정녕 환산(渙散)[490]에 이르게 되어, 몇 칸 되는 현우(賢宇)가 꼭 외롭게 우뚝 솟아 있을 재환이 닥쳐오고야 말 것입니다.

이에 새삭년에 본현의 유생 강덕환(姜德煥), 이형직(李馨稷) 등이 일구등성으로 본조(本曹)에 우러러 하소연하여, 얻어낸 제사(題辭)가 도부(到付)[491]하였지만, 옛날처럼 회복하지 못하였습니다. 또 그 후에 또 본조에서 완문(完文)을 내였지만, 아직까지도 실시하지 않고 있으니, 사림(士林)에서는 억울하여

487) 쇠하여 힘이나 세력이 점점 약해짐.
488) 향교와 서원.
489) 백성.
490) 군중이나 단체가 흩어짐.
491) 도부(到付): 공문(公文) 등(等)이 와 닿음.

도대체 어떻게 할 바를 모르고 있습니다. 원래 고규(古規)가 어느 해에 내린지는 알 수 없지만, 후백(侯伯)[492]들이 오가며 남긴 완문(完文)의 절목(節目)에서는 서원에 소속된 백성들의 군오(軍伍)와 잡역(雜役)을 영영 침범하지 말아야 한다고 하였습니다. 그때의 군정(軍丁) 액수가 지금보다 적어서 그런 것입니까? 아니면 지금의 군적(軍籍)이 옛날보다 감소되어 그런 것입니까? 사물의 이치에 따라 헤아려보니, 개연한 감을 이길 길이 없어서, 감히 이렇게 진술하여 알리는 바입니다. 엎드려 바라옵건대, 합하께서 전체 훌륭한 옛 규례로 학궁의 옛 규정을 수호하도록 하시어, 사람(士林)들이 완문을 근거로 삼아 시행하도록 하여 주시고, 기한을 작정하여 탈급(頉給)[493]하게 한 다음, 그 형지(形止)를 문서로 보고하는 사항은 본조에서 논리에 따라 발관(發關)[494]하고, 엄격하게 신칙(申飭)[495]하여 학궁(學宮)을 고호(顧護)[496]하는 경지로 삼게 하여 주신다면 천만 다행이겠습니다.

대종백 합하

제사(題辭)

이미 전후 완문(完文)이 있고, 또 본조(曹)에서 내린 제사(題辭)가 있는데도 서원 주변의 거주민들의 연호잡역(烟戶雜

492) 제후(諸侯)의 우두 머리. 여기서는 원님 즉 현감을 의미하고 있음.
493) 탈급(頉給): 특별한 사정을 헤아려 책임을 면제하여 줌.
494) 상관(上官)이 하관(下官)에게 공문(公文)을 보내던 일.
495) 단단히 타일러 조심함.
496) 돌보아 줌.

役)[497]을 아직도 이토록 침범하고 있으니, 사태를 헤아려보면 천만 미안하다. 이 제사(題辭)를 지니고 다시 가서, 본 관청에 올리고 반드시 해결해야 할 일이다.

茂長儒生以除役事呈春曹單子

己未 十月 日

全羅道茂長儒生等，謹齋沐上書于大宗伯閤下：

伏以諺所謂"新法不用，而舊法不廢"者，蓋古今之通誼。而本縣學宮之舊例，猝然永廢，則方今聖明尚賢之下，獨有鄙縣學宮之凋殘，豈不慨然乎哉！李石灘存吾、柳眉巖希春、永慕堂金質、沙湖吳益昌四先生書院，并在本縣，而墻下民人自古除役，俾得任使於院中，則公堂使役，頗有頻煩。近世人心不古，院底之民猶欲逃避之中。況又加之以兩役乎？校院之紀綱頹廢，生保之誠款懈弛，使此僅僅守廟之民，致有蕩然沒八(入)於軍丁，則勢將渙散，數間賢宇，必有巋然獨立之患矣。茲以再昨年本縣儒生姜德煥、李謦稷等，齊聲仰籲於本曹，受題到付，而未得復舊。伊後又出本曹完文，到付而尚未得許施。士林之抑鬱，倘復何如。元來古規，不知為幾年，則倏往倏來，完文節目，院底民軍伍，雜役永永勿侵。其時則軍丁案額小於今而然歟。今時則軍籍減於舊而然耶。揆以事理，不勝慨然，敢此陳達。伏願閤下俾全禮賢之舊例，以守護學之古規，使之依完文施行。刻期頃給之

497) 조선조 때, 민가(民家)마다 과하던 여러 가지 부역(賦役).

後，形止帖報事，自本曹論理發關嚴節，以為顧護學宮之地，千萬幸甚。

大宗伯閤下

題辭 既有前後完文，又有本通題辭，則院底居民，烟戶雜役，尚此混侵。揆以事體，萬萬未安。以此題辭，叓爲往呈于本官，宜當向事。

25. 무장 현감 하첩[498] (茂長縣監下帖)

기미 11월 10일

행현감(行縣監)이 내린 하첩 사항이다.

절문(節文)[499]이 도부하였는데, 본현의 유생 강주용(姜柱用) 등이 글월을 올렸기에, 예조에서 순사(巡使)[500]에게 내리는 관칙(關飭)[501]이었다. 도관(道關)에서는 문건에서 이석탄(李石灘), 유미암(柳眉庵), 김영모당(金永慕堂), 오사호(吳沙湖) 네 선생 서원(書院)의 "서원에 속하는 주민들의 연호잡역을 이미

---

498) 하첩(下帖): 조선조 때, 고을의 현(縣)이 향교(鄕校)의 유생(儒生)들에게 체문(帖文) 고을 수령이 향교 유생에게 내리던 체문(帖文;고을 수령이 향교의 유생에게 유시(諭示)하던 서면) 내리던 일.

499) 절문(節文): 예절에 관한 규칙이나 규범.

500) 순사 (巡使): 조선 시대에, 도(道) 안의 군무를 순찰하는 일을 맡아보던 벼슬. 각 도의 관찰사가 겸임하였다.

501) 관칙(關飭): 상급 관서에서 하급 관서로 보내는 공문서.

본 관청의 완문과 본조의 완문(完文)이 있는데도 이에 위반하였으니 천만 미안하다."이라고 하니, 완문에 근거하여 탈급(頉給)[502]한 것도 있으니, 본 원의 접인은 연호잡역을 함께 탈급하라고 하거니, 이것을 잘 알고 일을 해야 하므로 합하앙조험시행수지첩자하라(合下仰照驗施行須至帖者, 차첩을 내리니 명시된 내용을 잘 검토하라).

도암서원(道巖書院)의 집강(執綱)[503]은 여기에 준하라.

茂長縣監下帖

己未 十一月 十日

行縣監為下帖事

節到付。本縣儒生姜柱用等呈及，禮曹關飭巡使。道關據內"李石灘、柳眉巖、金永慕堂、吳沙湖四先生書院，院底居民既有本官完文，及本曹完文，則烟戶雜役混侵 萬萬未安。"是如乎，依完文頉給亦為有等，以本院接人烟戶雜役，一併頉給計料為去乎，以此知悉向事，合下仰照驗施行須至帖者。

道巖書院執綱準此。

---

502) 탈급(頉給): 특별한 사정을 헤아려 책임을 면제하여 줌.

503) 집강(執綱): 조선 시대 향약(鄕約)에서 주현(州縣) 밑에 있었던 면(面)·방(坊)·사(社)의 소규모 동약(洞約)·동계(洞稧)의 장(長). 풍헌(風憲)·약정(約正)·면임(面任)·사장(社長)·검독(檢督)·방장(坊長)·방수(坊首)·도평(都平) 등이라고도 불렀으며, 주로 주현의 행정 명령을 백성들에게 알리고 조세의 납부를 지휘하는 구실을 하였음.

26. 무장 유생이 역사를 춘조(春曹;예조)에 올리는 단자 (茂長儒生以除役事呈春曹單子)

신유 순묘 6월 일

전라도 무장 유생 김연(金埏), 김판(金圾), 김세기(金世基) 등이 아래와 같이 삼가 아뢰옵니다.

재작년 겨울, 본현의 유생 강주용(姜柱用) 등이 이석탄(李石灘), 유미암(柳眉庵), 김영모당(金永慕堂), 오사호(吳沙湖) 네 선생의 서원(書院) 가까이에 살고 있는 백성들을 옛날의 관례에 따라, 제역(除役)하여 주어야 한다는 사항을 예조(禮曹)에 올려, 예조에서 특별하게 관칙(關飭)[504]을 내렸고 본 도의 순영(巡營)[505]에서 또 첩관(帖關)을 내렸기 때문에 본 현의 옛 성주께서 관칙에 의거하여 탈급한다는 뜻을 담은 하첩을 본 서원에 내렸는데, 오래 동안 탈급하는 것이 아니라는 뜻이었습니다. 작년 봄에 책봉하는 경사가 있었으므로 상경하였고, 작년 가을에 국휼(國恤)[506]이라는 비통한 일이 있어, 상경하다 보니 탈급하지 못하였는데, 체귀(遞歸)[507]하였다고 하고, 새로운 성주가 작년 겨울에 부임하여 왔습니다. 그때 향중의 다사들이 사건의 연유를 일구동성으로 우러러 하소연하였기에, 역시 관칙에 근거하여 탈급하여 준다는 뜻으로 제사(題辭)를 내렸습니다만, 세월이 임염하여 지금까지 미적미적 미루어가고 있는바, 관칙

504) 훈계함.
505) 조선 시대, 팔도에 파견된 감사가 직무를 보던 관아.
506) 국휼(國恤): 국민 전체가 복상(服喪)하던 왕실의 초상.
507) 체귀(遞歸)하다 : 벼슬을 내놓고 돌아오다.

의 집행을 이와 같이 지체하며 해를 넘긴다고 하면 상사(上司)의 명령이 중한데 장차 어떻게 상사의 명령을 집행한단 말입니까? 엎드려 바라옵건대, 합하께서 이 뜻을 동촉하시고 서원에 종사하는 백성들의 군정과 연역(烟役)[508]을 이전의 관칙에 근거하고 이전의 관례에 따르며, 완문(完文)에 의거하여, 신속하게 몰수이(沒數頉)[509] 탈급한 후 형지(形止)[510]를 문건으로 보고하는 사항은 날짜를 정하고, 행관하도록 독촉하여 지체하는 일이 없이 하도록 행하(行下, 명령 혹은 분부)하여 주십시오.

춘조합하

제사(題辭)[511] 발관(發關)[512]하도록 하라.

茂長儒生以除役事呈春曹單子 辛酉純廟 六月 日

全羅道茂長儒生金埏、金坂、金世基等右謹言。

再昨年冬，本縣儒生姜柱用等以李石灘、柳眉巖、金永慕堂、吳沙湖四先生書院墻下民依古例除役事來呈禮曹，則禮曹特下關飭，自本道巡營又下帖關。故本縣舊官城主，以依關飭頉給之意，即爲下帖於本院，而意謂匪久頉給矣。前春以册封之慶上京，前秋以國恤之痛上京，故不得頉給。而遞歸是如乎，新官城主前冬到臨，時鄉中多士以緣由齊聲仰籲，則亦以依關敕頉給之意題下是乎矣。荏苒歲月，至今遷

---

508) 제사 일.

509) 있는 수대로 죄다.

510) 어떤 일의 처음부터 끝까지의 전말.

511) 백성의 소장(訴狀)이나 원서에 쓰던 관부의 판결이나 지령.

512) 상관이 하관에게 공문을 보내던 일.

推是乎所，關飭擧行若是遷延閱歲，則上司之令其可謂有所重乎於，將何行上司之令乎？伏願閤下洞燭此意，院底民軍丁烟役，依前關，依舊例，依完文，斯速沒數頉給之後，形止帖報事，指日論理行關，俾無遷推之地，為只為行下向教是事。
春曹閤下
題辭 發關向事。

27. 본관 완문 (本官完文)

갑자 11월 6일

아래 완문은 완호(完護)[513] 사항이다.

제역(除役)[514]이란 한 가지 일은 비록 중대한 일이기는 하지만, 현자(賢者)를 받드는 도이므로, 다른 일과는 다르다. 옛 동음치(冬音峙)면 내갑촌(內甲村) 도암서원(道巖書院)의 접인(接人)들을 영원히 제역한다는 뜻으로, 전해온 완문은 모여서 권질을 이룰 뿐 깨닫지를 못하고 있다. 또 예조의 완문이 있으니, 이후에는 내갑촌 온 동네 접인(接人)들에 대해서는 각항 군정(軍丁) 및 크고 작은 연역(烟役), 그리고 좌우 수영(水營)에서 출사(出使)하는 요구에 응하는 일들로 침범하지 말아야 한다는

513) 완호(完護): 나라에서 특정 신분에 있는 사람이나 특정인을 보호하여 잘 살게 함.
514) 부역(賦役)의 면제.

뜻을 이와 같은 완문으로 성급하니, 면의 임처(任處)에서 분부하여 집행하도록 하라.

本官完文

甲子十一月六日

右完文為完護事

除役一款，雖是重大，而奉賢之道，異於他事。故冬音峙面內甲村道巖書院接人段永為除役之意，傳來完文，積成卷軸，叵不喻。且有禮曹完文，則此後段內甲一村接人處，各項軍丁、及大小烟役，與左右水營出使酬應之節，勿侵之意，如是成給完文，而面任處分付舉行者。

28. 본원 유생 등이 발관[515]을 구하는 사항으로 예조에 올리는 단자 (本院儒生以請發關事呈禮曹單子)

정미 헌묘(憲廟;헌종조) 11월 일

전라도 무장 도암서원 유생 등이 삼가 재배하며, 대종백(大宗伯)[516] 합하께 글월을 올리는 바입니다.

엎드려 생각하니, 본현의 영모당(永慕堂) 김선생은 휘가 질(質)인데, 바로 개국 일등공신 상락부원군(上洛府院君), 좌의정(左議政), 익원공(翼元公), 휘 사형(士衡)의 6대손입니다. 유

515) 상관이 하관에게 공문을 보내는 일.

516) '예조판서(禮曹判書)'를 달리 일컫는 말. 예조찬서는 교육과 외교를 주관한다.

소년 때부터 성리학설(性理學說)을 깊이 있게 연구하여, 《대학(大學)》에 나오는 '성의(誠意)'와 '정심(正心)'에서 따온 성정(誠正)으로 자신을 단속하였습니다. 순수한 효성은 천성적으로 지니고 있었으며, 자애로운 어머니의 명에 따라, 한번 과거(科擧)에 참가하여, 선조조(宣祖朝;서기 1588년)무자에 상상(上庠)[517]에 오르기는 하였지만, 그 후 과거(科擧)를 포기하고 말았습니다. 부모와 승중상(承重喪)[518]의 상을 당하자, 미음(米飮)[519]을 마시며 여묘(廬墓)생활을 하였는데, 해수는 무릇 12년이나 되었고, 그 사이 여러 번 하늘과 동물을 감동시켜 기이한 일들이 나타났으며, 자기가 살고 있는 죽림원에 따로 영모당(永慕堂)을 짓고 종신토록 경모하는 뜻을 담았습니다. 명묘조정에서는 소문을 듣고 정려로 포창하였고, 임진왜란 이후 천조에서 우리나라의 행의를 방문할 때, 본조에서 공을 으뜸으로 상주하였기에 또 명조(明朝)에서 정려를 표창하였습니다. 그 후 사림에서 여러 번 상주하여 도암사를 세웠는데, 본 조(曹)의 《서원록(書院錄)》에 모두 기록되어 있습니다.

선생의 증손 은송당(隱松堂) 휘 경철(景哲)과 현무재(賢武齋) 휘 익철(益哲)은 선무원종공훈으로서 임금께서 친히 철권을 하사하였고, 자기 증조부의 영모당(永慕堂) 서원에 추배 되었습니다. 원내 주민들의 군정(軍丁)과 연역(烟役)을 영영 면제하

517) 옛날 중국 우대(虞代)d의 대학. 우학(右學)이라고도 함. 여기서는 성균관(成均館)을 가리키고 있음.

518) 장손이 할아버지와 아버지를 대신하여 조상의 상(喪)을 치름.

519) 쌀이나 좁쌀을 오래 끓여 체에 밭인 음식(병자, 어린이들이 먹음).

는 사항은 본조의 관문(關文)[520]과 완문(完文),[521] 본도의 관문(關文), 본 관청의 완문이 쌓이어 권질을 이르고 있지만, 몇 해 전으로부터 최근까지 이르면서, 법구폐생(法久弊生)[522]하여 연역(烟役)이 혼침(混侵)하는 일이 비일비재(非一非再)하여, 원내에 속하는 거주민들이 안접(安接)[523]하기 어려운 형편입니다. 이와 같은 일이 그치지 않으면, 몇 칸 되는 현우(賢宇)는 정녕 홀로 우뚝 솟아있을 재환이 나타나게 될 것입니다. 이에 개연함을 이기지 못하여, 감히 이렇게 진술하여 아뢰는 바입니다. 삼가 바라옵건대, 합하께서 어진 이를 예우한다는 옛 관례를 완전히 하고, 학궁을 돌보는 옛 규정을 지키시어, 그들로 하여금 전의 관문(關文)[524]에 의거하여, 시행하도록 하여 즉시 탈급한다는 뜻으로, 관문을 본 도에 내려주신다면 천만 다행으로 여기겠습니다.

예조 합하

제사

관문을 본 도에 내려 처리하도록 하라.

---

520) 관문(關文): 상관(上官)이 하관(下官)에게 보내던 문서(文書).

521) 완문(完文): 조선 시대 관부(官府)에서 향교 · 서원 · 결사(結社) · 촌(村) · 개인 등에게 발급하는 문서이다. 어떠한 사실의 확인 또는 권리나 특권의 인정을 위한 확인서, 인정서의 성격을 가진다. 완문은 관부에서 일방적으로 발급하는 경우도 있었으나, 대개는 당사자 또는 관계 단체의 진정 또는 청원에 의하여 발급하게 된다.

522) 법구폐생(法久弊生): 좋은 법도 오래되면 弊害(폐해)가 생김.

523) 평안히 머물러 삶.

524) 조선조 때, 상관이 하관에게, 또는 상급관청이 하급관청에 보내던 공문서.

本院儒生以請發關事禮曺單子

丁未憲廟 十一月 日

全羅道茂長道巖書院儒生等謹再拜上書于大宗伯閤下

伏以本縣永慕堂金先生諱質，卽開國一等功臣、上洛府院君、左議政、翼元公、諱士衡之六世孫也。自幼少時，深究性理之學，誠正律已，純孝出天，以慈命一赴試圍，嘉靖戊子登上庠，後仍廢科業。及遭父母喪，及承重，啜粥廬墓，凡十二年，累致感天感物之異。所居竹林院，別構永墓堂，以寓終身慕之意。明廟朝事聞旌閭。壬辰亂後，天朝訪問我國行誼，本朝首公以奏之，又有皇命旌褒。其後士林累上言，建祠道巖，載在本曹書院錄矣。先生之曾孫隱松堂，諱景哲；賢武齋，諱益哲，以宣武原從勳，御賜錄券，而追配於其曾祖永慕堂書院。而院底居民，軍丁烟役，永永勿侵事，本曹關文完文，本道關文，本官完文，積成卷軸是乎矣，挽近以來，法久弊生，烟役混侵，非一非再，則院底居民，有難安接。若此不已，則數間賢宇，必有巋然獨存之患。故不勝慨然，敢此陳達。伏願閤下俾全禮賢之舊例，以守護學之古規，使之依前關施行，即爲頉給之意，發關本道之，幸甚。

禮曹閤下

題辭

發關本道向事

29. 향중의 다사들이 절목을 등초(謄抄)할 사항으로 본관께 올리는 단자 (鄕中多士以謄書節目事呈本官單子)

경술 철종 2월 일

무장 향중의 다사 등이 삼가 목욕재계하고 백배하며, 성주 합하께 글월을 올립니다.

엎드려 생각하니, 본읍의 도암서원(道巖書院)은 바로 임진(壬辰)시기 원종일등공신 김공 휘 익철(益哲)을 추배하여 타영(妥靈)한 곳입니다. 만력 33년 4월 일에 특별하게 표창하여 임금께서 친히 녹권을 하사하셨고, 원종대왕(元宗大王)의 어휘(御諱)가 실려 있습니다. 그리고 봄가을 봉심(奉審)[525]할 때이면, 관가에서 향촉(香燭)을 봉진(封進)[526]하였고, 그것이 이미 관례로 되었습니다. 그렇지만 체례(體禮)[527]에서 중히 여기는 향촉은 아직도 절목을 적은 책에 등초하지 못하여, 매번 정품(呈品)을 봉진하는 사람들이 극도로 소원하고 간략하게 처리하고 있습니다. 때문에 전에 올린 물품의 상황과 첩련을 제유(齊籲)[528]하오니, 특별하게 예리(禮吏)[529]를 시켜, 목록을 등초하게 하고 반드시 지켜야 할 규례(規例)를 이루어 주시기를 간절히 빌어 마지 않습니다.

제사

---

525) 봉심(奉審): 임금의 명(命)을 받들어 능소나 묘우를 보살핌.

526) 봉진(封進): 밀봉(密封)하여 올림.

527) 관리들 사이에 지키는 예절.

528) 제유(齊籲): 여러 사람이 다 같이 큰 소리로 호소함.

529) 禮吏(예리): 예방(禮房)의 아전(衙前).

해마다 품목(稟目)들이 어찌하여 등록(謄錄)[530]과 다른가? 금년에는 응당 관례에 근거하여 봉진(封進)하도록 하라.

鄕中多士以謄書節目事呈本官單子

庚戌哲宗二月日

茂長鄕中多士等謹齋沐百拜上書于城主閤下

伏以本邑道巖書院，卽壬辰原從一等功臣金公，諱益哲，追配妥靈之所也。萬曆三十三年四月日，特加褒美，御賜錄券，而元宗大王御諱載列，而春秋奉審時，自官家封進香燭，以成規例，而軆禮所重之香燭，尚不謄書於節目册，每等呈品封進者，極涉疎畧。故前呈品狀、帖連齊籲為去乎。特使禮吏，謄書節目，以成遵行規例，無任祈懇之至。

題辭

年年稟目，何異於謄錄。今年段宜當依例封進事。

30. 영모당 중건기 (永慕堂重建記)

옛날의 효자 김공 선생은 휘가 질(質)이며, 자가 문소(文素)이다. 어버이의 상을 당하여 여묘(廬墓)에서 생활하였고, 상복을 벗게 되자 별도로 집 한 채를 지어 그곳에서 생활하면서 말하였다. "군자에게는 종신지상(終身之喪)[531] 이 있다고 하였으

530) 등록(謄錄): 관청에서 조치하여 행한 일이나 사실 가운데 중요한 것을 주무 관서에서 그대로 기록하여 만든 책. 훗날 참고자료로 활용함.

531) 종신지상(終身之喪): 자식이 한평생 동안 삼년상과 같이 받들어야 한다는 부

니, 나는 응당 추모하면서, 거처하면서 좋아하시던 것을 잊지 말아야 할 것이다." 당의 이름 영원히 사모한다는 영모(永慕)는 바로 여기에 뿌리를 두고 있다.

선생은 생전이나 사후에 처음을 이루고 끝을 이룬 것이 여기에 빗어난 적이 없나. 유년시기부터 지성으로 지체(志體)를 모두 봉양하였으니, 영모는 천품에서 얻은 것이다. 어버이 장사(葬事)에도 몸소 토석(土石)을 져 나르며, 일꾼의 손을 빌리지 않으셨고, 여묘(廬墓)를 지어 제찬(祭饌)과 제주(祭酒)를 손수 갖춘 것은 송종(送終)에서 영모(永慕)가 두드러졌다. 산의 쥐들이 장항아리 앞에서 죽어가고, 꿩이 부엌으로 날아들었으니 영모(永慕)는 미물(微物)들까지 감화하였다. 온 산에 대설(大雪)이 펑펑 쏟아졌지만 유독 묘(墓)주위에는 눈꽃 한 점 떨어지지 않았으니, 영모(永慕)는 천심(天心)을 감동시킨 것이다. 일거수일투족에 부모를 잊지 않고 온전한 신체로 돌아갔으니 '영모(永慕)'가 임종에 형체를 드러낸 것이다. 하서(河西)선생이 당(堂)의 편액(扁額)을 써주고, 비암(眉庵)선생이 글로 서술하고, 기고봉(奇高峯)과 양송천(梁 松川) 두 선생이 함께, 쉰이 되어서도 어버이를 사모하게 되었다고 말하였으니, 영모(永慕)는 제현(諸賢)들에게 믿음이 있은 것이다. 낮은 곳의 소리를 들으시는 임금님이 정려(旌閭)를 갑자기 내려 주시고, 중국의 명조(明朝)에서 소문을 채집하여 왕명으로 추천이 이르니 '영모(永慕)'는 나라와 천하에 명성이 자자하게 하였다. 영모당의 원 자리에 서원(書院)을 세워, 높이 받드는 뜻을 담고 있으니, 영모

모의 기제(忌祭)를 가리켜 이르는 말.

(永慕)는 후세의 사림(士林)에도 미친 것이다. 서원이 훼철(毁撤)되어 빈 터만 남았지만, 다시 중건하여 당(堂)으로 만들었으니, 영모(永慕)는 후손들에게 추모를 받고 있다. 대개 선생에게 영모의 실질이 있기 때문에 그의 형체가 감동을 두드러지게 준 것은 바로 이와 같은 것이다. 아, 훌륭하구나! 사림의 사람들은 옛날 서원을 처음 세울 때의 초심을 잊지 않았고, 자손으로 된 사람들은 오늘날 당을 세운 효도의 생각을 바꾸지 말아야 할 것이다. 그렇게 되면 선생의 영모(永慕)라는 실질은 마땅히 세대를 이어가며 영원히 풍유(風猷)와 이모(貽謨)로 될 것이니 바라건대, 제군자들과 함께 면려(勉勵)하여야 한다. 창의를 낸 사람은 상상(上庠)[532]의 영철(榮喆)[533]이고 거기에 호응한 사람은 영균(榮均), 진묵(震默), 만회(萬會)인데 대개 종인(宗人)들이 일심이 되어야 역사(役事)를 벌린 일은 쉽사리 완공할 수 있을 것이다. 그것을 위해서 분주하게 오가며 고생을 한 사람은 준묵(峻默), 정묵(正默)이다. 역사가 준공되자 상상에서는 그의 손자 재록(在祿)을 시켜 나에게 기사 문장을 적어달라고 부탁하였다.

행주 기우만 근서

532) 옛날의 太學, 조선조의 成均館.

533) 고창읍 도산리 151 출신, 永慕堂 質의 10대손, 成均生員으로 송사 기우만(奇宇萬)의 친구로 의병을 같이 계책하였음.

永慕堂重建記

古孝子金公先生，諱質，字文素，喪親廬墓，既除服，別構一室以居，曰："君子有終身之喪，吾當追慕，不忘於嗜好居處間矣。"堂名永慕，蓋本於此。而先生身前身後，成始成終，不出於此。幼己至性，志體兼養，孺(永)慕之得於天稟也。親葬負土，不資丁夫，築室塚傍，饋獻手具，永慕之著於送終也；山鼠斃甒，飛雉入廚，永慕之感於微物也；滿山積雪，不及墓堧，永慕之感於天心也；服闋別築，嗜好不忘，永慕之終於思親也；一出言一舉足，不敢忘父母，全其體而歸，永慕之形於臨埸也；河西先生扁其堂，眉巖先生述以文，奇高峯、梁松川二先生並許以五十而慕，永慕之孚于諸賢也。聽卑之天，旌命遄降，天朝采聞，皇命荐至，永慕之達於國而天下也；建院於堂址，以寓高景，永慕之及於後林也；院撤而墟，重建為堂，水慕之追於後孫也。蓋先生有永慕之實，故其形著孚感有如此。吁，盛矣！為士林者，不愆伊昔建院之初心；為子孫者，毋替今日建堂之孝思。則先生永慕之實，當永世為風猷與貽謨矣，願與諸君子勉焉。倡之者上庠榮喆，和之者榮均、震默、萬會，蓋諸宗一心功役易成，而奔走賢勞者，峻默、正默。役既竣，上庠使其孫在祿，謁余記事之文。

幸州奇宇萬 謹書

31. 도암사 중건 상량문 (道巖祠重建上樑文)

엎드려 생각하니, 효(孝)를 백행(百行)의 근원이 되니 바람 소리는 청산과 강하처럼 영원하게 될 것이다. 한 가문이 힘을 합쳐 하나의 성사를 꾸미었더니, 동우(棟宇)[534]가 새롭게 일떠서서, 선비들은 의지할 곳이 있게 되고, 신령들은 척강(陟降)[535] 할 수 있게 되었다.

엎드려 생각하오니, 우리 선조 영모당(永慕堂) 선생은 도(道)를 자신의 소임으로 삼고, 천성적으로 효(孝)는 천부적(天賦的)인 성품이었으니, 예(禮)의를 익히고, 시(詩)를 배우며, 이정(鯉庭)[536]의 교육을 어긴 적이 없었다. 뜻을 키우고 몸을 닦아 마치도 새끼가 어미를 먹여 살리는 까마귀인양 오포(烏哺)의 정성을 다하였고, 성인(聖人)의 훈도에 감복하여 의리를 깊이 연찬하고, 마치 풀을 먹는 소와 양의 고기나 곡식을 먹는 돼지의 고기를 맛있게 먹듯이 의리를 즐기었다.[537].

자애로운 어머니의 소원을 들어주고자 과거(科擧)에 나서기는 하였지만, 부귀(富貴)를 마치도 뜬구름처럼 여기고, 명성을 떨치고 벼슬을 구하려는 생각은 단념하였고, 자식으로서의 직

---

534) 집의 마룻대와 추녀 끝이란 뜻으로, '집' 을 통틀어 이르는 말.

535) 올라갔다 내려갔다를 되풀이 함.

536) 자식이 아버지의 교육을 받는 곳. 공자(孔子)가 그의 아들 이(鯉)가 추창(趨蹌)하여 뜰을 지나갈 때, 그를 불러 세우고 《시(詩)》와 《에(禮)》를 배워야 한다고 훈계한 고사에서 온 말.

537) 의리를 깊이 연찬하고…… 즐기다: 맹자는 《맹자 · 고자상(孟子 · 告子上)》 에서 "때문에 의리가 나의 마음을 즐겁게 하는 것은 마치도 풀을 먹는 소와 양이나 곡식을 먹는 개나 돼지의 고기가 나의 입을 즐겁게 해주는 것과 같다(故义理之悦我心,犹芻豢之悦我口)" 朱熹 集注: "草食曰芻,牛羊是也;穀食曰豢,犬豕是也°"고 말한 적이 있다.

분(職分)을 다하기에 힘썼다. 부모님 종기(腫氣)[538]의 피고름을 빨아내었고, 기도에 응해줄 것을 신령에게 빌었다.

부모님이 세상을 떠나시자, 가까이에서 모시며, 소식(素食)을 하며 여막(廬幕)에서 12년을 하루와 같이 생활하여 왔다. (선친(先親)이 생전에 꿩고기를 즐겨 자셨으므로, 해마다 제물로 올리었지만 어느 해는 미처 장만하지 못하여, 통곡하고 있을 때 꿩이 날아와 떨어졌고, 제사에 쓸 장(醬)을 쥐가 흐려놓아 이를 한탄하니, 밤사이에 쥐들이 무리를 지어 장독 아래에 죽어 있었다는 전설이 지금까지 전해 오며, 감응(感應)[539]하여 얻은 꿩과 쥐 이야기가 아직도 전해오니, 이는 믿음이 영성(靈性)이 둔한 돈어(豚魚)에 미친다(《주역(周易)》 중부(中孚)에 있는 말)는 것을 말하며, 흰 눈이 분묘(墳墓) 근방에 내리지 않는 것은 정성이 하늘에 지극하게 사무친 것이요, 흑치(黑齒;왜적을 말함)가 당우(堂宇)를 침범하지 못하였으니, 인(仁)이 사람을 감동(感動)시킴이 깊었던 것이다. 대숲이 우거진 원우(院宇)에서는 청풍이 일고 오언율시(五言律詩)에서는 공(公)을 송영(誦詠)[540]한 것이다. 제청산(祭廳山)이란 아름다움 이름은 천만년 길이길이 사람들의 입에서 전해내려 가며 변하지 않을 것이다.

온공(溫恭)[541]과 개제(愷悌)[542]의 자질에, 전일(專一)하고 진실하게 힘을 다하여, 《효경(孝經)》과 《소학(小學)》으로 가르

---

538) 화농균이 일으키는 피부 염증.

539) 마음이 사물에 저촉되어 감동함. (佛) 신심(信心)의 정성이 신불(神佛)에 통함.

540) 시가(詩歌)를 외어 읊조림.

541) 안색을 부드러히 하고, 생실을 삼감.

542) 덕이 장대(長大)함. 마음이 누구러저 화락함.

쳐, 사람마다 재질에 따라 배우도록 하였으며, 비록 호향(互鄕)[543]이나 궐당(闕黨)[544]이라 하더라도 말씀을 건네시니, 또한 모두 산(山)을 만들기에, 마지막 한 광주리의 흙이 되려는 자들이어서, 쉰 살이 되었어도 어버이를 그리고 있었다.[545] 담옹(湛翁)이 지은 편액(扁額)은 구중천에 닿는 그의 지극한 효성을 징험할 수 있고, 명조(明朝) 에서 특별히 정려(旌閭)를 내려 표창한 일은 마치도 어제 일과 같이 느껴지고 있다. 지난날을 돌이켜 보니, 만력 (萬曆; 명나라 신종(神宗)의 연호)연간에 원우(院宇)가 세워진 것은 많은 선비들이 청원서를 내였기 때문이다.

의병(義兵)을 창도하고 일으켜, 성(城)을 지킨 은송당(隱松堂)은 학문에다 충효를 겸비하였고, 지존(至尊)을 등에 업고 위기를 면한 현무재(賢武齋)의 호종(扈從) 공로는 길이 남아있으니, 이것은 그 증조부에 그 증손들이라 할 것이니, 일체(一體)로 제사지내는 것이 마땅하고, 또 어느 누가 형님이고 어느 누가 동생인지 가릴 수 없이 가정의 연원(淵源)을 얻었다고도 말할 수 있다.

전날에 조가(朝家)의 지휘에 따라 원우(院宇)가 철폐당하는 운명을 면하지 못하였고, 또 오랜 세월이 흘러가고 여러 번 세상의 변천을 겪었다. 이러한 장수(藏修)[546]를 생각하여 보니,

543) 邑名. 풍속이 나빴다. 이인(里仁)의 반대. 《論語》 '述而' 에 互鄕難與言이란 말이 나온다)

544) 村名. 孔子의 舊里. 闕里와 같음.

545) 쉰 살이 되었어도 어버이를 그리다(終慕五十): 맹자는 《맹자 · 만장(孟子 · 萬章)》에서 "큰 효자라고 한다면 종신토록 어버이를 그리는 것이다. 나이 쉰이 되었어도 어버이를 그리는 사람을 나는 순임금에게서 보아내게 되었다(大孝終身慕父母,五十而慕者,予于大舜见之矣)" 라고 말하였다.

546) 책을 읽고 학문에 힘씀.

비단 운잉(雲仍)[547]들이 비애에 잠겼을 뿐만 아니라, 저기 구학(丘壑)[548]을 볼 때마다, 얼마나 사림(士林)의 긴 한숨을 자아냈던가?

다행으로 잡고 있는 병이(秉彝)[549]가 극천(極天)[550]에서 추락되지 않았고, 또 공의(公議)가 후세에서 사라지지 않았기에, 바로 옛 터전에 부계(符契)[551]에 따라, 전처럼 푸른 대나무와 솔이 우거지게 하려고 하여 후손들과 함께 도모하였더니, 재목들을 두루 갖추게 되었고 아름다운 들보를 올리고 집을 세워서, 거연(居然)[552]한 천석(泉石)[553]은 흡사 녹동(鹿洞)의 유풍이 남아도는 것 같았고, 아름답고 구름 감도는 숲은 마치도 용문(龍門)[554]의 여운이 사라지지 않은 성 싶어, 영원히 조상들을 그리는 장소로 되었으니, 지어 산천의 광휘(光輝)가 증가하는 것만이 아니로다. 기초를 닦고 당(堂)을 세웠다고 우리가 할 일을 다 마쳤다고 생각해서는 않된다. 사문(斯文)을 이야기하고, 사도(斯道)를 이야기하는 이것이 조상의 덕을 이어가는 것이다. 중춘(仲春)[555]에 장징들이 모이고, 중추(仲秋)[556]에 장정들이 모여들어, 정갈한 옷차림에 엄숙한 표정을 짓고 날아예듯이, 달려 나가듯이 할 수

547) 먼 후손.
548) 언덕과 골짜기, 속세(俗世)를 떠난 곳.
549) 인간의 떳떳한 도리를 굳게 지킴.
550) 하늘의 가장 높은 곳, 하늘에 이름.
551) 부절(符節)이라는 뜻으로, '곡 들어맞음' 을 비유하여 이르는 말.
552) 평안하고 조용한 상태.
553) 산수(山水)의 경치를 이름.
554) 산 이름, 우왕(禹王)이 9년 홍수를 다스릴 때, 산험(山險)을 개척하여 황하(黃河)의 무을 통하게 했다는 곳, 또는 성망(聲望)이 높은 사람의 비유.
555) 봄이 한창일 때.(음력 2월)
556) 가을이 한창일 때, (음력 8월)

있게 되었다. 양양한 현송(絃誦)[557] 소리에 오래도록 귀를 기울이며, 훌륭한 송가(頌歌)[558] 삼아 상량문을 진술하는 바이다.

아랑위(兒郎偉), 동쪽을 보면,
푸르른 봉수(鳳岫)가 물을 막아 동이 되네.
암암(巖巖)한 겹겹 산 우러러 보듯
백세를 잇는 유풍은 저와 같으리.

아랑위(兒郎偉), 남쪽을 보면,
당년의 우리 선조 남녘에서 도 닦았네
춘광이 깃든 나무 영원하리니
평생의 지기(知己)는 유미암(柳眉巖)일세.

아랑위(兒郎偉), 서쪽을 보면,
창 앞의 동서에는 춘초가 무성하네
전의 현자 떠나가고 정채를 남겼으니
남쪽 선비 여태까지 도를 믿어 끄떡없네.

아랑위(兒郎偉), 북쪽을 보면,
만년유택(萬年幽宅) 북쪽에 자리 잡았네
솔과 잣나무 우거져 그늘을 드리우니
초부는 멀리 하고 길손은 수레에서 내린다네[559]

557) 거문고를 타면서 시(詩)를 읊음.
558) 공덕을 기리는 노래.
559) 나무꾼은 침범을 말며, 지나는 이는 경의를 표한다는 의미.

아랑위(兒郞偉), 위를 보면,
척강하신 신령이 자리에 계시는듯
위에 계신 정령은 자유로이 오르내리네.
제사를 올린단들 공로에 보답이랴
효와 우(友)로 오당(吾黨)을 부추겨가세

아랑위(兒郞偉), 아래를 보면,
당세에는 영명을 천하에 떨쳤구나
효자산 제청산(祭廳山)을 효자동네 이웃하여
아침저녁 첨앙하며 감화 받고 교화하네

엎드려 삼가 바라옵건대, 들보를 올린 다음 물은 차마 잠기지 못할지고, 땅은 차마 거칠어지지 못하리라. 집에서는 효(孝)를 다하고, 밖에서는 제(悌)하며, 어지신 선조들의 아름다운 계획을 변치 않게 하시고, 겨울에는 풍류하고, 봄에는 시(詩)를 지어 말세의 더러운 풍속을 돌이키게 하여 주소서, 오속을 돌려 보리라.

해는 전몽대연헌(을해;서기 1935년) 2월 12일
영모당 13세손 재종 근찬

道巖祠重建上樑文

伏以孝爲百行源，風聲與山水悠久。謀協一門力盛事，見棟宇重新，士有依歸，靈若陟降。惟我先祖永慕堂先生，道爲己任，孝自性天。學禮學詩，無違鯉庭之對。養志養體，克致烏哺之誠。服聖訓而沈潛義理，悅若芻豢。慰母心而赴試，富貴視如浮雲，念絕聞達之求。務爲子職，是盡吮疽。應禱左右，就而百方飮淡,居廬十二年如一日。尙傳感得雉鼠，是謂信及豚魚。白雪不下墓傍，誠之格天者。至黑齒莫犯堂宇，仁之感人者。深竹樹院淸風，五律之詩話公誦。祭廳山嘉號，百世之口碑不渝。以溫恭愷悌之資，下專一眞實之力。必孝經小學以授教，莫不飮河充量。雖互鄕闕黨，而與言亦皆爲山進簣，終慕五十。湛翁之扁額，足徵孝達九重，天朝之表宅如昨。念昔萬曆建宇，寔是多士。上言倡義，旅於城中，隱松堂之學兼忠孝。護至尊於背上，賢武齋之功存扈從。此謂是祖是孫，宜一體之祭祀。亦曰難兄難弟，得家庭之淵源。曩緣朝家指揮，未免院宇廢撤。屬歲月之滋久，奈滄桑之屢遷。念玆藏修，非直雲仍之傷感，瞻彼丘壑，幾增士林之咨嗟。幸秉彝罔墜於極天，終公議未泯於後世。卽舊墟而龜吉，依如綠竹蒼松。謀諸孫而鳩財，美矣上棟下宇。居然泉石，鹿洞之遺風尙存；窈窕雲林，龍門之餘韻未歇。永爲羹墻之寓慕，不但山川之增輝。肯其構，肯其堂，勿謂吾事已了。講斯文，講斯道，是爲祖德聿修。春仲丁，秋仲丁，自是襟紳濟濟。翼如也，趨如也，佇聞絃誦洋洋。善頌斯陳，脩樑載擧。

兒郎偉，抛樑東，鳳岫靑蒼隔水東。
節彼巖巖仰止久，遺風百世[載]與之同。

兒郎偉，抛樑南，吾祖當年吾道南。
一樹春光長不老，生平知己柳眉巖。

兒郎餘，抛樑西，牕前春草遍東西。
昔賢去後留精采，南士至今道不迷。

兒郎偉，抛樑北，萬年幽宅在其北。
喬松老柏影森森，樵竪勿侵過者式。

兒郎偉，抛樑上，陟降精靈如在上。
享祀未爲報崇功，只將孝友扶吾黨。

兒郎偉，抛樑下，當世令名達天下。
孝岳相鄰孝子閭，暮朝瞻仰感而化。

伏願上樑之後，水不忍荒，地不忍廢。入則孝，出則悌，無替賢祖嘉謨。冬而樂，春而詩，庶回叔季汚俗。

歲旃蒙大淵獻

二月十五日

永慕堂 十三世孫 在鍾謹撰

32. 도암사 중건기(道巖祠重建記)

도(道)라는 것은 천하 고금에 공유(共由)한 대통로로서, 실은 높고 아득하고 걷기 어려운 것이 아니라, 매일 사용하고 있는 매우 익숙한 것이다. 부자(父子)간의 인(仁)과 군신(君臣)간의 의(義)는 출처진퇴(出處進退)[560]에 이르기까지, 자세하게 살피고 힘껏 실천한다면 적어도 그 지극함에 이르게 되니, 전체대용(全體大用)[561]을 모두 갖추지 않은 것이 없다.

우리 중종(中宗)·인종(仁宗)의 성대한 시기에, 호남(湖南) 장사현(長沙縣; 茂長의 옛 이름))에 살던 영모당(永慕堂) 김선생은 휘가 질(質)인데, 천성적으로 효성과 우애를 지니고 있어, 인간도리의 근본이 이미 세워져 있었다. 게다가 명분(名分)과 절의(節義)로 스스로를 면려하고 있으니, 그 고상한 풍채와 훌륭한 행실은 늠름하기로, 마치도 우뚝 솟은 산봉우리처럼 초엄(峭嚴)[562]하고, 엄동설한의 소나무 같아서 사람들이 기어오르거나 따라 붙을 수가 없었다. 그러므로 의연히 위포(韋布)[563]로 생애를 마칠 때까지 한 마음으로 부모를 사모하였으며, 종신토록 쇠진하지 않았다. 이로 말미암아 조정에까지 소문이 올라가 조정에서 정려(旌閭)하였고, 이어 중국 조정에서 행의(行誼)를 채집하여 또 정려(旌閭)로 표창하였다. 이리하여 그의 효

560) 벼슬길에 나아가고 물러나는 것.

561) 전체대용(全體大用) : 주희가 말하는 전체(全體)란 마음의 체가 비어 있으면서도 여러 원리를 갖추고 있는 것이며, 대용(大用)이란 신령하게 모든 일에 대응하는 것이다.

562) 지극히 엄격한 모양. 준엄(峻嚴).

563) 벼슬하지 않은 선비.

성은 천하에 널리 알려져 사람마다 소문을 듣고, 이 고장 저 고장을 따지지 않고, 다른 마음을 품지 않으면서 한결같이 효도에 일떠서게 되었다. 이른 바 전체대용(全體大用)을 모두 갖추지 않은 것이 없게 된다는 것은 바로 이와 같은 것이 아닌가!

나의 선사(先子)[564] 문정공(文正公; 河西 金麟厚 선생)과 유문절(柳文節; 柳希春 선생) 두 선생의 시(詩)를 보아도 역시 대략 징험(徵驗)[565]할 수가 있다. 쥐들이 죽고 꿩이 날아드는 기이한 징조, 이것은 효자에게 있어서는 간소한 예절에 불과하니 무슨 논의할 겨를이 있겠는가? 선생이 돌아가신 뒤에 장보(章甫;儒生들)들은 조정에 상소문을 올려, 영모당(永慕堂) 옛터에 사당을 세우고 '도암(道巖)'이라고 고시하였다. 당의 이름을 보고, 뜻을 생각하니 적당하고 적절하지 않음이 없다.

그 후 선생의 증손 은송당(隱松堂) 휘 경철(景哲)과 현무재(賢武齋) 휘 익철(益哲)은 모두 근본으로 되는 학문에 골몰하였다. 임진왜란 때에 의병(義兵)을 모집하고, 어가(御駕)를 호종(扈從)하여 원종공신(原從功臣)에 녹훈(錄勳)되어 영총(榮寵)[566]이 지극하였다. 그리고 헌종(憲宗) 정묘(丁卯;서기 1847년)에 이르러 공의(公議)에 따라 철향(餟享)[567]하였다.

아! 향기로운 제사 음식이 조손(祖孫)에게 차려지고, 누가 형이고 누가 아우인지 분간할 수 없으니, 집 밖으로 나가지 않고서도 도(道)가 여기에 있으니, 이 어찌 다만 한 가문에만 수유

564) 조상, 선조(先祖).
565) 어떤 징조를 경험함.
566) 임금의 은총.
567) 제사를 지냄.

후곤(垂裕後昆)[568]한단 말인가? 역시 세상의 본보기로 되고, 세속을 경계할 수 있기에 족한 것입니다. 참으로 한유(韓愈)[569]가 인용한 "향선생은 가히 사(社)에서 제사를 지낼 만 하다."[570]는 것이란 말인가!

사우(祠宇)는 무릇 세 차례의 수선을 거쳤는데, 그 가운데 나라에서 금지한 적이 있었는데 행로지인(行路之人)[571]들조차도 오랫동안 애석(哀惜)하게 여겨 탄식(歎息)하였었습니다. 지난 해인 병자(丙子)에 다사(多士)들이 중건하기로 꾀하고, 약간의 의금(義金)을 부조하였더니, 후손들 역시 각자가 힘을 내어 간가(間架)[572]에 의물(儀物)을 두었는데, 또다시 옛날의 모습을 회복하게 되었다. 시종 이 역사를 맡아 처리한 사람은 정묵씨와 기회보이라고 말한다. 그렇지만 그 당시(當時)에 일어난 일들은 창황하였고, 짐승 같은 이적들이 사람을 잡아먹는 듯한 재앙은 날로 머리 위에 떨어져, 예의를 이룰 겨를이 없었다. 회천 재종씨는 일찍 나에게 바람이 조금 잠잠해지면 함께 수선을 진행하자고 약속하였는데, 아직 일을 완성하지 못하였는데 지하로 간 공을 위해 통곡을 칠 줄 누가 알았던가! 그때부터 어언간 여덟 성상이 지나갔다. 지금과 지난날을 굽어보고 쳐다보니, 공적(公的)인 일과 사적(私的)인 일에서의 통한이 얼마나

568) 수유후곤(垂裕後昆): 훌륭한 도를 후손에게 물려줌을 뜻하는 말.

569) 韓愈, 서기 768년~서기 824년, 중국 당(唐)을 때표하는 문장가, 종치가, 사상가로 唐宋八大家의 한 사람.

570) 이 구절은 당나라 한유(韩愈)의 《송양소윤서(送杨少尹序)》에서 나온 말이다.

571) 행로지인(行路之人): 오다가다 길에서 만난 사람. 자기와 無關(무관)한 사람을 이르는 말.

572) 집의 칸살의 얽기.

절절하고 얼마나 쓰라렸던가?. 금년 가을에 이르러 하늘이 한나라의 조업을 회복하여 주었고, 수적(讐賊)들이 항복하여 처벌을 자청(自請)하면서 우리의 옛 강산을 되돌려주자, 모든 일들이 차례로 회복되고 거행할 수 있게 되었다. 사림에서는 서로 경하하고 기뻐하면서 길일을 택하여 봉안하였고, 예의를 갖추어 망령을 안치하였다. 산은 더욱 높이 솟았고 물은 더욱 길이 흘러가게 되었으니, 선생의 유촉(遺躅)[573]을 가히 다시 찾아볼 수 있게 되었습니다. 오호라! 이 사이에 세도의 변천과 인간사의 희비는 과연 어떠하였던가? 만약 황천 아래에서도 지각이 있어 지상에서와 마찬가지로 감동을 받을 수가 있는지 아, 전혀 알 길이 없구나. 일전에 공의 후손 정회(正會)가 이 재석(載石)이 선대부터 맺어 온 정의가 있다고 찾아와, 사실을 기록하는 역사를 부탁하였는데, 죄칩(罪蟄)[574]에 있는 몸이 어찌 감히 문자를 놀릴 수 있겠는가마는 가만히 속으로 생각하여 보니, 정의상에서 차마 끝까지 사양할 수가 없어 다사들에게 한 민다 밀을 남기고사 하였다.

세 선생의 세덕고풍(世德高風)과 지행위충(至行危忠)의 상세한 상황을 전인들이 이미 전면적으로 서술하여 놓았으니, 거듭 중복하여 서술할 필요가 없다. 전에 송(宋)나라에 건영부(建寧府)에서 사당을 지어 조청헌(趙清獻)과 호문정(胡文定)[575] 을

---

573) 옛 자취.

574) 죄칩(罪蟄): 죄를 지어 숨어 지낸다는 뜻으로, 부모의 상중(喪中)에 있음을 이르는 말.

575) 조청헌(趙清獻)과 胡文定(호문정): 조청헌(1008년~1084년)은 자가 열도(閱道)이고 절강 구주浙江衢州)사람으로 人.景祐元年1034년에 진사급제한 후 담준(潭州), 사주(泗州), 변량(汴梁), 성도(,成都), 항주(杭州), 월주(越州) 등지

제사지내려고 할 때, 주부자는 사당을 세우는 사람을 면려하며 이렇게 말하였습니다. "제군들이 그들의 용모를 바라보게 되면, 저도 몰래 엄숙하고 공경스러운 마음이 일게 될 것이고, 그들의 언행을 깊이 헤아리게 될 때면 탐욕과 용나((庸懦)[576]에 대한 격한 뜻이 일게 될 것입니다. 그런 후에야 숙독정사(熟讀精思)[577]하여 마음으로 돌아가게 될 것이며, 그로 하여 지리(至理)의 소재를 구할 수 있게 되고 절충하게 될 것입니다. 과연 성현들의 일을 해낼 수 있다고 하면, 그것이 바로 구구(區區, 자신에 대한 겸칭)가 평소에 제군들에게 바라는 기대입니다." 주자(朱子)는 천하에서 만고로 되는 주자(朱子)이니, 어떻게 사사로이 사당을 세우는 사람들에게만 후한 마음을 지니고 있었겠습니까? 엎드려 바라건대, 첨군자들은 의절(儀節)이 완비하게 되었다고 하여, 자기가 할 일이 끝났다고 생각하지 말고, 더욱 선생이 지으신《자계육잠(自戒六箴)》을 익히고, 일용(日用)하는 가운데서 그것을 체험하면서, 주자의 가르치심에 이르도록 노력하여야 할 것이다. 이렇게만 되면 우리 부류들은 양득(兩得) 수법을 얻게 되는데, 더욱이는 육잠(六箴)에서 이른 바의 소위 배워서는 전하게 되고, 도(道)를 밝게 하는 것이 아닌

에서 벼슬에 역임하였고 원풍 2년(元豐二年, 1078년)에 치사하였다. 胡安國(1074년－1138년)은 또 호적(胡迪)이라고 하는데 자는 강후(康侯)이고 호는 청산(青山)이며 시호는 문정(文定)이다. 학자들은 그를 무이(武夷先生)이라고 칭하고 후세에서는 호문정공((胡文定公)이라고 칭하는데 북송시기의 학자이다.

576) 용나(庸懦): 재주가 평범하고 나약하다.

577) 숙독정사(熟讀精思): 깊이 읽고 자세히 생각한다는 뜻이다. "순서이점진, 숙독이정사(循序而漸進 熟讀而情精思)"는 순서를 밟아 점진적으로 나아가고 깊이 읽고 자세히 생각한다는 뜻으로 송조 주희의《독서지요(讀書之要)》에서 나온 말이다.

가. 여러 현재들이 재취(財擇)하는 바가 여하한지 기다린다고 말하고 싶습니다.

세전몽작악(을유) 양복월(11월)

학성 김재석[578] 근지

道巖祠重建記

道者，天下古今所共由之路，實非高遠難行，而專在日用處熟也。父子之仁，君臣之義，以至出處進退，精察而力踐之。苟至乎其極，則可謂全體大用，無不舉矣。我中、仁盛際，湖南之長沙縣，有永慕堂金先生，諱質，天性孝友，人道之本巳立矣。復以名節自勵，其高風懿行，凜乎若高峯峭嚴，獨秀之寒松，人不得攀援以附麗。故依然一韋布，終老而慕父母一心，終其身不衰。以此聞于朝蒙旌，繼有天朝采聞，又加褒旌。於是乎孝達天下，聞風而興起，不以此疆彼彊有異也，其所謂全體大用，無不舉者，亦如是歟。觀於吾先子文正公，與柳文節兩先生詩，亦畧可驗。鼠斃雉人之異兆，此乃孝子之疏節也，有何暇論。先生歿後，章甫上言于朝，立祠於永慕堂舊址，榜之以道巖。顧名思義，靡始不適且切。而其後先生曾孫隱松堂諱景哲，賢武齊諱益哲，俱以務本之學。當龍蛇之變，募義扈駕，叅原從勳盟，榮寵極矣。而至憲廟丁未，以公議餟享。噫！芬苾祖孫，難為弟兄，不出家而道在是矣。此豈但垂裕於一門，亦足以範世警俗，真韓子所引"鄉先生可祭於社者"歟？祠凡三修，而中經

578) 울산 김씨 자연당 종손. 전북 순창군 복흥면 하리 출신, 유학자.

邦禁，久為行路之咨嗟。往歲丙子，多士謀所以重建，略助義金。而後孫亦各出其力，間架義物，復其舊日貌樣。而終始幹其事者，正默氏、錤會甫云。但時事蒼黃，夷獸食人之禍日迫頂上，不遑禮成焉。晦泉在鐘氏，嘗謂余以第待風浪稍定，約共修擧矣。孰知事未完而哭公於地下，忽已八個星霜耶。俯仰今昔，每切公私之痛恨何辛。今秋天回漢祚，讐賊授首，還我舊疆，凡百未遑，次第修擧。而士林相與慶忭，諏吉奉安，妥侑如禮。山益高而水益長，先生之遺躅，可以復尋矣。嗚呼！這間世道之變遷，人事之悲喜，果何如？而倘泉下所感，亦有如地上者否耶？吁，未可知也。日公之胤正會，以載石有先誼，囑記實之役。顧此罪蟄，何敢與於文墨間也。竊有所感于中，義不忍終辭，以貢一語於多士，曰：

三先生世德高風，至行危忠之詳前人之述，備矣，無足架疊而第記。昔宋建寧府祠，趙清獻、胡文定，而朱夫子勉建之士，曰：諸君望其容貌，而起肅敬之心。考其言行，而激貪懦之志。然後精思熟講，反之於心，以求至理之所在。而折裏(衷)焉，果能達於聖賢之事，則是區區平日所望於諸君也。盖朱子，天下萬古朱子，何嘗私厚於建之士也。伏願僉君子，勿以儀節完備為吾事已了，而益習先生所著《自戒六箴》，體驗於日用之間，以求至乎朱子所訓。則是吾類兩得之術，而尤其非六箴所謂學之所傳道以之明也哉，以俟僉賢財擇之如何云爾。歲旃蒙作噩陽復月 鶴城 金載石 謹識

33. 본손 통문 (本孫通文)

병자 9월

아래의 사항을 통고합니다.

엎드려 생각하니, 유현들의 사우(祠宇)의 흥폐는 세도(世道)[579]의 성쇠와 관련이 있습니다. 그렇지만 사림의 현자(賢者)를 존중하는 성의와 자손들이 선조를 존봉(尊奉)하는 마음이야 어찌 고금이 다를 수가 있단 말입니까? 그려보니 옛날의 도암사(道巖祠)는 바로 우리 선조 영모당(永慕堂)선생의 영(靈)을 받드는 곳입니다. 만력 계축(癸丑;서기1613년)에 처음 건설하였는데, 선생의 증손 은송당(隱松堂)과 현무재(賢武齋) 두 선생을 더불어 제배하고 있습니다. 사림(士林)에서 숭봉하고 자손들이 존모하면서, 수백 년이란 오랜 세월을 지새워왔습니다. 전에 조가(朝家;朝廷)에서 영을 내렸으나, 사우(祠宇)가 황폐해지고 강물이 말라드는 것을 어찌 바라보고만 있을 수 있단 말입니까? 오직 명조(明朝)에서 표창한 정려(旌閭)와 봉안각(奉安閣)만이 우뚝 외로이 솟아있었습니다. 조두(俎豆)의 예의가 사라지고 현송(絃誦)의 소리가 들리지 않으니, 비단 사림의 탄식할 뿐만 아니라, 자손들이 여기에서 한을 품고 있은 지가 수십 년이 지났습니다. 오호라! 선생의 덕성과 행실은 사람들의 이목을 씻어주고, 죽백(竹帛)[580]을 빛나게 하고 있으니, 군말로 다시 진술할 필요가 없는 것입니다. 그때부터 대대로 내

579) 세상을 살면서 지켜야할 도리.

580) 책, 서적, 종이가 없던 한 대(漢代)이전에는 죽백에 글씨를 썼음에서 온 말, 바꾸어 '역사(歷史)'를 이름.

려오면서 복설(復設)하고자 하는 뜻을 지니기는 하였지만, 세도(世道)가 차타(蹉跎)[581]한 원인으로 말미암아, 또 이어서 할 일은 거창하지만, 힘이 약하여 지금까지도 그럴 겨를이 없었습니다. 그렇지만 세상은 바다가 육지로 변하고, 순차로 전하여 가는 세대가 더욱 내려가니 세월이 흐를수록 더욱 망각할까 봐 두려웠습니다. 이에 문중에서 일제히 의론을 펴고 재목(材木)을 모으고 협력하여, 옛터에다 새롭게 중건하였는데, 감히 옛 뜻을 이어 사건을 서술한다고 말하지 않더라도, 가히 갱장(羹墻)[582]에서 보이는 경모의 뜻은 담을 수 있는 것입니다. 또 성(城)내에서는 사우(祠宇)를 폐지한다고 하지만, 장차 차례로 회복한다는 소문이 들리니 공의는 사라지지 않으며, 스승과 벗의 정의(情誼)인 풍의(風義)는 쉽사리 감동된다는 것을 알 수 있습니다. 하물며 오늘날 강상이 몰락하고, 평조(平朝)[583]와 대낮(朝晝)를 분변하지 못하게 되었기에, 하늘이 현시하는 취지인 천현(天顯)과 사람으로서 늘 지켜야 할 떳떳한 도리(道理)인 민이(民彝)를 이야기할 곳마저 없게 되었으므로, 돌아오는 가을에 향인(享禋, 제사)을 봉행하여 거의 백 세대를 내려가면서 관감(觀感)하여 흥기시키려고 하고 있습니다. 엎드려 바라건대, 첨군자께서 사람만 보고 말을 거부하지 않는다는 불이인폐언(不以人廢言)으로, 여러 고을에 통고하고 그들로 하여금 성원

581) 이룬 일 없이 나이만 많이 먹음.

582) 갱장(羹墻): 국과 담장의 의미로, 경모(敬慕)하고 추념(追念)함을 이르는 말. 《후한서 · 이고전(後漢書 · 李固傳)》에 "옛날 요(堯)임금이 죽은 뒤에 순(舜)임금이 3년 동안 사모하여, 앉았을 적에는 요 임금이 담장[墻]에서 보이고 밥 먹을 적에는 요임금이 국[羹]에서 보였다."고 하였음.

583) 평조(平朝): 오전 3시부터 5시까지의 동안. 곧 인시(寅時)를 이른다.

에 나서서 한 고을의 퇴속(頹俗)[584]을 깨우치게 하고, 백 세대를 내려가는 풍성(風聲)[585]을 수립하도록 한다면, 천만 다행으로 여기겠습니다. 이상과 같이 무장 향교에 경통(敬通)하는 바입니다.

本孫通文 丙子 九月 日

右通告事

伏以儒賢祠宇之興廢，寔有關乎世道之隆替。而士林尊賢之誠，子姓奉先之心，奚古今有殊哉？念昔道巖祠，卽我先祖永慕堂先生妥靈之所也。始建于萬曆癸丑，而先生曾孫隱松堂、賢武齊兩先生，並爲躋配，士林之崇奉，子姓之尊慕，歷數百載之久。而曩也朝家有令，忍見地廢水荒？而惟天朝旌閭，與奉安閣，巋然獨存。俎豆之禮旣闕，絃誦之聲未聞，不但士林之咨歎，子姓之齎恨。于茲數十年所矣。嗚呼！先生之之德之行，塗人耳目，輝暎竹帛，不必贅陳，而自累世以來，有志於復設，而緣於世道之蹉跎，繼以事般力綿，至今未遑。而海幻桑變，世級尤降，則懼夫愈遠愈忘。乃於去歲，門議齊發，鳩材恊力，重建于舊址，非敢曰繼志述事，可以寓羹墻之慕。且聞省內廢祠，次第將擧，可見公議之未泯，風義之易感也。矧今綱常旣淪，朝晝莫辨，天顯民彝，無地可講。將於來秋，奉行享禮，庶百世之下，可以

584) 쇠퇴하여 문란해진 풍속.

585) 풍성(風聲): 윗사람의 공덕이나 모범 또는 교육을 통하여 아랫사람 내지 풍속을 감화시키거나 교화시킴.

觀感而興起矣。伏願僉君子，勿以人廢言，通告于列邑，俾爲聲援，而警一方之頹俗，樹百世之風聲，千萬幸甚。右敬通于茂長鄕校。

34. 무장 향교 통문 (茂長鄕校通文)

병자 11월 일

아래 사항을 통고합니다.

엎드려 생각하여 보니, 유생(儒生)을 존숭하고 도(道)를 중히 여기는 것은 병이(秉彝)[586]를 통일하는 것이고, 서원(書院)을 세우고 사당(祠堂)을 건립하는 것은 나라의 떳떳한 법도이다. 본향의 도암사(道巖祠)는 만력 계축(癸丑, 서기 1613년)에 창건하여서부터 영모당(永慕堂) 김선생을 삼백년을 하루와 같이 조두(俎豆)하였습니다. 선생의 탁월한 행실과 아름다운 덕성은 비단 온 나라가 우러러보는 바일 뿐만 아니라, 역시 황조(皇朝)에서도 정려로 포창한 바입니다. 그리고 은송당(隱松堂)과 현무제(賢武齋) 두 선생은 선생의 증손으로 선조의 사업과 미덕을 계승하여 효행으로 급복(給復)에 이르게 하였고, 충성으로 녹훈에 이르게 되어 더불어 배제하게 되었으니, 한 가문의 삼 현자가 배향하게 되었습니다. 아, 훌륭하도다! 서주(徐州)의 삼경(三逕)[587]은 깊숙한 산간벽지에 원경(元卿)이 자리 잡고 있

586) 인간의 떳떳한 도리를 굳게 지킴.

587) 삼경(三逕): 은자(隱者)의 문안에 있는 뜰. 또는 은자가 사는 곳을 말한다. 한(漢)

으면서, 세간에 명성이 자자하게 만들었는데, 본 향의 도암사(道巖祠)는 원경의 서주(徐州)와 못하지 않아, 중간에 비록 훼철되기는 하였지만 홀로 명조(明朝)에서 표창한 정려(旌閭)와 단서와 봉안각이 우뚝 솟아 아직까지 남아있다. 사림에서는 결망(觖望)[588]하고 있고, 행인들은 한을 품고 있으니, 과연 어떠한가? 천만 다행으로 천도가 돌아와서, 접때 조정에서 영을 내려 각지의 폐지하였던 서원들을 추복하기로 하였으니, 차츰차츰 수선하여 회복하고 있습니다. 한 갈래의 선비의 기개가 혹 이를 믿고 조금 더 나아지지 않겠습니까? 본향의 선비들의 의론은 이에 따라 일제히 일떠서게 되었고, 옛터가 장인들의 손을 빌어 준공을 앞에 두고 육위가(六偉歌)[589]를 이미 불렀으니, 돌아오는 봄철에 준공식을 봉행하려고 하여 감히, 먼저 통고하는 바입니다. 엎드려 생각하건대, 첨군자들이 음성(音聲)과 기운(氣運)을 하나로 합치고 꼭 기쁜 소식을 반가이 듣고 도타운 마음으로 돌아올 것입니다. 더욱 바라는 것은 여러 군의 교궁(校宮, 향교)과 각 지방의 시원에 이 소식을 전해, 한 면으로는 쇠퇴하는 추세에서 풍성(風聲)을 세우고자 하며, 한 면으로는 몰락의 말단에서 사문을 부축일 수 있다면, 천만 다행으로 여

나라의 장후(蔣詡, 기원전 69년~기원 17년)는 자가 원경(元卿)이고 두릉(杜陵, 지금의 섬서 서안)사람으로 서한시기 연주(兗州주)자사로 있었는데 위인이 청렴하고 정직하였기에 왕망의 권력농락에 불만을 품고 은거하였다. 그가 정원에 세 개의 좁은 길을 내고 소나무, 대나무, 국화를 심었다는 데서 유래한다.

588) 결망(觖望): 바라는 대로 이루어지지 않아 원망(怨望)함.

589) 육위가(六偉歌): 상량문(上樑文)을 달리 이르는 말. 문체(文體)가 동 · 서 · 남 · 북 · 상 · 하를 들어가며 아랑위(兒郎偉)의 "偉" 자가 여섯 번 들어 있어 붙여진 이름이다.

기려 합니다. 이상과 같이 각 군의 향교에 경통(敬通)하는 바입니다.

茂長鄕校通文

丙子十一月日

右通告事

伏以崇儒重道秉彝之攸同，建院立祠有國之常典。本鄕道巖祠，刱自萬曆癸丑，俎豆永慕堂金先生三百年如一日矣。先生卓行懿德，非直通國之所仰，亦皇朝之褒旌。而隱松堂、賢武齋兩先生，以先生曾孫，繼聲趾美，孝而至於給復，忠而至於錄勳，並為躋配，而腏享一門三賢。猗歟，盛哉！徐州三遷，遐外僻鄕，元卿居之，惹名滿世間。本鄕之道巖祠，不啻元卿之徐州，而中經毁撤，獨天朝旌閭、丹書，奉安閣巋然尚存。士林之缺望，行路之齎咨，果何如哉？何幸天道好還。曩有朝令，追復各地廢院，旋旋修擧，一線士氣，或將賴而差強耶？本鄕士論，隨而齊奮，舊墟匠役垂畢，六偉己唱，期以來春，奉行灌將之擧，敢先通告。伏想僉君子，聲氣攸合，必樂聞而優旋。亟望轉告于列郡校宮，及各方書院，一以樹風聲於頹波，一以扶斯文於衰末，千萬幸甚。右敬通于各郡鄕校。

35. 을유 가을 복설[590]할 때의 봉안문 (乙酉秋復設時奉安文)

삼가 공경하고 생각하니, 선생은 용모가 순수하고 기운이 조화로우며, 학문에 전일하고 덕성이 존경스럽습니다. 그 시종을 연구하여 보면, 오직 효(孝)를 근원으로 삼고 있습니다. 어버이를 섬김에 지성을 다하는 것은, 나이 어린 이갈이를 할 때부터였고, 오십이 되었어도, 언제나 어버이를 경모하여, 여러 번 이상한 영험이 나타났습니다. 대본(大本)을 세우고 나서 여력으로 학문에 종사하여, 삼분 오전(三墳五典)[591]의 깊은 뜻을 전분(典墳)[592]을 누석호분(縷析毫分)[593]하였고, 《소학(小學)》과 《효경(孝經)》에는 더욱 노력을 아끼지 않았으니, 윤리를 살펴보고 성명(性命)설을 통달하였습니다. 《육잠자계(六箴自戒)》는 백 세대를 내려가며 미혹되지 않습니다. 스스로 힘쓰고 쉬지 않으며, 몸으로 행동하고 마음으로 얻으며, 독각하고 나아가니, 어느 누가 그의 학문을 엿볼 수 있었습니까? 동시대의 제현들과 궁상(宮商)인양 이울렸고, 명조에서 정려(旌閭)하니 그의 행실 더욱 빛을 냈습니다. 효자의 효성은 지극하여 한이 없으니, 그의 부류는 더욱더 번창하였다.

생각하여 보니, 은송당(隱松堂)선생은 영모(永慕)의 훌륭한 증손으로 호성과 우애는 날 때부터 소유하였고, 일찍부터 시

---

590) 복설(復設): 치웠던 것을 다시 베풂.

591) 삼분 오전(三墳五典): 삼황 오제(三皇五帝)의 글을 말하는 것으로, 전(典)은 소호(少昊) · 전욱(顓頊) · 제곡(帝嚳) · 제요(帝堯) · 제순(帝舜)의 5전(五典)을 말하고, 분(墳)은 복희(伏羲) · 신농(神農) · 황제(黃帝)의 3분(三墳)을 말함.

592) 삼분 오전(三墳 五典)의 준 말, 바꾸어 고서(古書).

593) 누석호분(縷析毫分) : 세밀하게 분석하여 따지다.

와 예를 익혀 세대로 내려오는 빛을 또다시 빛나게 하였다. 배움을 자신의 업으로 삼았지만, 세상에 명성을 날리려는 마음을 전혀 품지 않았습니다. 사람을 가르치는데 피곤을 몰랐기에 현송(絃誦)소리는 그친 적이 없었다. 효도하는 마음을 충성으로 옮겼기에, 의로운 명성은 대단하였으니, 그 증조부가 그 증손에게 마음의 비결을 전수한 것입니다.

생각하여 보니, 현무재(賢武齋)선생은 은송(隱松)이란 형이 있어, 가정에서 연원을 두었고, 금옥같이 훌륭한 형제로 세월을 지새웠다. 어가(御駕)를 호종(扈從)한 공로가 남아있어, 사적은 죽백(竹帛)에서 빛을 내고, 떳떳이 세상의 본보기로 되어 천백 년을 길이 전하였습니다.

아, 대단하구나! 한 가문에 삼 현자가 나왔구나. 세상에 보기 드물게 있은 일이라, 소문이 여기에서 일어나게 되었습니다. 하물며 이와 같은 탁월한 행실이 한자리에 모이게 되었으니, 후세에까지 남겨진 교화는 종신토록 잊지 않았습니다.

옛적부터 사우를 세워 우리 선생을 제사 지냈으니, 숭봉하는 곳이 있게 되어 우리 향의 본보기로 되었었는데, 가운데에 나라에서 금지하였으니, 황폐한 정경을 어찌 차마 볼 수가 있었겠습니까? 사림에서 한을 품고 있기는 하였지만, 세상이 어지러워 겨를을 찾지 못했다. 백성이 지키는 떳떳함은 하늘에 달려 있어 공이(公議)는 사라지지 않는 법입니다. 이 옛터를 살펴보니 동우가 덩실하게 새롭게 일떠섰다. 오늘이 길일이라 법에 따라 신주(神主)를 사당에 봉안하고 제사를 받드니, 천추만대로 더불어 아름답고 영원히 우리를 깨우쳐 주시옵소서.

乙酉秋復設時奉安文

恭惟先生姿純氣和，學專德尊，究厥終始，惟孝為源。事親盡誠，已自齠齡，終慕五十，累致異靈。大本既立，餘力學文。典墳蘊奧，縷析毫分。惟其用力，小學孝經。察乎倫理，達乎性命。六箴自戒，百世不惑。乾乾不息，躬行心得。獨覺其進，孰窺門墻？同時諸賢，歡如宮商。皇朝表宅，厥行彌彰。孝子不匱，厥類彌昌。

惟隱松堂先生，永慕肖孫，孝友天植，早聞詩禮。重光世德，學爲已任，不求聞達。誨人不倦，絃誦不絕。移孝於忠，義聲烈烈。是祖是孫，傳授心訣。

惟賢武齋先生，有兄隱松，淵源家庭，金昆玉友。日邁月征，功存扈衛。事光竹帛，宜為世範，永垂千百。猗歟盛哉！一門三賢，曠世倘有，聞猶興焉。矧此卓行，萃乎一堂，遺風餘烈，沒世不忘。維昔有祠，祀我先生。崇奉有所，斧式吾鄉。中經邦禁，忍見水荒。士林齎恨，時屈未遑。秉彝有天，公議不泯。相玆舊址，棟宇重新。今涓吉辰，妥侑如儀。千秋並美，牖我無期。

나. 영가세적 발문(永嘉世蹟跋)

생각해보니, 우리 선조 영모당(永慕堂)선생의 유문(遺文)이 장차 사백 년이 지난 후에 곧 간행하게 되었다. 아, 너무나 늦었구나!.

대개 선생의 학문은 효(孝)에서 시작되고 효에서 종말을 지으면서 가문이나 나라나 천하를 위하였다. 문장은 여사(餘事)[594]이다. 비록 이렇다고는 하지만 덕이 있는 언사(言辭)는 꼭 후세들을 계발하여 줄 것이다.

그러나 돌아보니, 여러 번 병화(兵火)[595]를 겪다보니 아쉽게도 백에 하나도 남지 않고, 다만 산문(散文) 한 편과 시(詩) 약간 수만 남아있을 뿐이다. 그러나 이것도 일찌감치 세상에 내 놓아야 했지만, 대를 이어 내려오면서 책궤에 고이 간직한 채 미처 꺼내지도 못하고, 하마터면 좀이나 쥐들의 먹이로 될 뻔하였다.

전에 우리 선군(先君)[596]께서 개연한 마음으로, 이것을 근심하여 일찍 자료들을 모아 차례를 편찬하고, 선생의 증손 은송(隱松)과 현무(賢武) 두 선생의《행록》, 그리고《도암건사전말(道巖建祠顚末)》을 함께 부록으로 삼아, 그 뒤에 넣어 동권(同卷)의 이부(異部)로 삼고자 하였다. 오호라, 일을 채 마무리 짓지 못하고 선군께서 세상을 떠나시고 말았다.

그 후 9년이 지난 병술(丙戌;서기 1946년) 여름, 이 소자가 감

---

594) 그리 중요하지 않는 일, 여력으로 하는 일.

595) 전쟁으로 인한 화재.

596) 先考 즉 세상을 떠나신 아버지.

히 선군께서 일찍 손수 정해놓은 원고를 기궐(剞劂)[597)]하였는데, 생각으로는 선조의 뜻을 계승하려는 것이었지만, 아직도 학문이 옅고 식견이 부족하여, 그윽하게 잠겨있는 것들을 밝히지 못하여, 불효(不孝)의 죄명을 더할까봐 걱정하였다.

저 문(文)이란 도(道)를 싣는 노구이다. 문이 도를 싣고 있다고 할 때, 비록 량이 적다고 하여도 얼룩무늬 하나를 보고도 표범임을 알 수 있다는 '견일반지전표(見一斑 知全豹)' 격으로 되니, 군자들의 칭찬을 자아내는데 어찌 상해(傷害) 를 줄 수 있겠는가? 그렇지만 붓을 들어 공연히 먹물을 없애면서, 후충(候蟲)[598)]과 철새마냥 스스로 불평을 울어 대는 글월을 책궤에 넘쳐나도록 쌓아두었다고 할지라도, 세상에 도움이 없고, 또 없어도 모자라는 감을 느끼지 못하는 그것들은 세상의 경중을 가늠하는 데에 무슨 관계가 있단 말인가.

우리 후예들은 선생의 자계문(自戒文) 여섯 조목을 숙독하여, 그 극에 이르도록 노력하여야 할 것이다. 그렇게 한다면 하학상달(下學上達)[599)]의 묘힘이 이것 밖에 또 있을 수가 있겠는가? 이것으로 자신은 노력을 하여야 하고, 이것을 지금과 미래 사람들에게 알려 주어야 할 것이다.

병술년(서기1946년) 유하월(음력 5월) 14세손 정회[600] 근지

---

597) 문서를 인쇄하여 붙임, 새김, 팜.

598) 후충(候蟲): 어떠한 철에만 나왔다가 그 철만 지나면 없어지는 벌레.

599) 아래로는 인산의 사리(事理)를 배우고, 위로는 하늘의 도리(道理)에 통함, 쉬운 것을 배워서 점차 깊은 학문에 나아감.

600) 영모당 선생 14대손, 고창읍 도산리 151 출신, 명륜전문학원 졸, 경학원 강사, 詩書畵三絕, 儒學者, 저서에 《연연당문고(淵淵堂文稿)》《매처(梅妻를 찾아가네》 있음.

만수당 개간

永嘉世蹟跋

惟我先祖永慕堂先生遺文，將以刊行於四百年之後。吁，其晩矣。盖先生之學，始於孝而終於孝，家而國而天下。文章，餘事也。雖然有德之言，必多啓後。而顧厄於累燹，百不傳一文，只有一篇，詩若干首而止。此亦未能早出於世，藏之巾衍者，殆將入於蟲鼠。昔吾先君慨然爲是之憂，甞裒收編次。而先生曾孫隱松賢武，兩先生行錄，及道岩建祠顚末，并附其後，爲同卷異部。嗚乎，功未就而先君歿。越九年丙戌夏，始余小子，敢以所甞手定者付諸剞劂。思欲承先志，而尙懼學淺識蔑，靡足以發潛闡幽，以重不孝之罪也。夫文，載道之器也。文而載道，雖少何傷？一斑可以全豹，君子多乎哉。世之操觚弄墨，而其文稿充箱溢篋，如候虫時鳥之自鳴其不平者，有之無所補，無之無所闕。此奚足爲重輕。凡我後裔，於先生者熟讀自戒文六條，以求至乎其極。則下學上達之妙，亦不外是矣。以是自勉，亦以是告今與後。

歲丙戌榴夏月

十四世孫 正會 謹識

歲丙戌季夏

晩睡堂開刊

다. 발문(跋文) (한글 번역본)

영모당 14세 손 길건(吉建)

바람도 길이 있다.

'군자불기(君子不器)'란 말이 있다. 고정됨이 없고 언행에 따라 통의 크기가 다양하다는 뜻이다. 융통자재, 자유자재 함이다. 연정 김경식 박사를 만나 이야기 할 때 마다 느끼는 그의 자세다.

연정이 주선하여 금번 영모당(永慕堂)의 《영가세적(永嘉世蹟)》을 한글로 통번역하여 후손들에게 선조 영모당의 삶의 행적을 알게 하고, 그 숭고한 뜻을 기려 우리네 삶에 이정표가 되고, 후손으로 부끄러움이 없는 삶을 살도록 길을 안내하는 《영가세적》을 발간하게 되었다.

연정은 선현의 한문 문헌들을 후손들이 손쉽게 읽고 가문의 자존감을 바르게 다시 세우고, 충효와 우애로 가문의 뿌리를 찾는데 게으름이 없이 오직 후학과 후손들에게 선현의 깊은 뜻과 헤아림을 알리는데 참으로 많은 노력을 해왔다.

그런 연정이 그의 시문집 《만추의 자화상》에서 "무제"의 제목에 이르는 시에서,

> 먼 곳은 가까운 곳에서 시작된다.
> 바람이 스치면 그 불어오는 곳을 안다.

미세함이 있으면 뚜렷해짐을 안다.

그런데 우리는 왜 먼 곳, 뚜렷해짐만을 인식하려는가?

에서 그의 고뇌을 읽을 수 있었다. 꽃은 바람이 불어 흔들려도 자신의 향기를 잃지 않듯이, 바람이 불어도 선현의 깊은 뜻을 잊어서는 안된다는 의미로 받아들이며, 금번 한글판 《영가세적》의 출간으로 후손이 그 향기을 잊지 않길 바라는 간절함이 담긴 듯 하다.

또한 바람은 그저 꽃이나 떨어뜨리는 것이 아닌 살아 있는 것들의 생존의 흔적이고 진화의 표상이 되는 '바람 길'이 있음을 그의 삶에서 찾을 수 있었다.

감사와 고마움으로 금번 《영가세적》의 한글 번역본 출간을 반기며, 증조고 만수(晩睡 휘 榮喆)공, 조고 항재(항재(恒齋 휘 純默)공, 큰댁의 큰당숙 회천(晦泉 휘 在鍾), 재종형 보정(普亭 휘 正會)공에 이르는 가업과 같은 무거운 종손의 짐을 진 그의 고뇌에 찬 작업의 결과물이라 여긴다.

즉 편견과 고정관념을 깨뜨릴 수 있는 통찰의 자세가 엿보이는《영가세적》의 한글판 출간이 되길 바라는 마음일 것이라 여긴다.

영모당 선생이 누군가? 영모당을 말할 때 혹은 글을 쓸 때에도 항상 그 앞에 수식어는 "효자"라는 글과 말이 따른다. 효(孝)가 곧 그의 삶이요, 후학의 교육철학이며 넓게는 치세의 혼으로 여기며 살았지 않은가.

영모당 선생 삶의 발자취를 알리고 그 뜻을 기리며 삶의 지표로 삼기를 다짐하며 옷깃을 고쳐 여미며, 굴원(屈原)의'어부가' 한 구절이 선뜻 다가온다.

창강에 물이 맑으면 갓끈을 씻고,
창강에 물이 탁하면
발을 씻는다.

지식이 아닌 지혜의 가르침이라 여기며, 바람처럼 담백하고 허공처럼 조용하게 머리를 숙인다.

서기 2023년 1월 일

영모당 14세 손 길건(吉建) 삼가 쓰다.

라. 발문(跋文) (한글 번역본)

영모당 15세 손 수인(洙寅)

《영가세적(永嘉世蹟)》은 한평생 참된 삶을 살으신 선조님들의 사적을 후손들이 본 받고 지키도록 하기 위해 남기신 발자취입니다.

이 세적은 안동김씨 파조 익원공(翼元公 ; 諱 士衡)의 6세손 영모당(永慕堂 ;諱 質)공과 8세손 은송당(隱松堂 ;諱 景哲)·현무재(賢武齋 諱 益哲)공의 행장과 향사(享祀)를 드리기 위한 배향(配享)과 도암사(道巖祠) 중건(重建)에 관한 통문(通文) 등을 담고 있습니다.

영모당·은송당·현무재의 행적은 대단하였으나 전해지지 못하고 있다가 4백여 년이 지나서야 회천(晦泉 : 諱 在鍾)공이 산재(散在)한 사료를 모았으나 책으로 발간하지 못하고 작고하시어 그 장자인 보정(普亭:諱 正會)공께서 서기 1946년《영가세적》이란 이름으로 출판하였습니다.

본 문이 요즈음 세대에게는 어려운 한문으로 되어 있어 이를 누구나 쉽게 이해할 수 있도록 한글로 번역하여 발간을 추진한 보정의 장손 연정(淵亭 璟植) 박사가 그 뜻을 이어 선조의 행적을 접할 수 있도록 하여 준데 대하여 진심으로 깊은 감사를 드립니다.

이 세적을 읽고 선조의 효행과 나라사랑과 충신의 행실을 마음 속에 간직하고 실천한다면 이 책의 발간 목적은 이루어졌다고 봅니다.

끝으로 번역을 하여주신 중국 연변대학교 도서관장을 역임한 박정양 원교수와 동 번역문을 감수한 종원 연정 박사의 노고에 다시 한번 종중을 대표하여 감사의 말씀을 드립니다.

서기 2023년 1월 일

안동김씨 고창종친회장
영모당 15세손 수인(洙寅) 삼가 쓰다.

永嘉古蹟

영가세적 (한글 번역판)

인쇄일 2023년 3월 31일
발행일 2023년 3월 31일

펴낸곳 연정교육문화연구소
기획 연정교육문화연구소 김경식, 김길건
감수 연정 김경식
번역 박정양
발행인 김화인
발행처 도서출판 조은
편집인 김진순
주소 서울시 중구 을지로20길 12, 대성빌딩 405호
전화 (02)2273-2408
팩스 (02)2272-1391
출판등록 1995년 7월 5일 신고번호 제1995-000098호
ISBN 979-11-91735-58-1
정가 25,000원